現代法双書

新現代民事訴訟法入門

池田辰夫◆編

法律文化社

はしがき

激しい変化の時代である。そんなときには、知恵が要る。情報が欲しい。市民も企業も、自らを賢く防衛しなければならない。もし適切な対応を誤ると、それが命取りともなりかねない。

スピードを増し激変する社会。制度疲労の歪みが噴き出す。そうした歪みが顕著なものから、つぎつぎに法改正が行われる。現代は、経済バブルから法バブルとさえ言える。この時代を生き抜く人々にとって厳しく辛い時代である。専門家といえども例外ではない。淘汰を促すかのように、また冷笑し、嘲笑うかのように、矢継ぎ早の弾が飛んでくる。諸外国においても事情は同じである。

民事裁判は激しい進化の途上にある。「思い出の事件を裁く最高裁」と揶揄された訴訟遅延。迅速かつ適正な審理をめざして、従来の集中審理はそれを取り込む計画審理へと進化する。本書は、こうした動きに過不足なく応接している。また、とりわけコアの学習項目に重点を置き、濃淡のある表現としつつ、枝葉末節は場合により思い切ってそぎ落としている。民訴ワールドへの入門として、適切なものでありたいとの願いからである。

読者に良質の情報を届けたいとの思いで、本書の企画はスタートした。本書の生みの親ともいうべき中野貞一郎先生（大阪大学名誉教授）には、細やかなご配慮を終始いただいた。その大きな励ましには、きちんと応えたいとの強い意志がめばえる。二〇〇四年四月からスタートした法科大学院や、COEプロジェクト、諸外国への法整備支援、さらには法制審議会や現行ないし新たな司法試験制度などに関わられておられる、第一線の執筆陣を確保できたことを誇りに思う。ここであらためて、本書の執筆を快くお引き受けいただき、多忙な御公務のあいまに、脱稿いただいた諸先生方に、心から御礼申し上げる次第である。また、大江毅氏（大阪経済法科大学講師）には、事項索引の作成のほか、校正や本書の記述方法等に関しても、適切な助言をいただいた。全く感謝に耐えない。

最後に、取締役・編集部長の秋山泰氏には、企画から出版に至るまで、万端のお世話をいただいた。本書の刊行に際し、ここに心からの感謝の気持ちを記したい。

二〇〇五年　四月　　中野貞一郎先生の傘寿の記念すべき年に

池田辰夫

目　次

第4章 当事者……〔本間 義信〕……63

Columns

コラム目次

執筆者紹介（執筆順）

＊印は編者，執筆分担は目次に記載

＊池田　辰夫	（いけだ・たつお）	大阪大学教授 弁護士（北浜法律事務所・外国法共同）
仁木　恒夫	（にき・つねお）	大阪大学准教授
徳田　和幸	（とくだ・かずゆき）	同志社大学教授
内山　衛次	（うちやま・えいじ）	関西学院大学教授
本間　義信	（ほんま・よしのぶ）	大阪学院大学教授
藤本　利一	（ふじもと・としかず）	大阪大学准教授
本間　靖規	（ほんま・やすのり）	名古屋大学教授
坂原　正夫	（さかはら・まさお）	慶應義塾大学教授
角森　正雄	（かくもり・まさお）	神戸学院大学教授
渡辺　武文	（わたなべ・たけぶみ）	甲南大学教授
下村　眞美	（しもむら・まさみ）	大阪大学教授
田邊　　誠	（たなべ・まこと）	広島大学教授
松本　幸一	（まつもと・こういち）	日本大学教授
高見　　進	（たかみ・すすむ）	北海道大学教授
宇野　　聡	（うの・さとし）	関西学院大学教授
渡部美由紀	（わたなべ・みゆき）	名古屋大学准教授
堤　　龍弥	（つつみ・たつや）	関西学院大学教授
榊原　　豊	（さかきばら・みのり）	中京大学教授
長田　真里	（ながた・まり）	大阪大学准教授
三阪　佳弘	（みさか・よしひろ）	大阪大学教授

新現代民事訴訟法入門

序章　民事訴訟の全体を理解する

1 日常から非日常へ

民事の事件と民事訴訟

犬も歩けば棒に当たる。世の中には、幸せな棒よりも不幸な棒に出くわすことの方がはるかに多い。確かに、町を歩けば車が暴走してくるし、住宅を購入すれば、基礎工事に重大な欠陥がある。テレビ・コマーシャルにつられて消費行動に走ると、とんでもないことが待ちかまえている。家でじっとしていればと思えば、架空請求の郵便物も舞い込んでくる。平穏無事で心安らかな人生も、ある日突然に災難や災害に襲われる。やむをえず誰かの法律上の責任を追及せざるをえない事態ともなる。このような民事の事件では、その法律上の責任を明らかにするために、当事者間での交渉もできないうえに、他の適切な解決方法をも見出しえないという場合には、最終的に裁判に訴えざるをえない。これが民事訴訟である。広く民事裁判ともいう。

民事訴訟という場

たとえば、友人間での貸金事件。誰しも貸した金は返してもらえると思うからこそ、喜んで、あるいはしぶしぶとであれ、貸し付ける。当初の約束の内容が不明確な場合であっても、大半のケースでは債務が返済され、なにごともなく日常が続けられる。

ところが、さまざまな事情が重なり、借りた側が返さないまま膠着状態となり、泥沼化する。予期しない非日常の世界へ突き落とされる。そこで怨念に支配されるまま復讐として殺傷沙汰に及んだとしても、犯罪を構成するだけで、根本的な問題の解決にはなっていない。裏切られた信頼は、法治国家の下で認められたクールな空間での決着によって、それなりに回復する機会が与えられる。法廷という非日常空間でのやりとりの結果として裁判所の判断が判決という形で示される。この判決が確定しても、なお債務者が支払わなければ、確定判決を債務名義とする強制執行という手段によって、債務者の財産を国家の強制力を使って換金し、ようやく満足にこぎ着ける。

2 非日常空間のデザイン(1)

そこで、こうした民事訴訟はどのような組立てでできあがっている制度かを見てみよう。

訴えの提起

民事訴訟は訴えの提起によって開始される。訴えの提起は、裁判所に対して自らの請求内容を示し、その当否についての審理判断を求める申立てである。国家は税金により民事訴訟制度を設営する。その利用は私人の自由な意思に任される。訴えが提起されると、裁判所は、訴えの適法性（本案前という）ないし原告の請求の当否（本案という）につき審理を行い、何らかの裁判をする（裁判拒絶の禁止）。裁判に至る前に、当事者が和解し、原告が訴えを取り下げ、あるいは請求を放棄し、被告は原告の請求を認諾するといったいずれかの事態も可能であるし、また、そもそも裁判所は当事者から請求された範囲内でのみ判決しなければならない（処分権主義）。

請求の内容

訴訟上の請求の内容からは、給付の訴え、確認の訴え、形成の訴えの三つの基本型がある（二二頁以下参照）。給付の訴えでは、たとえば、「貸した金を返せ」といった内容で、「被告は原告に対し、金一〇〇万円を支払え」との訴えとなる。給付の訴えにおいて、請求認容である給付判決が確定すると執行力を生じる。また、同時に、給付請求権の存在を既判力で確定する。請求棄却の判決では、給付請求権の不存在を確認する確認判決となり、その点について既判力が生じる。

確認の訴えとは、原告の被告に対する一定の権利ないし法律関係の存在または不存在の確認を求める訴えである。もっとも、法律関係を証する書面の成立の真否の確認を求める訴えは、事実の確認を求める訴えとして例外的に許される。確認の訴えに対する本案判決は、既判力により権利または法律関係の存否を確認する確認判決となり、この点に既判力が生じる。

形成の訴えは、権利または法律関係を発生、変更または消滅させるのに、法律が裁判所の判決を要求する場合に、権利等の形成を求める訴えである（株主総会決議取消しの訴え、離婚の訴えなど）。形成の訴えに対する請求認容判決は形成判決といい、確定すると権利等を形成する効力（形成力）を生じ、形成要件の存在につき既判力が生じる。請求棄却判決の場合は、形成要件の不存在を確認する確認判決で、その点に既判力が生じる。

本案と訴訟要件

原告が訴えにより求める権利主張（訴訟上の請求）の当否が本案である。原告の請求を認容または棄却する判決は本案判決である。しかし、どんな訴えでも、常に本案判決をしなければならないとすれば、裁判所の役割を超えることがある。外国政府の専権に属する事項や政治問題などを司法の場に持ち込まれても、紛議の中身に立ち入るべきではない。このために、訴訟要件という仕組みが用意されている。訴訟要件とは、被告の利益や訴訟制度を設ける国の利益などをふまえ、紛争の解決に適切な場合に限り本案判決をするための前提となる要件をいう。審理の結果、訴訟要件がないと裁判所が判断する場合、訴えを却下する判決をする（訴訟判決）。

(1) 訴訟要件の調査　公益（国や国民全体の利益）が絡む訴訟要件については、その存在につき当事者間で争いがなくとも裁判所は職権で判断しなければならない（職権調査事項）。他方で、訴訟要件の中には、純粋な私益（被告の利益）保護を理由とするものもある（訴訟費用の担保、仲裁契約、訴訟禁止の合意など）である。この場合、職権で判断すべきではなく、被告が訴訟要件がないとの主張（本案前の抗弁）をする場合にはじめて裁判所が判断すればよい（抗弁事項）。

(2) 判断資料の収集　訴訟要件の存否の判断資料をどのように収集するか。公益性の強い事項（たとえば、裁判権など）は、裁判所は職権証拠調べができる（職権探知主義）。私益に関する事項（たとえば、当事者適格や訴えの利益など）は、当事者が提出した証拠による（弁論主義）。

裁判　裁判は、裁判機関が自らの判断を法定の形式によって表明する訴訟行為である。裁判には判決以外に決定や命令がある（一七二頁以下参照）。判決は、訴えを提起された内容である重要事項に関するため、審理は口頭弁論による（必要的口頭弁論の原則）。ひとたびなされた判決は、簡単には変更されない（自己拘束力）。他方で、決定や命令は基本的にはそれ以外の手続派生事項を扱う（任意的口頭弁論）。

判決・決定の主体は裁判所であるが、命令の主体は裁判長・受命裁判官・受託裁判官のいずれかである。

3　非日常空間のデザイン(2)

訴訟の基本的な制度設計について述べたが、この訴訟に似て非なるものがいくつか存在する。まず、本質的に異なる手続がある。これが非訟手続である。両者の手続の主な違いは次頁の**表1**のとおりである。

訴訟と非訟

訴訟事件は訴訟手続という器で〈調理〉（＝審理）される（もっとも、共有物分割の訴え等につき、二五頁参照）。これに対して、非訟事件は非訟手続でされる。争いがあるのは、どのような事件が訴訟事件となり、非訟事件となるかの基準である。法が決めることになるが、何を基準に振り分けるか、その線引きは時代の変化とも絡んで難しい問題である（「訴訟の非訟化」とか「訴訟事件の非訟化」といって、従来は訴訟事件として扱われていたものが時代の流れの中で、非訟事件として扱われる傾向がみられる。たとえば、今日では遺産分割は家事審判の手続で非訟事件として処理されるが、戦前は訴訟事件であった）。ここでは、訴訟事件は純粋司法作用、非訟事件は後見的な司法的行政作用に関わる事件と理解しておきたい。重厚な手続で審理されるのにふさわしい事件が訴訟事件であり、関係者の対立構造を前提としない簡易迅速な手続にふさわしい事件が非訟事件であるといえる。この議論は、「訴訟事件の非訟化」の限界を見極めるために役立つ。憲法三二条の「裁判を受ける権利」の保障という問題でもある。

表1　訴訟と非訟の手続構造の主な違い

訴訟手続（判決手続）		非訟手続
二当事者対立の構造	当事者	二当事者対立を前提とはしない
処分権主義（民訴246条・267条） 弁論主義 公開主義 口頭主義	手続原則	処分権主義の排除 職権探知主義（非訟11条） 非公開主義（非訟13条） 書面主義
必ず訴えの提起により開始する（民訴133条） 必要的口頭弁論の原則（民訴87条1項） 弁護士代理の原則（民訴54条） 厳格な証明	手続方式	職権で開始する場合がある 非公開による審問（非訟13条） 代理人資格の制限緩和（非訟6条） 自由な証明（非訟11条）
判決（民訴243条） 自己拘束力あり（例外，民訴256条・257条1項）	裁　判	決定（非訟17条） 事情変更による取消し・変更ができる（非訟19条）
三審制（控訴〔民訴281条〕・上告〔民訴311条〕）	審　級	二審制（抗告〔非訟20条〕）

訴訟ではあるが、事柄の性質上、通常の民事の事件とは異なる審理手続が定められているものの一つに、人事訴訟がある。人事訴訟の手続ルールは人事訴訟法が定める。

人事訴訟

人事訴訟とは、離婚の訴えなどのように、身分関係の形成や存否の確認を求める訴えのことである（人訴二条）。第一審裁判所は家庭裁判所となる。財産関係の紛争を念頭に置き、私的自治の原則にも最大の配慮をする民事訴訟（第一審裁判所は地方裁判所または簡易裁判所）では、基本的には弁論主義が支配するが、人事訴訟においては職権探知主義があてはまる（人訴二〇条）。また、判決の効力は当事者以外の第三者にも及ぶ（対世効）（人訴二四条一項）。身分関係が社会の中で区々となっては困るからである。

行政訴訟

行政に対する司法審査の機能を強化し、国民の権利利益の救済を実効的に保障するとの観点から、二〇〇四年に行政事件訴訟法が大きく改正された。行政訴訟（行政事件訴訟）とは、広く公権力の行使に絡んでなされる行政処分等を不服とする訴訟をいう。行政訴訟には、抗告訴訟・当事者訴訟・民衆訴訟・機関訴訟の四つの種類がある（行訴二条）。詳しくは、行政法などの科目で学んでいただきたい。

行政訴訟においても、民事訴訟とは異なる審理手続の特徴がある。被告を誤った場合の被告の変更決定（行訴一五条）、職権証拠調べ（行訴二四条）などである。いずれも公権力の行使によって権利利益が侵害された私人の救済に役立つ。

公法上の法律関係に関して、民事訴訟を提起できるかは、問題がある（最判昭五六・一二・一六民集三五巻一〇号一三六九頁は消極説）。

4　新しい波

新民事訴訟法の成立

平成八年（第一三六回国会）に、新民事訴訟法が成立した（平成一〇年から施行）。カタカナからひらがなへと現代語化された法典は、新法という形式をとるが、実質的には大正一五年改正から七〇年ぶりの大「改正」である。その改革の柱は、五つある。①争点整理手続（ことに弁論準備手続）の整備、②証拠収集手続の拡充、証拠関係規定の整備、③少額訴訟の創設、④最高裁判所等への上訴制限、⑤ハイテク化による簡素化（テレビ会議、電話会議、督促手続のコンピュータ処理等）である。

②の関係で、行政情報の公開と密接に関連する公務文書提出義務の問題は、その後平成一三年の民訴法改正で、明文でルール化された。

その後の民訴法改正

司法制度改革の大きなうねりのなか、民訴法の改正が相次ぐ。大改正以降もこうした動きがあるのは、なぜか。そうした根底には、「裁判の迅速化」がある。「判決にも納期がある」との感覚は、裁判の実務改革の力となり、これを促進させ、そうして立法を動かす。こうした法改正は、平成一三年六月一二日付の「司法制度改革審議会意見書」（最終意見書）が示す方向性（「国民の期待に応える司法制度の構築」）や内容を具体化するものでもある。審理の適正化をふまえた、裁判の迅速化への挑戦が今後とも続く。

改正のあらまし　平成一五年（第一五六回国会）に司法制度改革関連立法（民事訴訟法・人事訴訟法は平成一六年四月一日施行）として、「裁判の迅速化に関する法律」（法一〇七）（迅速化法〔第一審訴訟手続は二年以内〕）、「民事訴訟法等の一部を改正する法律」（法一〇八）、「人事訴訟法」（法一〇九）〔人事訴訟の家庭裁判所への移管・非公開審理等〕、「司法制度改革のための裁判所法等の一部を改正する法律」（法一二八）〔簡易裁判所の事物管轄の拡大〕、「仲裁法」（法一三八）がそれぞれ成立した。あわせて、最高裁判所の規則制定権（憲七七条）に基づいて、民事訴訟規則の改正や人事訴訟規則が制定された。以下では、主として民事訴訟法の改正を取り上げる。

なお、平成一六年（第一五九回国会）にも、知的財産訴訟の充実した審理に向けた改正（裁判所調査官の積極的活用、公開の停止等）やIT化を一部取り込む改正がされた。また、同年（第一六一回国会）では「裁判外紛争解決手続の利用の促進に関する法律」（いわゆるADR法）が成立した。

以下に、主だったものを簡単に説明する。

計画審理主義　訴訟手続においては、適正かつ迅速な審理の実現のため、その計画的な進行が図られなければならない（民訴一四七条の二）。これにより、裁判所および当事者は、個々の具体的な事件において、審理の終期を見通して、審理の進行状況を意識しつつ、計画的に訴訟指揮や訴訟行為をする一般的な責務を負う。

提訴予告通知制度の導入と訴え提起前の証拠収集等の手続の拡充　訴えの提起をしようとする者は、当該訴えの相手方となるべき者に対して当該訴えの提起を予告する旨（請求の概要および紛争の要点）の書面による通知（提訴予告通知）ができる。この場合、提訴予告通知の効果として、提訴予告通知をした者（通知者）および提訴予告通知を受けた者（被通知者）は、次の証拠収集等を利用できる（一六〇頁以下参照）。①提訴前の照会、②提訴前の証拠収集の処分（文書送付の嘱託、調査の嘱託、意見陳述の嘱託、現況調査命令）。たとえば、裁判所は、通知者または被通知者の申立てにより、専門的な知識経験を有する者に意見の陳述を嘱託でき、また裁判所は執行官に対し、紛争の現場の状況の調査を命ずることができる。

専門訴訟への対応の強化　専門的な知見を要する訴訟（専門訴訟）は、判決による解決をみるまで多くの時間を要し、複雑困難な訴訟の一つである。たとえば、建築関係訴訟、医療事故訴訟、あるいは知的財産権訴訟といったものがこれに当たる。

(1)　専門委員制度の導入　争点整理手続において、専門委員からの意見聴取等が可能となった。また、証拠調期日に専門委員を立ち会わせることができる。さらに、訴訟上の和解の際にも活用できる。

(2)　鑑定の改善　従来、鑑定人に対する質問は、人格攻撃にもつながりかねず、鑑定人にきわめて不評であった。そこで、改正法では、裁判所は、鑑定人に書面で意見を述べさせた場合において、当該意見の内容を明瞭にするため必要があると認めるときは、そのために必要と認める事項について、申立てによりまたは職権で、さらに書面または口頭で意見を述べさせることができる。裁判所は、鑑定書が提出された後に進行協議期日等を利用して、鑑定人にさらに意見を述べさせる事項について当事者双方との間で協議をすることができる。また、鑑定人に対する質問は、裁判長、その鑑定の申出をした当事者、他の当事者の順序でするものとし、裁判長は、適当と認めるときは、この順序を変更することができるし、質問方式は、いわゆる一問一答方式による必要がない。

特許権等に関する訴えの専属管轄化

特許権、実用新案権、回路配置利用権またはプログラムの著作物についての著作者の権利に関する訴え（以下「特許権等に関する訴え」という）について、民訴法四条および五条により、東京高等裁判所、名古屋高等裁判所、仙台高等裁判所または札幌高等裁判所の管轄区域内に所在する地方裁判所に管轄権が認められる場合（東日本）には、東京地方裁判所の管轄に専属するものとし、大阪高等裁判所、広島高等裁判所、福岡高等裁判所または高松高等裁判所の管轄区域内に所在する地方裁判所に管轄権が認められる場合（西日本）には、大阪地方裁判所の管轄に専属する。特許権等に関する訴えの控訴事件は、東京高等裁判所（いわゆる知的財産高等裁判所）の管轄に専属する（五七頁以下参照）。

他方で、移送の特例として、特許権等に関する訴えについての審理を東京地方裁判所および大阪地方裁判所以外の地方裁判所で行えるための移送制度を設ける。

公務秘密文書についての文書提出命令

平成八年の当初の民訴法案では、公務秘密文書について、監督官庁が承認しないものは、すべて文書提出命令の対象から除外され、いわゆるイン・カメラ手続の対象にもされないなど、私文書との区別に十分な合理性があるのか問題が生じ、司法の在り方の議論とも絡んで、文書提出命令制度への批判が生じていた。このため、公務秘密文書について特別扱いする条項を削除したうえ、公務文書についても、一般的に民訴法二二〇条一号ないし三号によることとし、ようやく新民訴法の成立に及んだ。その際、国会での附帯決議や附則二七条によって政府に対し、情報公開法の検討と並行して、公務文書の扱いについての見直しが求められた。

そこで、二二〇条四号に新たなロを追加し、提出義務の生じない公務秘密文書を規定するとともに、さらにホを加え、刑事事件記録等も同様とした。なお、国の安全などに関する機密性の高い文書や犯罪捜査などに支障を及ぼす文書については、監督官庁が提出義務が無いとの意見を述べたときは、裁判所は、その意見の理由の相当性についてのみ審査する。

◆コラム1◆　司法のIT化

シンガポールは世界の中で司法へのIT化を実現しているトップクラスの国の一つである。一九九七年には、少額訴訟の提起について、パソコンをインターネットに接続することで可能とした。日本では、このところ急ピッチで改革が進んでいる。裁判所への情報通信技術（IT）の導入に絡んで、まず、督促手続のオンライン化が実現された。これにより、督促手続においては、インターネットを利用して支払督促の申立てができる。また、支払督促の作成等が電磁的方法により行える。さらに、民事訴訟手続等の申立てのオンライン化の民訴法改正も実現した。多くの問題をはらみつつも、自宅にいながらにして裁判所へ訴えを提起するという近未来の「訴訟社会」さえも、技術的には十分に視野に入ってきている。

テクノロジーの進化は、司法分野へも波及する。すでにテレビ会議や電話会議システムが導入され、活用されている。電話会議システムを利用した弁論準備手続期日では、当事者は期日に出頭することなく、訴えの取下げ・訴訟上の和解・請求の放棄・請求の認諾さえもできる。

第1章　紛争のはじまり――訴訟前夜

1　最初の法律相談

紛争と相談

紛争とは、生活上の利害対立に基づき、特定の当事者が特定の相手方に対して要求を行い、これが拒絶されて発生する争いである。わが国の有力な学説によれば、民事訴訟制度の目的は紛争の解決であるとされている。しかし、法的問題を抱えていると認識している紛争当事者が、誰にも相談することなく裁判所等の公式機関に事件を持ち込むことは多くはない。多くの紛争当事者はまず相談機関へと訪れる。事件の見通しについての助言を受けて、それ以上の展開がないこともある。また、国民生活センターの苦情相談などの法律相談に加えてさらにあっせんまで行う機関もあり、その助けを借りて話し合いで解決することもある。そして、もちろん法専門家である弁護士や司法書士[*1]へと相談に訪れるという選択肢もありうる。

弁護士による法律相談

弁護士による法律相談には、個々人の弁護士による法律相談と弁護士会等が主催する法律相談とがある。多くの場合、紛争当事者は、紹介によって弁護士に到達する。ただし、弁護士人口が決して多いとはいえないわが国の現状では、知人を介して弁護士に相談にくるということも難しい。[*2] そうした紛争当事者は、まずは弁護士会等が主催する法律相談を受ける。そしてそこで相談した弁護士にそのまま依頼するか、あるいはその法律相談で別の弁護士を紹介されてあらためて相談に訪れることになる。

弁護士は、依頼者から話を聞いたうえで、その範囲での助言を行う。この段階では、限られた時間のなかで、しかもまだ相手方の言い分も聞いてはいないので、法的な問題点の指摘と選択可能な手段の示唆が助言の中心となる。選択可能な手段としては、自分で直接交渉を行う、調停、訴訟、弁護士に依頼する、というような複数の手段が、事案の性質に応じて示されるであろう。ここでは、弁護士の下で訴訟を選択する場合を想定する。

＊1　司法書士の裁判業務　従来、訴訟委任に基づく訴訟代理人は、原則として弁護士に限定されていたが、司法書士法の改正により簡易裁判所が事物管轄の事件については認定を受けた司法書士が代理できることになった（司法書士法三条一項六号）。したがって、紛争当事者から依頼を受けた司法書士の場合、訴額が一四〇万円を超える事件であれば従来から行ってきた書面作成業務になるが、訴額が一四〇万円以下の事件であれば弁護士と同様の訴訟代理を行うことも考えられる。

＊2　弁護士広告　かつて弁護士会では、弁護士法三三条二項七号に基づいて、広告事項、広告媒体等を自主的に制限してきた。しかし、二〇〇〇年からその規制が緩和され、依頼者のニーズに応えるために、一定の範囲で弁護士広告が認められるようになった。したがって、以前に比べて、利用者からのアクセスのための情報が増えてきている。

2　受任後の弁護士活動

リーガル・カウンセリング　依頼者が弁護士に正式に依頼をして、弁護士が受任すると、法律事務所においてその手続がなされる。弁護士に事件処理を依頼することは、委任契約の一つである（厳密には準委任契約）。依頼者は、委任状を作成し、費用の説明などを受ける。

弁護士は、依頼者の話をもとにして、その要求を法的に構成する。従来、訴訟に備えて弁護士の行う中心的な作業は、なまの紛争を法律の要件事実に即して整理し、自分の依頼者の主張が説得力をもつように証拠を配置することとされてきた。それはたしかに重要な作業ではある。けれども、弁護士が行う依頼者との面談で、要件事実に基づく整理は容易に達成されるものではないし、またそれで必要十分というわけでもない。

弁護士のもとに訪れる紛争当事者は、多くの場合、憔悴し、混乱し、依存したい気持ちでやってくる。落ち着いて弁護士が求める情報のみを整理して話せるわけではないのである。それにもかかわらず、弁護士が要件事実に必要な情報だけを依頼者から聞き出そうとするならば、依頼者はかえって萎縮し、自分が気になっていることを話さないまま、そしてときには弁護士が求める情報さえも十分に話せないまま、面談を終えることになりかねない。

弁護士が時間をかけてそのような依頼者の話を聞いていくことで、依頼者は少しずつ平常心を取り戻し、自分の紛争を冷静に受け止めて考えることができるようになっていく。弁護士が行う依頼者との面談には、このようなカウンセリング的な一面が必要なのである。ただし、それは、法的解決の筋道をおさえたうえでのカウンセリング的作業であり、いわばリーガル・カウンセリングといえよう。*1

訴訟前の証拠収集

訴訟を提起するにあたり、通常、弁護士はかなりの調査活動を行う。必要な文書の交付や閲覧を求めたり、事件関係者に面接して事情を聴き取ったり、現場に足を運んで写真を撮ったりしておくのである。

訴訟のための資料は、おもに当事者の側が自分で調査準備する。しかしながら、それだけでは十分な準備ができない場合、訴訟前にとりうる手段として、次の方法がある。第一に、所属弁護士会に対して官公庁や公私の団体に照会して、特定の必要事項について報告を求める弁護士会照会（弁護二三条の二）である。第二に、訴えの提起を予告する旨の書面による通知をしておくことによって、訴えの提起前においても相手方当事者に対して主張立証を準備するために必要な事項を照会することのできる訴えの提起前における照会（民訴一三二条の二～一三二条の三）、文書の所持者に対して文書の送付を嘱託することなどができる訴えの提起前における証拠収集の処分（民訴一三二条の四～一三二条の九）である。また、本来の証拠調べが不可能あるいは困難になるおそれがあるときは、あらかじめ証拠調べをしておいてその現状や内容を事前に確保しておくための証拠保全（民訴二三四条以下）がある。

弁護士は、このような法的手段を利用することで、訴訟に備えて事前に十分な準備ができるのである。

法専門家の責任

任意の訴訟代理人は、原則として弁護士に限られている。また、弁護士は訴訟行為について包括的に代理をすることになっている。しかしそうであるからといって、受任後は弁護士が自由に処理を進めることができるというわけではない。たしかに訴訟には機敏な対応が求められる場面がある。しかしながら、弁護士は、訴訟の進行状況について報告し、依頼者の意向を確認したうえで手続をすすめていく必要がある。このような意思疎通が十分にとれていないと、依頼者と間で不必要な対立をまねくことになりかねない。

また、他方で、弁護士は依頼者の利益を追求するというだけでなく、公益的役割も担っている（弁護一条）。依頼者の利益のために不当に第三者を害することは許されない。したがって、依頼者からの相談を受けている場面でも、ときには不当な要求を断念するように説得することも必要になってくる。

とくに弁護士がその職業上要求される行動規範（弁護士倫理）に違背した場合、所属する各単位弁護士会から懲戒処分を受けることがある（弁護五八条）。誰でも懲戒請求をすることができ、請求を受けた弁護士会では、綱紀委員会での調査で懲戒相当と判断されれば、懲戒委員会に審査を付託することになる。懲戒処分は、反倫理性の程度に応じて、戒告、二年以内の業務停止、退会命令、除名に別れる。弁護士は、弁護士自治のもとで厳しい自己規律に服しているのである。

＊1　弁護士のコミュニケーション・スキル　近年、弁護士に求められる法役務として、このような法律相談（加藤新太郎編『リーガルコミュニケーション』）や交渉（大澤恒夫『法的対話論』）が注目されている。法律相談や交渉では、依頼者のニーズに応えるために、法律の要件効果についての知識とはまた異なるコミュニケーションの技能が要求されている。

◆コラム2◆　ADRとは

民事訴訟は、利用者にとっても国家にとっても費用と時間と労力の負担が大きい。また、民事訴訟での、実体法の適用による解決は必ずしも利用者のニーズを満たさないかもしれない。そこで、民事訴訟に代わって、当事者間の自主的解決を促進し、また自主的解決に近い解決を得るための多様な紛争処理制度が発達している。行政機関、民間団体、弁護士会などが運営主体となった仲裁、調停、あっせん、相談などである。これらを総称して裁判外紛争処理（Alternative Dispute Resolution＝ADR）と呼ぶ（民間裁判とも称される「仲裁」はADRに含めないとする見解もある）。

現在進められている司法制度改革でもADRの拡充・活性化を図るべきだとされている。その提言を受けた法改正の一環として、利用しやすい仲裁制度を構築する見地から仲裁法が制定（平成一五年八月一日法律一三八号）、施行された。仲裁とは、双方当事者が、第三者（仲裁人）の仲裁判断による紛争解決に服することを合意し、これに基づいて進められる手続である。仲裁判断には裁判所の確定判決と同一の効力が認められている（仲裁四五条）。仲裁は、おもに国際取引紛争などで利用されている。

また、わが国において古くから活用されているのが調停である。調停とは、当事者双方の自主的解決のために、第三者（調停者）が両者を仲介し、合意の成立をめざす手続である。裁判所が行う調停には、民事調停と家事調停がある。合意が成立したときは、合意調書に確定判決と同一の効力が認められている（民調一六・二四条の三第二項、民訴二六七条、家審二一条）。

そして、二〇〇四年には裁判外紛争解決手続の利用の促進に関する法律（ADR法）が制定され、実効的な裁判外紛争処理の制度基盤が築かれることとなった。ADR法は、法務大臣に認可された公正な第三者が関与することで、訴訟手続によらずに簡易・迅速・柔軟に民事紛争を解決することを目的とする。今後、いっそうのADRの拡充・活性化が期待される。

第2章 訴えの提起

1 訴えと請求

訴えの意義　訴えは、原告が裁判所に対して被告との関係における一定の権利主張（＝訴訟上の請求）を提示し、その当否についての審理および判決を求める訴訟行為（申立て）であり、訴えの提起によって、第一審の判決手続が開始される。

民事訴訟においては、その対象とする私法上の権利関係について妥当している私的自治の原則に対応して、訴訟の開始・審判の範囲・訴訟の終結（訴えの取下げなど裁判によらない訴訟の完結）についての決定を当事者に任せるという処分権主義が妥当している。訴訟の開始段階についてみれば、訴訟は裁判所に対する当事者の申立てがある場合にのみ開始され（「訴えなければ裁判なし」）、しかも、裁判所は、その申立ての範囲内の事項についてのみ審理・判決することができる（民訴二四六条参照）というのが原則なのである。したがって、裁判所の判決を求める者（原告）は、裁判所に対して、だれ（被告）との間で、どのような権利・義務ないし法律関係について争いがあり、それにつきどのような内容の判決を求めているのかを明らかにして、申立てをしなければならない（民訴一三三条参照)。この裁判所に対する申立てが、訴えである。

訴えは、原告と被告間の一定の権利・義務ないし法律関係についての争い、すなわち原告の被告との関係における一定の権利主張の当否について裁判所の審判を求めるものである。この訴えの内容となる原告の被告に対する関係での権利主張を、訴訟上の請求または単に請求という。訴えの提起によって開始される訴訟手続においては、この訴訟上の請求が審判の対象となり、被告による防御の対象にもなる。訴えには、訴訟上の請求を特定表示して審判の対象を指定する重要な意味があるのである。

訴えの提起により判決手続が開始されるが、裁判所が訴えによる原告の求めに応じて請求の当否についての判決(本案判決)をするためには、一定の要件(訴訟要件)が備わっている必要があり、それが欠けているときは、訴え却下の判決(訴訟判決)がなされる。

訴えの種類

訴えは、起訴の態様・時期によっても分類されるが(単一の訴えと併合の訴え、独立の訴えと係争中の訴えに区別される。第11章参照)、重要なのは、請求の内容による分類であり、そこでは、訴えは、給付の訴え・確認の訴え・形成の訴えの三つの類型に区別される。

(1) 給付の訴え　原告の請求が被告に対する給付請求権(被告の給付義務)の主張である訴えをいう。主張される給付請求権の典型例としては、金銭の支払いや物の引渡し・明渡しを求めるものがあるが、登記申請などの意思表示を求めるものや、その他の作為・不作為を求めるもの(たとえば、建物収去請求や差止請求など)でもよい。また、債権に基づくと物権に基づくとを問わない。給付請求権についての履行期がすでに到来しているかどうかによって(口頭弁論終結時が基準となる)、現在の給付の訴えと将来の給付の訴え（民訴一三五条）とに分けられる。

給付の訴えに対する請求認容の判決は、被告に原告への給付を命じる給付判決であり、原告は、被告が任意に履行しない場合には、これを債務名義として強制執行を求めることができる（すなわち執行力を有する）点に、その特色があるが（民執二二条一号・二号参照）、裁判所の判断としては、給付請求権の存在を確認するものであり、この点につき既判力を生じる。他方、請求棄却の判決は、給付請求権の不存在を確定する確認判決である。

給付の訴えは、沿革的には、最も古くから認められている類型であり、また、現在における訴訟の大部分がこれに属する。

⑵　確認の訴え　原告の請求が特定の権利または法律関係の存在または不存在の主張である訴えをいう。権利関係の存在を主張するもの（たとえば、所有権の確認を求める訴え）は、積極的確認の訴え、その不存在を主張するもの（たとえば、債務の不存在の確認を求める訴え）は、消極的確認の訴えと呼ばれる。確認の訴えの対象は、特定の具体的な権利関係の存否に限られるのが原則であるが、法律関係を証する書面（遺言書・定款・手形など）が作成名義人の意思に基づいて作成されたものかどうかの確認を求める訴え（証書真否確認の訴え）は、例外的に許容される（民訴一三四条）。

確認の訴えに対する本案判決は、請求認容の判決も請求棄却の判決も、いずれも権利関係の存否を確認する確認判決であり、その存否の判断について既判力を生じる。

この確認の訴えは、権利関係の存否を観念的に確定することによって、当事者間の紛争を解決し、ひいては以後の派生的な紛争を予防しようとするものである（確認訴訟の予防的機能）。その前提としては、権利・義務の体系としての実体法秩序が確立し、また、それを支えるだけの権利意識ないし法意識が一般に浸透していることなどが必要とされるのであり、この訴えが独立の類型として一般的に承認されたのは、近代（一九世紀後半）になってからである。

(3) 形成の訴え　原告の請求が一定の法律要件（形成権・形成要件・形成原因）に基づく特定の権利または法律関係の変動（発生・変更・消滅）の主張である訴えをいう。私法上の権利関係は、その当事者間の合意により自由に変動させることができ、また、法律の定める要件（形成権——取消権・解除権など）があれば一方当事者の意思表示によっても変動を生じさせることができるのが原則である。しかし、法は、権利関係の変動を多数の利害関係人の間で明確かつ画一的に生じさせ、また、法律関係の安定をはかる必要がある一定の場合（身分関係や社団関係など）については、訴えをもって形成要件に該当する事実が存在することを主張させ、裁判所がその存在を確定したうえで判決によって法律関係の変動を宣言することとしている。この場合の訴えが形成の訴えである。

形成の訴えは、右のように、法律にとくに定めがある場合に限って認められるものであり、たとえば、婚姻の取消し（民七四三条～七四七条、人訴二条一号）、離婚（民七七〇条、人訴二条一号）、嫡出否認（民七七五条、人訴二条二号）、認知（民七八七条、人訴二条二号）などの人事訴訟や、会社の設立無効（会社八二八条一項一号）、株主総会決議の取消し（会社八三一条）などの会社関係訴訟などが、これに属する。なお、婚姻無効の訴え（民七四二条、人訴二条一号）や株主総会決議無効確認の訴え（会社八三〇条二項）などが形成の訴えであるかどうか、すなわち、その無効が判決によって宣言ないし確認されない限り、別訴の前提問題として主張することも許されないと解すべきかどうかについては、争いがある。

形成の訴えに対する請求認容の判決は、法律関係の変動・形成を宣言する形成判決であって、その内容どおりの変動を生じさせる効力すなわち形成力を有するとともに、形成要件の存在につき既判力を生じる。なお、形成の効果が将来に向かってのみ生じるか（離婚判決など）、過去にさかのぼるか（認知判決など）は、場合により異なる。請求棄却の判決は、確認判決であり、形成要件の不存在について既判力を生じる。

なお、法律関係の形成に訴え・判決が必要とされていても、共有物分割の訴え（民二五八条）、父を定める訴え（民七七三条、人訴二条二号・四三条）などのように、形成の基準となる具体的な要件が定められていない場合がある。このような場合は、判決の内容が裁判所の裁量にまかされ、請求棄却判決はなされえない点で、本質的には非訟事件であるとされ、形式的形成訴訟と呼ばれている。争いはあるが、土地の境界確定の訴え（旧々民訴二二条参照）もこの一種であるとするのが通説・判例である（最判昭四三・二・二二民集二二巻二号二七〇頁など参照。なお、立法論としては、境界確定を行政委員会による行政処分として行うことが検討されている）。

このような形成の訴えは、確認の訴えより新しい時期（二〇世紀初頭以後）に独立の類型として認められたものである。

以上にみてきたように、訴えには三つの類型があるが、従来の学説においては、理論上は、確認の訴えが訴えの基本的類型であって、給付の訴えや形成の訴えはその特殊な場合である、とする考え方が有力である（確認訴訟原型観）。しかし、近時は、これらの三類型はそれぞれ、歴史的・社会的所産として、独自の目的と機能を有しているのであるから、むしろその差異を重視すべきであるとする考え方が有力になりつつあるようである。

訴訟上の請求

(1) 意　義　　訴訟上の請求は、前述のように、訴えの内容としての原告の被告に対する関係での一定の権利主張であり、訴訟物とも呼ばれる（ただし、訴訟物の語は、被告に対して主張される権利関係そのものを意味して用いられることが多い）。すなわち、訴訟における審判の対象を訴訟上の請求というのである。

この「請求」概念は、実体法上の請求権（ないし履行の請求）に由来するが、訴えの類型として給付の訴えのほかに確認の訴えや形成の訴えが承認されるに至って、あらゆる類型の訴えに共通する訴訟法上の概念に転化したものである。

訴訟上の請求は、一定の権利主張、すなわち権利・義務または法律関係の存否の主張である。ただし、このことは、請求が客観的に権利主張と認められるということであって、原告の特定の権利を主張する旨の表示が必要であるという意味ではない。原告の請求をどのような権利関係として判断するかは、法を適用する裁判所の職責であるからである。なお、最近の学説においては、こうした権利主張としての請求を狭義の請求とし、これに裁判所に対する判決要求を含めたものを広義の請求として、場合に応じて用いるべきであるとする考え方も有力である。

請求は、被告に対する関係での権利主張である。主張される権利関係が同一であっても、相手方が異なれば、請求も別個になる。

(2) 請求特定の必要性　　訴訟上の請求は、訴訟における審判の対象であるから、訴訟手続のはじめから特定されていなければならない。対象が明確でなければ、裁判所としては審理・判決することができないし、被告も防御のしようがないからである。また、裁判所は、訴えが適法であるかぎり、請求の全部について裁判しなければならないし（民訴二五八条参照）、請求の範囲を超えて、または請求として主張されたものと異なる権利関係について判決することはできない（民訴二四六条）という点でも、請求の特定が必要である。さらに、訴えの併合の有無（民訴一三六条）、訴えの変更の有無（民訴一四三条）、二重起訴にあたるかどうか（民訴一四二条）、既判力の客観的範囲（民訴一一四条一項）などの問題を決するうえでも、請求は決定的ないし重要な基準となるのである。

(3)　請求（訴訟物）の範囲——特定識別・単複異同の決定基準——　訴訟上の請求は、一般に、権利主張としてとらえられているが、その具体的内容をどのように考えるか、とくに、請求がどのような基準によって特定され、他のものと区別されるとみるべきかについては、いわゆる訴訟物論の中心問題として従来から議論がなされており、伝統的な考え方（旧訴訟物理論）とこれに反する新たな考え方（新訴訟物理論）とが鋭く対立している。もっとも、確認の訴えについては見解はほぼ一致しており、主に議論されているのは、給付の訴えと形成の訴えについてである。

(イ)　旧訴訟物理論　訴訟上の請求は、実体法上の個別的・具体的な権利関係そのものの主張であり、その特定識別については、実体法上の個々の権利が基準になる、とする考え方である（旧実体法説ともいう）。従来の通説的な考え方であり、判例もこれによっているとみられる。この考え方によると、確認の訴えについて実体法上の権利が訴訟物になると解されるだけでなく、給付の訴えについても、所有権に基づく返還請求権・占有権に基づく返還請求権（民二〇〇条）・貸金返還請求権（民五八七条）・不当利得返還請求権（民七〇三条）などの実体法上の請求権が訴訟物となり、また、形成の訴えについても、不貞行為（民七七〇条一項一号）・悪意の遺棄（同条同項二号）などの個々の形成要件ないしこれらによる個々の形成権（離婚権など）が訴訟物になる、と解されている。*1 したがって、たとえば、同じ物の返還を求める場合でも、所有権に基づくか占有権に基づくかによって訴訟物は異なるし、これらが同時に主張されていれば訴えの併合（請求の併合）になる。*2

(ロ) 新訴訟物理論　これに対し、給付・確認・形成のそれぞれの訴えの目的ないし機能の差異を重視し、また、紛争解決の一回性を強調して、確認の訴えにおいては、実体法上の個々の権利が訴訟物となるが、給付の訴えにおいては、相手方から一定の給付を求めうる法律上の地位（受給権）が訴訟物となり、形成の訴えにおいても、裁判による一定の形成を求めうる法的地位が訴訟物となる、とする考え方を新訴訟物理論という（後二者について訴訟物と実体法上の権利との結びつきが切断されている点から、訴訟法説とも呼ばれる）。この考え方によれば、給付の訴えについては、実体法秩序が一回の給付しか認めない場合には訴訟物は一つであり、同一の給付を目的とする数個の実体法上の請求権が競合して認められる場合であっても、それらは訴訟物を基礎づける法的観点ないし法的根拠（すなわち、請求を理由づけるための攻撃方法）でしかない、とされるのである。たとえば、特定物の返還を求める訴えでは、返還を求めうる法的地位または権利が訴訟物としてとらえられるのであり、所有権に基づく返還請求権と占有権に基づく返還請求権が同時に主張されても、訴訟物は一個であり、その理由が複数主張されているにすぎないのである。また、形成の訴えについても、同様に考えられており、たとえば、離婚訴訟では、離婚を求めうる法的地位が訴訟物となるのであって、個々の離婚原因ごとに訴訟物が異なるものではない、とされている。

(ハ)　新実体法説　なお、最近では、訴訟物概念と実体法上の権利は切り離すべきではないとして、給付の訴えにおいては、実体法上真に保護するに値する法的地位＝実体的給付請求権を訴訟物としてとらえるべきであり、形成の訴えについても同様に解すべきであるとする考え方（新実体法説）も示されるに至っている。訴訟物として主張される実体法上の請求権（および形成権）を再構成して、数個にみえる権利ないし法的地位を、法的かつ経済的にみて実質的には一個の給付が認められるにすぎない場合には、実体法上一個に統合し、その権利主張を一個の訴訟物として考えようとするものである。

以上のように、訴訟上の請求の具体的内容・訴訟物の特定識別の基準については考え方が対立しているが、現在の学説においては、新訴訟物理論が多数説になっているといえよう。もっとも、新訴訟物理論にも諸説がみられるのであり、その間の理論的な対立は、種々の面で増幅されつつあるように思われる。*3 また、近時は、請求・訴訟物概念の果たすべき役割を訴訟の各段階ごとに再検討してみることが必要であることや、給付の訴え・形成の訴えの中での紛争類型の差異に応じて訴訟物概念を再考してみる必要のあることなども指摘されている。

訴え提起の方式

(1)　訴状の提出　訴えの提起は、訴状という書面を裁判所に提出してするのが原則である（民訴一三三条一項。ただし、簡易裁判所への起訴は口頭でもできる。民訴二七一条）。訴状には、一定の事項を記載し（民訴一三三条二項）、その作成者である原告またはその代理人が記名押印する（規則二条。なお、同五三条四項参照）ことを要するほか、手数料の納付として、訴額に応じて収入印紙を貼らなければならない（民訴一三七条一項、民訴費三条・四条・八条）。被告に送達するために（民訴一三八条）、被告の数だけの副本を添付することが要求される（規則五八条一項参照）ほか、送達費用を予納しなければならない（民訴費一一条～一三条）。

なお、民事関係手続の改善のための民事訴訟法等の一部改正（平成一六年法律一五二号）においては、民事訴訟手続等の申立て等のオンライン化として、一定の範囲で、インターネットを利用した申立て等ができることとされている（民訴一三二条の一〇）。インターネットを利用できる申立て等の範囲、およびその申立て等を受け付ける裁判所は、最高裁判所規則により定められることとなるが、近い将来には、訴状もインターネットでということになるかもしれない。

(2) 訴状の記載事項　(イ) 必要的記載事項　訴状には、当事者（および法定代理人）と請求の趣旨・原因を記載しなければならない（民訴一三三条二項）。この点で不備がある場合には、訴状は不適式なものとして却下されうる（民訴一三七条）。

(a) 当事者（および法定代理人）の表示　当事者の表示は、訴訟の主体を明らかにするものであるから、原告・被告を特定できるように記載すればよい。自然人については氏名と住所、法人などについては名称（商号など）と所在地によるのが通常である。なお、当事者が無能力者である場合には、法定代理人の表示を要し、また、法人などの場合は、代表者の表示を要する（民訴三七条）が、これは現実の訴訟追行者を明らかにするためである。

(b) 請求の趣旨　原告が、請求の内容・範囲を示して、どのような内容の判決を求めるかを簡潔に表示する部分である。原告の請求を認容する判決の主文に対応する形で記載されるのが通常であり、たとえば、「被告は原告に対し金一千万円を支払え、との判決を求める」、「別紙目録記載の家屋は原告の所有に属することを確認する、との判決を求める」、「原告と被告とを離婚する、との判決を求める」というように記載される。なお、金銭の支払請求については、一定金額の明示を必要とし、裁判所が相当と認める額の損害賠償を支払えというような記載では足りない、とするのが通説・判例である。

(c)　請求の原因　ここでいう請求の原因とは、原告の請求を特定の権利主張として構成するのに必要な事実、すなわち、請求を特定するのに必要な事実（規則五三条一項参照）をいう（識別説）。訴状にこの記載が要求されているのは、請求の趣旨を補足して審判の対象である請求を特定するためである。すなわち、請求を特定するのに必要な範囲の事実は、請求の原因として、訴状に必ず記載しなければならない。したがって、請求の趣旨だけで請求が特定できる場合は、理論的には請求の原因の記載は必要ないことになる。たとえば、所有権確認の訴えでは、前述のように、請求の趣旨の中で権利の主体と内容が表示されるが、一個の物については同一内容の所有権は一個しか存在しえない（一物一権主義）から、それだけで請求が特定される。

この請求の原因の記載がどのような場合に必要であり、どの範囲の事実を記載する必要があるかは、請求の特定識別の基準をどのように考えるか（訴訟物論）によって差異が生じる。すなわち、旧訴訟物理論では、給付の訴え・形成の訴えについても実体法上の請求権・形成権が基準とされ、請求を特定するためには、請求の趣旨で給付の目的や形成の内容が示されているだけでは足りず、権利の発生原因である具体的事実が示されなければならないから、その事実を請求の原因として記載する必要がある。しかし、新訴訟物理論では、給付の訴え・形成の訴えにおいては特定の給付・形成を求めうる法的地位が明らかになれば足りるから、請求の原因による補足は原則として不要であることになる。ただし、金銭の支払いや代替物の一定数量の引渡しを求める給付の訴えにおいては、同一当事者間で同一内容の給付を求める請求が複数存在する可能性があるから、新訴訟物理論によっても、主張される給付請求権の発生原因事実（いつの売買代金か、いつ貸した金を返還せよというのかなど）を請求の原因により補足する必要がある。なお、問題となる事実をどの程度まで詳しく記載しなければならないかは、他に誤認混同を生じる余地がないかどうかによって相対的に決められることになる。

(ロ)　任意的記載事項　　右の必要的記載事項のほか、民訴規則によれば、訴状には、請求を理由づける事実（権利の取得原因などの主要事実）を具体的に記載し、かつ、立証を要する事由ごとに、当該事実に関連する事実で重要なもの（重要な間接事実）および証拠を記載しなければならない（規則五三条一項）。また、事実の記載については、できる限り、請求を理由づける事実の主張と当該事実に関連する事実についての主張とを区別して記載しなければならない（規則五三条二項）。早期に争点や証拠の整理がなされるためには、訴え提起の段階から原告の基本的な主張や証拠が明らかになっていることが望ましいからである（なお、添付書類につき、規則五五条参照）。これらの攻撃防御方法を記載した訴状は、原告の最初の準備書面をかねるものとされ（規則五三条三項）、準備書面に関する規定（民訴一六一条三項など）が適用される。もっとも、これらの事項は、その記載が欠けても、訴状としての効力には影響はなく、訴状が却下されることはない（民訴一三七条参照）。このような事項を任意的記載事項という。

訴え提起後の措置

(1)　事件の配付　裁判所（書記官）は、訴状を受け付けたときは、これに受付日付などを記入して事件記録を作成した後に（年度・符号・番号・事件名が表記される。地方裁判所の通常の民事訴訟事件は平成△△年（ワ）第△△号△△事件となる）、あらかじめ決められている事務分配の定めに従って、特定の裁判官または合議体に事件を配付する。

(2)　訴状の審査　事件の配付を受けたときは、裁判長（単独裁判官または合議体の裁判長）は、訴状を審査し、必要的記載事項（民訴一三三条二項）が記載されていないかまたは手数料額の印紙が貼られていないときは、相当の期間を定めて原告に補正を命じる（民訴一三七条一項。なお、規則五六条参照）。この補正命令に応じて原告が補正しない場合は、裁判長は命令で訴状を却下する（民訴一三七条二項）。この訴状却下命令に対しては即時抗告することができる（民訴一三七条三項）。なお、この段階で訴状の不備が看過され、訴状が被告に送達されれば、命令による訴状却下はなしえず、終局判決をもって訴えを不適法却下すべきであると解される。

(3)　訴状の送達　裁判長が訴状を受理すべきものと認めたときは、訴状は副本によって（規則五八条一項）被告に送達される（民訴一三八条一項）。原告が送達費用を予納しなかったり、被告の住所表示が不正確であったりして、送達ができない場合には、裁判長は、その補正を命じ、原告が応じなければ、命令で訴状を却下する（民訴一三八条二項）。なお、被告の住所・居所が不明の場合は、公示送達の方法（民訴一一〇条）によることになる（送達一般については、民訴九八条以下参照）。

この訴状の送達がなされるときは、裁判長は、第一回の口頭弁論の期日を定めて、当事者双方を呼び出さなければならない（民訴一三九条。なお、規則六〇条・六一条参照）。ただし、不適法な訴えでその不備が補正できないことが明らかであるものについては、口頭弁論を経ないで裁判所が判決をもって却下できる、とされている（民訴一四〇条）。また、当事者に対する期日の呼出しに必要な費用の予納を相当の期間を定めて原告に命じた場合に、その費用の予納がないときは、裁判所は、被告に異議がない場合に限り、決定で、訴えを却下することができる（民訴一四一条）。

＊1　ただし、離婚訴訟については、離婚原因としては「婚姻を継続し難い重大な事由があるとき」（民七七〇条一項五号）の一個しかなく、不貞行為などは例示的なものであると解すれば、旧訴訟物理論をとっても、訴訟物は一個である。

＊2　旧訴訟物理論には、このような実体法上の請求権が競合して認められる（請求権競合の）場合は、二重の給付判決を避けるために、原告はそのいずれか一方のみの認容を求めているもの（選択的併合）として取り扱うべきである、とするものが多い（第11章参照）。また、たとえば、契約責任と不法行為責任とは特別法・一般法の関係にたち、両者が競合するようにみえてもじつは特別法たる前者の責任のみが問題になる、というような法条競合を認めることで、実体法上の請求権は一個しか存在していないとされる場合もある。

＊3　わが国の新訴訟物理論は、その多くは給付・形成を求める法的地位のみを訴訟物識別の基準としている点で、一分肢説ということができるが、手形債権と原因債権が競合する場合や形成の訴えの一部については、あるいはより一般的に、法的地位と事実関係とを基準とする二分肢説によるべきである、とする見解も有力である。また、新実体法説によりつつ、既判力の客観的範囲は具体的な実体権に限られるとする見解も主張されている。

2　訴えの利益——当事者適格

総説

(1)　裁判所に訴えを提起して本案判決を求めるには、そうするだけの正当な利益ないし必要性がなければならない。民事訴訟は、民事紛争を解決するための一制度として設けられているのであるから、どのような訴えでも許されるというわけではなく、制度を利用する正当な利益・必要性のある訴えのみが許容されるのである。このような訴えの正当な利益・必要性を、広義の訴えの利益（訴権的利益）という。裁判所は、この訴えの利益の有無によって、取り上げるべき事件とそうでない事件とを選別しているのである。

(2)　この広義の訴えの利益が認められるためには、①原告の請求が本案判決をうける一般的な資格（請求適格または権利保護の資格）を有し、かつ、②原告がその請求について判決を求める現実の必要性（権利保護の利益ないし必要）があること（なお、訴えの利益は、最狭義には、この現実の必要性を意味して用いられる）、および、③原告・被告がその請求について訴訟を追行し判決をうける資格（当事者適格）を有していることが必要である。前二者は、結局、訴えに含まれる請求の内容そのものからみて正当な利益・必要性がなければならないこと（訴えの客体についての正当な利益）を意味するものであり、後者は、訴えの主体たる当事者のほうからみて正当な利益・必要性がなければならないこと（訴えの主体についての正当な利益）を意味するものである。すなわち、広義の訴えの利益は、訴えの客体と主体との二つの面に分けて考えることができるのである。この場合の訴えの客体についての正当な利益を狭義の訴えの利益という。以下では、この意味での訴えの利益と、主体についての正当な利益の問題である当事者適格についてみていくこととする。

訴えの利益

(1) 意　義　（狭義の）訴えの利益は、請求内容からみた正当な利益ないし必要性である。原告の請求が本案判決をうける一般的資格をもたない場合や、その資格があっても、原告がそれについて判決を求める現実の必要性がない場合には、その訴えを排除することが制度上要請される。訴えの利益は、この意味で必要とされているものであり、無益・不必要な訴えを排除し、また被告を応訴の負担から解放しようとするものである。このような訴えの利益は、種々の局面で問題となるが、一般には、各種の訴えに共通するものと、各種の訴えごとに特殊なものとに分けて考察されている。

(2) 各種の訴えに共通する訴えの利益　訴えの種類を問わず問題となるものとしては、次のようなものがある。

(イ) 請求内容が裁判所の処理できる具体的な権利関係の存否の主張であること（裁三条一項参照）　民事訴訟は、法律上の具体的な紛争の解決をはかる制度であるから、請求はそれに応じたものでなければならないのである。したがって、単なる事実の存否の主張は、原則として許されない（民訴一三四条はその例外を定めるものである）。また、法律的な主張であっても、抽象的に法令の解釈や法令の効力を論じるものは、民事訴訟の対象とすることはできない。さらに、判例によれば、三権分立の建前から、高度の政治性を有するいわゆる統治行為に関わる請求や、行政権に関する請求を包含する請求は許されないし（最判昭五六・一二・一六民集三五巻一〇号一三六九頁など参照）、憲法上保障されている信仰の自由（憲二〇条）との関係で、宗教上の教義に関わる事件は法律上の争訟にあたらず、司法審査に服さないとされているが（最判昭五六・四・七民集三五巻三号四四三頁、最判平元・九・八民集四三巻八号八八九頁など参照）、これらの点については異論もみられる。なお、現在の学説においては、司法審査・司法権の限界の問題は、訴訟制度の内在的限界の問題である訴えの利益とは切り離して議論すべきであるとする見解も有力である。

(ロ)　法律上起訴が禁止されていないこと　二重起訴の禁止（民訴一四二条）・再訴の禁止（民訴二六二条二項）・別訴禁止（人訴二五条）などは、それぞれ特別の理由から定められているものであるから、これらにあたる場合には訴えの利益は否定される。

(ハ)　通常の訴え以外の特別の手段のみによるべきものとされていないこと　たとえば、訴訟費用額の確定手続（民訴七一条・七三条）や破産債権の行使の手続（破一〇〇条一項・一一一条以下）などによるべき事件について、通常の訴えを提起しても訴えの利益はない。

(ニ)　当事者間に訴訟を利用しない旨の特約がないこと　当事者間に仲裁合意（仲裁一三条）が存在する場合には、被告の申立てにより、訴え却下判決がなされる（仲裁一四条一項）。不起訴の合意についても同様に解されている。

(ホ)　その他、起訴を不必要とする特別の事情がないこと　たとえば、原告がすでに同一請求について確定判決を得ている場合には、原則として訴えの利益は認められない（ただし、時効中断など特別の必要があるときは、なお訴えの利益が認められる）。

(3)　各種の訴えにおける訴えの利益　(イ)　給付の訴え　(a)　現在の給付の訴えは、履行期の

◆コラム3◆　将来の給付の訴え・大阪空港訴訟

生活妨害ないし公害事件で将来の不法行為による損害賠償請求がなされる場合、従来一般には、あらかじめその請求をする必要があるかが問題とされているが、最高裁は、大阪空港事件で、原告らが空港の夜間利用が禁止されるまでの将来の損害賠償を求めたのに対して、民訴一三五条（旧二二六条）は、「およそ将来に生ずる可能性のある給付請求権のすべてについて……将来の給付の訴えを認めたものではなく、主として、いわゆる期限付請求権や条件付請求権のように、既に権利発生の基礎をなす事実上及び法律上の関係が存在し、……将来具体的な給付義務が成立したときに改めて訴訟により右請求権成立のすべての要件の存在を立証することを必要としないと考えられるようなものについて、例外として将来の給付の訴えによる請求を可能ならしめたにすぎないものと解される」として、原告らの主張する将来発生すべき損害賠償請求権は、将来の給付の訴えにおける請求権としての適格（請求適格）を欠くものであるとした（最判昭五六・一二・一六民集三五巻一〇号一三六九頁）。これには、一定の金額と期間の限度では訴えは適法であるとする少数意見も付されているし、学説でも、同様の状態の継続・反復が明確で損害賠償請求権発生の事実関係が現在確定できる範囲では、将来の給付の訴えを認めうるとする考え方が有力である。

到来した給付請求権を主張するものであるから、そのことだけで訴えの利益が認められるのが通常である。訴えの提起前に原告が催告したか、被告が履行を拒絶したかということなどは問題ではない。また、給付判決を得ても給付の実現が不可能ないし著しく困難であるという場合でも、訴えの利益がないとはいえない。

(b)　将来の給付の訴えは、まだ履行すべき状態にない給付請求権を主張するものであるから、あらかじめその請求をする必要がある場合に限って許される（民訴一三五条。コラム3参照）。この場合にあたるかは、義務者の態度や給付義務の目的・性質などを考慮して判断されるが、たとえば、義務者が義務の存在・履行期などを争っており、適時の履行が期待できないとか、義務の性質上履行期に履行がないと原告が著しい不利益をうける（たとえば、扶養料の請求）とかの事情があれば、訴えの利益が認められる。なお、本来の目的物の給付を求めるとともに、将来の執行不能・履行不能に備えて、あらかじめそれに代わる損害賠償の請求（代償請求）をしておくことも許される。

(ロ)　確認の訴え　確認の訴えにおいては、あらゆる具体的な権利関係の存否の主張がなされうるので、訴えの利益が最も問題となるが、一般的には、原告の提示した請求について判決することが原告の権利または法律的地位の危険・不安を除去するために必要かつ適切である場合に、訴えの利益（確認の利益）が認められるといえる。

(a)　確認の対象　確認の訴えの対象は、原則として現在の権利または法律関係でなければならない。過去の法律関係の確認は、現在の法律上の地位の不安を直接に除去することにならないのが通常であるから、原則として許されないが、それによって現存する紛争の直接かつ抜本的な解決がはかれる場合には、訴えの利益が認められる。[*1] なお、確認の対象となる権利は、原告・被告間に存するものに限らず、他人間の権利関係でもさしつかえない（たとえば、後順位抵当権者が先順位抵当権の不存在確認を求める場合）。

(b)　即時確定の利益　原告の権利または法律的地位の危険・不安を除去するために、判決によって権利関係を即時に確定してもらう法律上の利益ないし必要がなければならない。この即時確定の利益は、被告が原告の権利・法律的地位を争っていることから認められることが多いが、公簿（戸籍など）の記載の誤りを訂正するために裁判上の確定を必要とする場合などについては、被告がとくに争っていなくても、確認の利益があるとされる。

(c) 手段としての適切性　確認の訴えは、原告の権利・法律的地位の不安を除去する手段として有効適切なものであることを要する。たとえば、給付請求権について確認判決をえても、相手方が任意に履行しなければ、さらに給付の訴えによることが必要となるから、請求権存在確認の訴えは、特別な事情がない限り、有効適切な手段であるとはいえない。また、所有権について争いがある場合に、自己の所有権の存在確認を求めることができるときは、それによるべきで、相手方の所有権の不存在確認を求めることは原則として許されない。

(ハ) 形成の訴え　形成の訴えは、もともと法律に規定のある場合にのみ許されているものであるから、その要件の存在を主張するものであれば、原則として訴えの利益が認められる。ただし、すでに形成判決と同一の効果が生じている場合（清算中の会社についての設立無効の訴え〔会社六四四条二号参照〕など）は、訴えの利益は否定されるし、また、訴訟中の事情によって訴えの利益が失われることもある（たとえば、会社役員を選任した株主総会決議の取消訴訟中に、その役員の任期が満了した場合。最判昭四五・四・二民集二四巻四号二二三頁参照）。

当事者適格

(1) 意　義　当事者適格とは、訴訟物たる権利または法律関係について、当事者として訴訟を追行し、判決をうける資格をいう。当事者の権能としてみた場合には、訴訟追行権とも呼ばれる。また、この資格・権能を有する者を正当な当事者という。訴えの主体のほうからみた正当な利益・必要性、すなわち訴訟物たる権利または法律関係についての争いを誰と誰との間で解決するのが必要かつ有意義であるかという問題である。要するに、誰が当事者になるべきかが問題とされるのである。

なお、当事者適格は、特定の訴訟物との関係から具体的・個別的に決められるものである点で、当事者能力や訴訟能力のような一般的な能力・資格とは区別される。

(2)　正当な当事者――一般の場合――　当事者適格は、一般には、訴訟物たる権利関係について法律上の利害（法的利益）が対立している者に認められる。すなわち、正当な当事者は、原則として、訴訟物たる権利関係についての実体的利益の帰属者である（必ずしも権利・義務の主体に限られない）。各種の訴えについてその内容をみておくと、次のようである。

給付の訴えでは、自己の給付請求権を主張する者が正当な原告であり、その義務者と主張される者が正当な被告である（ただし、主張された権利関係において請求権者・義務者たりえない者は、当事者適格を有しないと解される）。確認の訴えでは、確認の利益を有する者が正当な原告であり、その確認を必要ならしめている者が正当な被告である。確認の訴えにおいては、確認の利益が特定の原告・被告間の紛争についての確認判決の必要性を問うものであるところから、確認の利益があるとされる場合の当事者に適格が認められることとなるのである。形成の訴えでは、それを認める法規によって原告・被告となるべき者も定められているのが通常である（民七四四条・七七四条、会社八二八条二項・八三四条など参照）。なお、場合によっては、数人の者が共同して訴えまたは訴えられなければ当事者適格が認められないこともある（固有必要的共同訴訟。第11章2参照）。

当事者適格は、以上のように、一般的には、訴訟物たる権利関係についての実体的利益の帰属者に認められるが、特別の理由によって本来の利益帰属主体（本人）の代わりにまたはこれと並んで第三者が当事者適格を有する場合がある。これを第三者の訴訟担当という。この場合には、その第三者が訴訟当事者となるのであり、訴訟上の代理とは異なるが、訴訟担当者たる第三者の受けた判決の効力は本来の利益帰属主体にも及ぶものとされている（民訴一一五条一項二号）。この第三者の訴訟担当には、次のようなものがある。

第三者の訴訟担当

(1) 法定訴訟担当　法律の規定により第三者が利益帰属主体の意思に関係なく訴訟追行権を有する場合である。その実質的な根拠の差異によって、これはさらに二つに大別される。

(イ) 管理処分権能の付与に基づく法定訴訟担当　法律上財産の管理処分権能が帰属主体から奪われて第三者に付与されていることに基づいて、第三者が訴訟追行権をもつ場合である。たとえば、債権者代位権に基づき債務者の権利を代位行使する債権者（民四二三条）、債権差押命令により執行債務者の債権につき取立権を取得した執行債権者（民執一五五条・一五七条）、質入債権について訴訟する債権質権者（民三六六条）、代表訴訟をする株主（会社八四七条）、破産財団に関する訴訟についての破産管財人（破七八条一項・八〇条）、遺言執行者（民一〇一二条。ただし民一〇一五条参照）などが、この場合の第三者にあたる。これらの訴訟担当は、いずれも、訴訟担当者自身またはこれと同等の地位にある者の利益保護を直接の目的としているとみられるもの（担当者のための法定訴訟担当）である。もっとも、管理処分権能が第三者の付与されている理由やその権能の内容・範囲はそれぞれに異なるので、これらの場合を画一的に考えるべきかどうかについては、なお争いがある

（第9章3参照）。

(ロ)　職務上の当事者　法律上ある職務を有する者にその資格に基づき一定の請求について訴訟追行権が与えられている場合である。婚姻事件・親子関係事件などの人事訴訟において、本来の適格者の死亡後当事者とされる検察官（人訴一二条三項）や成年被後見人のために当事者となる成年後見人・成年後見監督人（人訴一四条）、海難救助料請求訴訟について当事者となる船長（商八一一条二項）などが、職務上の当事者である。これらの者による訴訟担当は、権利義務の帰属主体のための法定訴訟担当とも呼ばれる。

(2)　任意的訴訟担当　本来の利益帰属主体の意思（授権）に基づいて第三者に訴訟追行権が認められる場合である。法律上許容されている例としては、選定当事者の制度（民訴三〇条）や手形の取立委任裏書（手一八条）、区分所有建物の管理者（区分所有二六条四項）などがある。しかし、これら以外に、任意的訴訟担当がどの範囲で許されるかについては、訴訟代理人が原則として弁護士に限られていること（民訴五四条）や、訴訟行為をさせることを主たる目的とする信託が禁止されていること（信託一〇条）に関連して従来から議論がある。この点については、正当な業務上の必要がある場合（たとえば、頼母子講関係の訴訟における講元、使用者・労働組合員間の労働契約関係の訴訟における労働組合など）に限って任意的訴訟担当が許される、とするのが従来からの通説であるが、近時の学説においては、要は、係争権利関係に無縁な素人の訴訟追行により手続が混乱し、権利主体の利益が害される事態を排除すればよいのであるから、係争権利関係につき第三者が有する実質的な利害関係に従い、より広い範囲で任意的訴訟担当を許容すべきである、とする見解も有力であ組合員が組合財産に関する訴訟について訴訟担当することを認めたものである）。

解している（最判昭四五・一一・一一民集二四巻一二号一八五四頁。具体的には、民法上の組合の業務執行

潜脱するおそれがなく、かつ、これを認める合理的必要がある場合には許容するに妨げない」、と

る。一方、判例も、任意的訴訟担当は、弁護士代理の原則や訴訟信託の禁止による「制限を回避、

訴えの利益・当事者適格の訴訟上の取扱い

(1) 訴えの利益および当事者適格（広義の訴えの利益）の存在は、本案判決をするために必要な要件であり、この点では他の手続的な訴訟要件（序章五頁以下参照）と異ならない。その存否は裁判所の職権で調査されるのが原則であるし、また、その欠缺があるときは、訴え却下の判決がされることとなる。ただし、訴えの利益や当事者適格は本案の審理と密接に関連していることなどから、その調査の資料は原則として当事者の提出したものに限られる（弁論主義型）、と解されている。

(2) 訴えの利益・当事者適格の欠缺を看過して本案判決がなされたときは、上訴により争うことができるが、再審は認められない。もっとも、第三者の訴訟担当の場合には、担当者の受けた判決の効力は、その者が真に適格を有していた場合にのみ本来の利益帰属主体に及ぼされ、また、この点はその判決で確定されるわけではないから、利益帰属主体としては、担当者に適格がなかったことを主張して、自己に判決の効力が及ぶことを争うことができる。また、判決の効力が一般第三者に拡張される場合（人訴二四条一項など参照）において、その当事者に適格がなかったときは、そうした対世的効力は生じないといわれるように、判決がその内容上の効力を生じないこともある。

なお、訴訟中に当事者が適格を失ったときは、訴訟承継が問題となる（第**11**章**2**参照）。

＊1　判例上過去の法律関係の確認が許容された例としては、死者との間の親子関係の確認（最判昭四五・七・一五民集二四巻七号八六一頁）、遺言無効確認（最判昭四七・二・一五民集二六巻一号三〇頁）、学校法人の理事会決議無効確認（最判昭四七・一一・九民集二六巻九号一五一三頁）などがある（なお、株主総会決議不存在確認については、会社八三〇条参照）。

3　訴え提起の効果

訴訟係属

(1)　意　義　訴えの提起によって、原告・被告間の特定の請求が、特定の裁判所で判決手続により審判されるという状態が生じる。この状態を訴訟係属という。その発生時期については、訴状が裁判所に提出された時とする説もみられるが、訴状が被告に送達された時であると解するのが通説である。訴訟は原告と裁判所の関係だけではなく、原告と被告が対立的に関与してはじめて成立するとみられるからである。

(2)　効　果　訴訟係属を前提として、その訴訟事件に関して、訴訟参加や訴訟告知が可能となる（民訴四二条・四七条・五二条・五三条）。また、訴えの変更などの係争中の訴えも、訴訟係属を前提としたものである。しかし、訴訟係属の効果として最も重要なものは、次にみる二重起訴の禁止である。

二重起訴の禁止

(1)　意　義　裁判所に係属する事件については、当事者はさらに訴えを提起することができない（民訴一四二条）。これを二重起訴（または二重訴訟）の禁止という。訴訟係属中の事件と同一の事件についてさらに訴えの提起を許すと、後訴の被告および裁判所にとって二重の負担となるだけであり、また同一事件につき矛盾する判決がなされるおそれもあるからである。

(2) 要件——事件の同一性—— 二重起訴となるのは、係属中の事件と同一の事件についての別訴の提起である。事件の同一性は、当事者および請求内容（訴訟物）を基準として判断され、裁判所の異同は関係がない。

(イ) 当事者の同一 当事者が同一であれば、原告と被告の立場が逆になっていてもよい。これに対し、当事者が異なれば、請求内容は同じでも事件は同一ではないが、訴訟担当者と実質的利益帰属主体（たとえば、代位債権者と債務者）は、判決の効力が拡張される関係にあるから（民訴一一五条一項二号）、当事者が同一の場合と同様に扱うべきである、と解されている。*1

(ロ) 請求内容の同一 請求内容の同一については、どのような訴訟物理論をとるかによって異なった結論が導かれる場合もあるが（たとえば、所有権に基づく引渡訴訟の係属中に占有権に基づく引渡訴訟を提起する場合など）、従来一般には、訴訟物たる権利または法律関係が同一であれば足り、要求する判決内容（請求の趣旨）は同一であることを要しないとされている。たとえば、同一の権利関係の積極的確認の訴えと消極的確認の訴えは、同一事件である。また、同一請求権についての確認の訴えと給付の訴えも、いずれが先に係属した場合でも、後訴は二重起訴となるとするのが現在の多数説である（ただし、別訴ではなく訴えの変更・反訴によることは許されている）。

このように、訴訟物が同一であれば、原則として事件の同一性が認められるといえるが、近時の学説においては、審理の重複と矛盾判決（既判力の矛盾抵触）の防止という二重起訴の禁止の趣旨を強調し、より広い範囲で事件の同一性を認めるべきであるとする傾向も強くみられる。たとえば、事件の同一性は請求の基礎の同一性を基準として判断すべきであるとする見解、訴訟物たる権利関係が同一でなくても、二つの事件における主要な争点が共通であれば、同一事件として後の別訴を禁じるべきであるとする見解、権利関係が反対関係・先決関係に立つ場合にも事件の同一性を肯定すべきであるとする見解などが主張されているのである。なお、同一債権の数量的一部について訴えを提起した後にその残部につきさらに訴える場合や、係属中の訴訟で相殺の抗弁を提出した後にその自働債権について別訴を提起する場合などが二重起訴となるかどうかについては、このような学説の対立にも関連して争いがある。

(3) 効　果　二重起訴の禁止にふれる訴え（後訴）は不適法であるから、裁判所は訴え却下の判決をすべきこととなる。ただし、最近では、同一の事件であっても、併合審理すれば二重起訴禁止の趣旨に反しないとみられる場合については、後訴を却下しないで、前訴との併合審理の方向にもっていくべきである、とする見解も有力である。

二重起訴であることを看過して後訴について本案判決がなされた場合には、上訴によって争うことができるが、再審は認められない。したがって、前訴の係属中に後訴の本案判決が確定してしまうと、その既判力が前訴に影響を及ぼすこととなる。なお、前訴と後訴の判決がともに確定し、内容が抵触する場合は、後に確定した判決が再審で取り消されうる（民訴三三八条一項一〇号）。

訴え提起の実体法上の効果

⑴ 総説　訴えの提起には、民法その他の実体法によって、特別の効果が認められていることがある。たとえば、時効の中断（民一四七条・一四九条）、法律上の期間（出訴期間・除斥期間）の遵守（民二〇一条・七七七条、会社八二八条一項・八三一条など）、善意占有者の悪意の擬制（民一八九条二項）、手形法上の償還請求権の消滅時効期間の開始（手七〇条三項）などの効果が認められているのである。これらの場合には、その効果の発生・消滅も、それぞれの規定の趣旨により定められるのが原則である。以下では、とくに重要な時効の中断の効果についてみておくこととする。

⑵ 時効の中断　訴えの提起すなわち裁判上の請求による時効中断の効果は（民一四七条・一四九条）、訴状または訴状に準ずる書面を裁判所に提出した時に発生する（民訴一四七条）。権利者の提起する給付の訴えに限らず、積極的確認の訴えでも同様であるが、相手方の提起する債務不存在の消極的確認の訴えについては、権利者が訴訟上その権利を主張した時に中断の効力が生じるとする判例・多数説と、この場合にも起訴の時に中断の効力が生じると解すべきであるとする有力説が対立している。

この時効中断の効力は、原則として訴訟物たる権利関係についてのみ生じる。ただし、訴訟上攻撃防御方法として主張された権利関係についても、一定の条件の下で（訴訟物たる権利関係と先決・派生関係のあるもの、または主要な争点となったもの）中断の効力を認めるべきかについては、時効中断の根拠をどのように考えるかにより見解が分かれている（なお、最判昭四三・一一・一三民集二二巻一二号二五一〇頁、最判昭四四・一一・二七民集二三巻一一号二二五一頁など参照）。また、債権の一部のみの給付を求める訴えの提起によりどの範囲で中断の効力が生じるかについても、争いがある。

訴えの提起による時効中断の効果は、訴えの却下または取下げにより、さかのぼって消滅する（民一四九条。ただし、却下の場合には裁判上の催告としての効果を認めるべきであるとする見解が有力である）。却下・取下げがなければ、中断の効果は裁判の確定まで持続し、裁判が確定した時から新たに時効が進行することになる（民一五七条二項。なお、民一七四条の二参照）。

＊1　債権者代位訴訟の係属中に債務者が同一の権利について別訴を提起するのは、二重起訴となるが、債務者が債権者の代位権限を争って民訴四七条の参加をする場合は、併合審理がなされるので、二重起訴の禁止には触れないと解されている（最判昭四八・四・二四民集二七巻三号五九六頁）。

第3章 裁　判　所

1 裁判所の概念

裁判所の意義と種類　裁判所は、民事訴訟法では個々の事件について民事裁判権を行使する裁判機関を意味し、「訴訟法上の裁判所」と呼ばれる。この中で、とくに判決手続を処理する裁判所を受訴裁判所という。

裁判所には、最高裁判所、高等裁判所、地方裁判所、家庭裁判所および簡易裁判所の五種があり、このうち高等裁判所以下のものは憲法七六条一項のいう下級裁判所として裁判所法（二条）が定める。なお、家庭裁判所は、従来は家事事件の審判と調停を扱うだけで訴訟事件を処理する権限を有しなかったが、平成一五年の人事訴訟法の改正により機能の充実が図られ、人事訴訟事件を扱うことになった。これにより、家庭裁判所は、離婚事件が離婚の可否という訴訟事項とそれに伴う親権者の指定や財産分与という審判事項を有する場合でも、その双方を扱うことになる。

広義の（官署としての）裁判所には、裁判官のほか、裁判所書記官、裁判所調査官、家庭裁判所調査官、裁判所事務官、裁判所速記官、裁判所技官、廷吏および執行官などが置かれる（裁五三条以下)。裁判官には、最高裁判所長官、最高裁判所判事、高等裁判所長官、判事、判事補および簡易裁判所判事の六種がある(裁五条)。

裁判機関の構成

裁判機関としての裁判所は、一人の裁判官によって(単独制)、あるいは複数の裁判官によって(合議制)構成される。具体的には、簡易裁判所は常に単独制であり(裁三五条)、地方裁判所は第一審として裁判するときは原則として単独制であるが、三人または五人の合議制が構成されることがあり(裁二六条・民訴二六九条・二六九条の二)、高等裁判所は三人の合議制を原則としつつ、五人合議の可能性がある(裁一八条・民訴三一〇条の二・特許一八二条の二・独禁八七条二項)。また、最高裁判所も合議制であり、一五人の裁判官による大法廷と五人の裁判官による小法廷とに分かれる(裁九条)。単独制は、裁判官の責任感を強めて迅速な裁判が得やすいという利点をもち、合議制は、裁判官の恣意を抑制し、数人の裁判官の知識や経験を用いることで慎重で適正な裁判が期待できるという利点をもつ。

合議制の場合には、構成裁判官のうち一名が裁判長となる。裁判長は、合議体の代表・発言機関として口頭弁論を指揮し、証拠調べを主宰し(民訴一四八条・二〇二条、規則一五五条)、さらには簡単な事項や緊急事項について合議体から独立して単独で裁判所の権限を行使できる(民訴三五条一項・九三条一項・一三七条など)。なお、合議体は、和解を試みたり、あるいは裁判所外で証拠調べを行う場合には、合議体の一部の者(受命裁判官)または他の裁判所の裁判官(受託裁判官)に処理を委ねることができる(民訴八九条・一八五条・一九五条)。さらに、大規模訴訟にかかる事件については、当事者に異議がないときは、受命裁判官に裁判所内で証人または当事者本人の尋問をさせることができる（民訴二六八条）。また、高等裁判所においては、書面による準備手続を受命裁判官に行わせることができる（民訴一七六条一項ただし書）。

2　民事裁判権

民事裁判権の意義と範囲

法的な事件を裁判によって処理する国家権力を裁判権といい、このうち民事事件の処理のために行使される権能を民事裁判権という。民事裁判権は、裁判によって当事者を拘束服従させ、執行のために債務者に強制を加え、また、これらのために送達・公証の事務を行い、証人・鑑定人を呼び出して尋問し、証拠物の所持人に提出や検証の受忍を命じることなどを内容とする。したがって、民事訴訟は当事者及び第三者に対する裁判所の民事裁判権行使の連鎖ということになる。

わが国の民事裁判権は、誰に対して（人的限界）、どのような事件について（物的限界）及ぶのかという問題がある。このうち人的限界については、原則として、わが国にいるすべての人に民事裁判権は及ぶ。しかし、外国の元首、外交使節およびその随員家族については、公務の範囲外の活動など私人としての活動に基づく一定の訴訟を除いて日本の裁判権は及ばない（外交関係に関するウィーン条約三一条・三七条・三八条。ただし、外交使節の派遣国は裁判権の免除を放棄できる――同条約三二条）。また、外国国家自体についても、その主権的行為については民事裁判権は及ばないが（最判平一四・四・一二民集五六巻四号七二九頁）、他方、国家による通商・事業活動の増加に伴い、これらの私法的行為については民事裁判権の免除は認められないと解すべきである（制限免除主義、通説）。なお、物的限界については、国際裁判管轄との関連で後述（三二四頁以下）する。

民事裁判権欠缺の効果　民事裁判権の及ばない者は、当事者として裁判および執行を受けることはなく、証人や鑑定人となる義務もない。また、裁判権の及ばない者に対して送達することはできず、送達しても無効である。ただし、裁判権免除を放棄する可能性があることから、その意思を確認するために訴状を送達することで訴状の提出を事実上通知し、返答を待つことは許される。また、通常の送達による事実上の伝達も不可能な場合には、民訴法一〇八条を類推して嘱託送達をすることも考えられる。

民事裁判権が及ぶことは訴訟要件の一つであり、これを欠くときは訴えは不適法として却下される。裁判所は、裁判権の存否について職権で調査し、その判断の資料収集については職権探知主義が妥当する。裁判権の欠缺を見過ごしてなされた本案判決に対しては上訴により取り消すことができるが、この判決が確定しても判決の効力（既判力・執行力など）は発生せず（無効の判決）、再審により取り消す実益もない。

3　管　轄

管轄の意義　わが国には、五種類の裁判所があり、最高裁判所を除けば同一種類の裁判所が所在地を異にして複数存在する。したがって、個々の具体的な事件につき、どの裁判所が現実に裁判権を行使できるか（当事者の側からすれば、どの裁判所に事件をもってゆけばよいか）が問題となり、これに関する定めを裁判管轄という。

管轄の種類　管轄は種々の観点から分類される。そのうち、裁判権の分担基準の相違に基づき職分管轄、事物管轄、土地管轄に分けられる。

(1)　職分管轄　どの種類の手続をどの種類の裁判所に担当させるかの定めをいう。

(イ)　受訴裁判所・執行裁判所　判決手続を扱う裁判所を受訴裁判所とし、その事件の証拠保全手続、仮差押・仮処分手続、代替執行や間接強制の授権決定手続などは受訴裁判所の職分とされる。民事執行手続を扱う裁判所を執行裁判所とし、執行処分のほか、これに関連する職分が定められている（民執一一条・一二七条・一三一条など）。

(ロ)　簡易裁判所　判決手続の他に特別に少額訴訟、起訴前の和解、公示催告手続などの職分が認められる。

(ハ)　審級管轄　わが国は、判決に対する不服申立制度として控訴、上告の二段階を認める三審制を採っており、これをどのように分配するかの定めである。第一審を担当するのは原則として簡易裁判所または地方裁判所である。簡易裁判所が第一審のときは、控訴審は地方裁判所、上告審は高等裁判所である。第一審が地方裁判所のときは、控訴審は高等裁判所、上告審は最高裁判所である。

(2)　事物管轄　第一審を担当する簡易裁判所と地方裁判所との間で、どのような基準により事件を配分するかの定めをいう。その基準となるのは訴額（訴訟物の価額。民訴八条一項）であり、これが一四〇万円以下の請求に関する事件は簡易裁判所の管轄に、一四〇万円を超える請求に関する事件は地方裁判所の管轄に属する（裁二四条一号・三三条一項一号）。訴額は、原告が訴えにより主張する利益を金銭で評価した額であり、したがって、非財産権上の請求（たとえば、離婚訴訟、会社の設立無効の訴えなど）ではその算定ができないことから、事物管轄を定めるために訴額は一四〇万円を超えるものとし（民訴八条二項）、手数料との関係で一六〇万円とされる（民訴費四条二項）。また、財産権上の請求でも、人格権に基づく差止訴訟など訴額の算定がきわめて困難なときは、非財産権上の請求と同じ扱いになる（民訴八条二項。ただし、訴額算定が著しく困難なときでも、訴額算定における裁判所の裁量権が否定されることはない）。なお、不動産に関する訴訟については、その不動産の所在地を管轄する裁判所に訴えを提起できることから、訴額が一四〇万円以下の場合には簡易裁判所とともに地方裁判所も管轄権を有する。

(3)　土地管轄　事物管轄の定めにより第一審裁判所とされる裁判所（簡易裁判所または地方裁判所）は、所在地を異にして複数存在することから、個々の事件について、どこの裁判所に裁判権を行使させるか（管轄権を与えるか）を定める必要があり、これを土地管轄という。土地管轄は、事件と密接に関連する特定の地域を示す観念である裁判籍が、ある裁判所の管轄区域内にあれば、その裁判所に認められる。ただし、裁判籍は一つの事件について一つに限定されるわけではなく、複数の裁判籍が認められることが多いので、この場合には土地管轄も競合して発生する。裁判籍には次のようなものがある。

(イ)　普通裁判籍　事件の内容・性質に関係なく一般的に認められる裁判籍である。自然人の

◆コラム4◆　知的財産高等裁判所

司法制度改革の一環として、知的財産高等裁判所設置法（平成一六法一一九）が平成一七年四月一日より施行され、東京高等裁判所に、知的財産に関する事件を専門的に取り扱うための特別の支部として知的財産高等裁判所（知財高裁）が設置された。すでに、平成一五年の民事訴訟法改正により、特許権等に関する訴えについては控訴審レベルで東京高裁の専属管轄化が図られているが、この知財高裁は、独自の司法行政権限を伴う独立した裁判所として集中的に知財事件を扱うことにより、より迅速で適正な裁判および判決の統一が期待されるし、またその名称によるアナウンスメント効果は、日本国内にとどまるものではない。また、知財高裁の創設と並んで、知財事件についての審理の一層の充実と迅速化を図るために、現行制度の一部が改正された（裁判所法等の一部を改正する法律（平成一六法一二〇））。これにより、裁判所調査官の権限が拡大・明確化され、これに伴いその中立性確保のために除斥・忌避・回避の制度が準用されることになった。また、営業秘密の保護を図りながら証拠収集方法を拡充するために、営業秘密かどうかの判定に際してイン・カメラ手続の中に両当事者を含めて侵害行為の立証を容易にする一方で、それによる秘密漏洩を防ぐために刑事罰の制裁を伴う秘密保持命令の制度が設けられ、さらに当事者尋問の公開停止を行うことも可能になった。また、無効審判により無効とされるべきものと認められる特許等の権利行使が制限されたことで紛争の実効的解決も期待されている。

普通裁判籍はその住所または居所などによって、法人その他の社団・財団のそれは主たる事務所・営業所などによって定まる（国の普通裁判籍は法務省所在地にある）。訴えは、被告の普通裁判籍所在地の裁判所の管轄に属するのが原則であり（民訴四条一項）、被告の住所等の所在地の裁判所が管轄権を有することになる。これは、応訴を強制される被告の立場を考慮したものである。

(ロ)　特別裁判籍　特定の種類の事件について認められる裁判籍である。特別裁判籍には、普通裁判籍と競合して認められる任意管轄と、これを排除する専属管轄とがある。また、他の事件と無関係に認められる独立裁判籍と、他の事件と併合して提起されるために生じる関連裁判籍とがある。

(a)　独立裁判籍　民訴法五条に事件類型ごとに規定されている。ここに挙げられているものは普通裁判籍と競合して認められる裁判籍であり、当事者の便宜、事件審理上の便宜（証拠調べの便宜など）から認められる。訴えを提起しようとする者は競合する数個の裁判籍のうちどれかを選択すればよい。独立裁判籍の中では、義務履行地の裁判籍（民訴五条一号）と不法行為地の裁判籍（民訴五条九号）が重要である。義務履行地については、債務者はその地で履行の提供をしなければならないから、そこに応訴を強制されても不公平ではないが、実体法上、持参債務の原則（民四八四条・商五一六条）が採られていることから、普通裁判籍を認めた趣旨が損なわれるという問題がある。不法行為地については、そこでの証拠資料の収集が容易であること、さらには不法行為による損害を受けた原告がその地で訴訟を提起できるという利益がある。民訴法五条が定める独立裁判籍以外に、法が裁判の適正・迅速という公益的要請から、特定の裁判所にのみ管轄権を認め、当事者の意思・態度による変更を許さない場合がある（たとえば、民訴三四〇条、人訴四条、商八八条など）。これを専属管轄という。職分管轄は専属管轄であるが、事物管轄・土地管轄は、その旨の明文の規定がある場合にのみ専属管轄となる。

民訴法六条は、特許権等に関する訴えの管轄について、従来の専属管轄とは異なる、いわば不真正専属管轄を認めている。すなわち、この種の訴えが名古屋高裁管内以東に所在する地裁に管轄権を有する場合には東京地裁の管轄に、大阪高裁管轄以西に所在する地裁に管轄権を有する場合には大阪地裁の管轄に専属し、両地裁からの控訴事件は東京高裁の専属管轄として東京高裁に設置された知的財産高等裁判所が扱う（知的財産高等裁判所設置法二条）。これは、特許権等に関する訴えについて、専門的処理体制を備えた裁判所による適切で迅速な審理および裁判を実現するためである。しかし、東京地裁と大阪地裁との間ではこの目的の遂行に差異は生じないことから、一方の裁判所の管轄に専属する場合でも、他方の裁判所に合意管轄や応訴管轄は認められる。また、事情により著しい損害または遅滞を避ける必要があると認められる場合には、一般規定により管轄のある他の地裁に移送ができるし（民訴二〇条の二第一項）、簡易裁判所の事物管轄に属する訴えについては、一般規定により管轄のある簡裁と東京地裁または大阪地裁との競合的土地管轄となる（民訴六条二項）。

民訴法六条の二の意匠権等に関する訴えの管轄については、一般規定により管轄が認められる地裁と、東京地裁または大阪地裁との競合的土地管轄となる。特許等に関する訴えほど高度な専門技術的事項は問題とならないが審理構造が類似しているからである。なお、控訴事件が東京高裁の管轄に属する場合には知的財産高等裁判所がこれを扱う。

(b)　関連裁判籍　他の請求との関係で認められる裁判籍であり、併合請求の裁判籍（民訴七条）に代表される。本条が訴えの客観的併合の場合に適用されることに問題はない。主観的併合の場合には、同一裁判所での紛争の一挙解決の利益と応訴を強いられる他の共同被告の不利益との調和を図るために「第三八条前段に定める場合に限」って併合請求における管轄が認められる（民訴七条ただし書）。

(4)　その他の決定方法　右に挙げたものは、法律の規定により定められる管轄であり、法定管轄と呼ばれる。これに対し、具体的事件について法定管轄が明らかでなかったり、あるいは管轄裁判所が裁判権を行使できない場合もあり、この場合には、関係する裁判所に共通の上級裁判所（直近裁判所）が管轄裁判所を決定する（指定管轄あるいは裁定管轄という）。また、法定管轄のうち専属管轄を除く任意管轄については、被告が法定管轄と異なる裁判所への訴えの提起に対して争うことなく応訴することにより管轄が発生し（応訴管轄。民訴一二条）、また当事者の意思により法定管轄と異なる裁判所を管轄裁判所と定めることができる（合意管轄。民訴一一条）。この合意は、書面でしなければ効力を生じない（民訴一一条二項。もっとも電子メール等による場合は、書面とみなされる。同条三項）。この管轄の合意には、法定管轄裁判所に加えてさらに他の裁判所に管轄を与える付加的合意と特定の裁判所のみを管轄裁判所と定める専属的合意があり、具体的な合意がどちらにあたるか明瞭でない場合には意思表示の解釈により決まる。とりわけ、一つの裁判所を指定した場合に、これを付加的合意と解するか、あるいは専属的合意と解するかは説が分かれており、また、管轄が保険契約などの附合契約の一部として企業の便宜からその有利に形式的に合意されている場合には（通常、企業の本店所在地を管轄する裁判所を合意による管轄裁判所とする）、消費者保護の観点から問題がある。もっとも、専属的合意であっても、民訴法二〇条により一七条による移送ができることから、当事者間の衡平に反すると認められる場合には他の管轄裁判所に移送されることになる。

管轄権の調査と移送　管轄権の存在は訴訟要件であり、裁判所はその存在につき職権で調査しなければならない。調査に必要な証拠調べを職権で行うこともできる。調査の結果、管轄権の存在が認められないときは、他に管轄裁判所があればそこへ事件を移送し、これがなければ、訴えを不適法として却下する。

ある裁判所に係属している事件を、その裁判所の裁判により他の裁判所へ移すことを移送という。移送にはいくつかの種類があるが、最も重要なものは第一審訴訟の移送である。これには次のようなものがある。

(1)　管轄違いに基づく移送　管轄権の存在は訴訟要件であり、本来ならばこれを欠く訴えは不適法として却下されるべきである。しかし、訴えが却下されると原告は再訴のために新たな手数と費用を必要とし、場合によっては、訴え提起による時効の中断・期間遵守の利益を失うことから再訴が不可能となったり、あるいはそれが無駄になることもある。原告にしてみれば、単に窓口を間違っただけでそのような不利益を課されることは酷であり、管轄違いの訴えは申立てによりまたは職権で管轄裁判所へ移送することにしている（民訴一六条）。

(2)　遅滞を避ける等のための移送　一つの事件につき数個の管轄裁判所がある場合、原告の選択した裁判所で審理をすると証拠調べ等で訴訟が著しく遅れたり、または当事者の衡平を図るために必要があるという場合には、申立てによりまたは職権で、訴訟の全部または一部を他の管轄裁判所へ移送できる（民訴一七条）。

(3)　簡易裁判所から地方裁判所への移送　管轄権を有する簡易裁判所に係属する事件であって

も、裁判所が相当と認めるときは、申立てによりまたは職権で訴訟の全部または一部をその所在地を管轄する地方裁判所へ移送できる（民訴一八条）。不動産に関する訴訟で、被告の申立てがあるときは、原則として、その所在地を管轄する地方裁判所に移送することを要する（民訴一九条二項）。

(4)　第一審裁判所間の移送　第一審の裁判所は、訴訟がその管轄に属する場合でも、当事者間の申立ておよび相手方の同意があるときは、訴訟の全部または一部を当事者の申し立てた地方裁判所または簡易裁判所に原則として移送しなければならない。

(2)、(3)、(4)は、専属管轄（合意による専属管轄を除く）の場合については適用されない（民訴二〇条一項）。また、特殊なものとして、特許権等に関する訴え等についての移送の制度がある（民訴二〇条の二）。

4　裁判所構成員の除斥・忌避・回避

制度の趣旨　裁判の公平・公正を保障するために、裁判官については憲法その他の法律で身分の保障がなされている。しかし、ある事件の担当裁判官がその事件と特別な関係にあり、このような一般的保障だけでは公正・公平な裁判が期待できない場合には、裁判に対する国民の信頼を確保するために、その裁判官を当該事件の職務執行から排除する必要がある。そのための制度が除斥・忌避・回避である。この制度は裁判官だけでなく、書記官（民訴二七条）、専門委員（民訴九二条の六）、裁判所調査官（民訴九二条の九）および参与員（人訴一〇条）についても準用される。

除斥 民訴法二三条一項に列挙されている事由があると、当該裁判官は法律上当然にその職務から排除される。それにもかかわらず、職務を執行する場合には、除斥の裁判が行われるが、除斥決定により除斥となるのではなく、除斥原因のある裁判官が行った訴訟行為は除斥決定の有無にかかわらず無効である。除斥原因として列挙されているのは、裁判官が事件の当事者と特殊な関係にある場合、すでに事件の審理に関係していてさらに当該事件の審判に関与すると訴訟法の原則にふれる場合である。

忌避 除斥原因以外に裁判官が不公正な裁判をするおそれがあるときは、当事者の申立てにより、裁判によって、当該裁判官はその職務から排除される（民訴二四条）。たとえば、裁判官が当事者の一方と親友あるいは仇敵であったり、事件の勝敗について経済的な利害関係がある場合には、その裁判官について「裁判の公正を妨げるべき事情」があり、忌避できる。もっとも、判例は裁判官が当事者の一方の訴訟代理人の女婿である場合に忌避は認められないとする。忌避および除斥の申立てがあれば、急速を要する行為（証拠保全など）を除いて、その裁判が確定するまで訴訟手続を停止しなければならない。ただし、手続の停止による訴訟の引き延ばしのための忌避の申立てについては、忌避権の濫用として当該裁判官が自らその申立てを却下できる。

回避 裁判官が、自分に除斥・忌避事由があると考え、自発的に職務執行を避けることをいう。回避のためには、監督権のある裁判所の許可を得なければならない（規則一二条）。

第4章 当事者

1 当事者

訴訟当事者の概念

権利義務あるいは法律関係をめぐって争いがあるときに、その解決を求めて裁判所に訴えを提起する者とその相手方とされる者を訴訟当事者という。自分に権利が、相手方に義務があると主張する場合が多いが、そうでない場合もある。他人の権利義務について当事者となって訴えを提起することもある（訴訟担当）から、当事者必ずしも権利の帰属主体ということもできない。結局、訴訟当事者とは、裁判所に対して訴えを提起する者とその相手方とされる者ということができる。民事訴訟は、裁判所による民事裁判権の行使の過程であるから、訴訟当事者とは、裁判所に対し民事裁判権の行使を求める者とその相手方ということができる（形式的当事者概念）。判決効を受けるだけでは当事者ではない（民訴一一五条）。現実に訴訟行為をする者とも限らない。当事者は、第一審では、訴えた者を原告、その相手方を被告というが、控訴審では、控訴人・被控訴人、上告審では上告人・被上告人という。

⑴　意　義　現実の訴訟では、訴状に当事者としてその名を書かれた者が当事者として訴訟行為をするのが、ほとんどであり、その者を当事者とすることに何の問題もない。ただ、まれに訴状に当事者として表示された者と、現実に訴訟行為をした者とが異なることがある。他人の名をかたって訴訟行為をする場合（氏名冒用訴訟）と当事者と表示されている者がすでに死亡している場合がそれである。他人の名をかたった者が当事者なのか、かたられた者が当事者なのか。死者が当事者なのか、その相続人が当事者なのか。

⑵　確定の基準　では、当事者は何を基準にして決定されるのか。いろいろな考え方がある。(イ)訴訟手続において、当事者として行動した者が当事者とする行動説（挙動説）、(ロ)原告（または裁判所）が誰を当事者と考えていたかによって決まるとする意思説、(ハ)当事者は訴訟の最初の段階で決定していなければならないから、訴え提起行為（通常は訴状の記載）において当事者として表示されている者が当事者とする表示説、(ニ)訴訟のどの段階で当事者を確定するのかによって基準をかえるべきであるとする規範分類説（訴訟の当初の段階で決定するときは、当事者が明確であることが必要であるから、表示説によって決定し、訴訟が終わってから振り返って当事者が誰であったかを決めるときは、訴訟遂行をした者に責任をとらせるという意味で行動説によるべきであるとする）、(ホ)訴訟に現れているすべてのものを考慮したうえで、解決を与えることが最も適切と認められる者が当事者であるとする適格説等がある。

行動説は、訴訟の全過程において、複数の者が当事者として行動したときに、誰が当事者なのか決定できない。ただ、冒用者が敗訴したときに、被冒用者に判決効を及ぼさないという利点はある

（そのゆえに、かつて、判例がこの立場をとったと思われる）が、冒用者が勝訴したときにどう扱うのか、困るであろう。意思説は、内心の意思の認定の困難さのみならず、原告の意思が基準とすると原告を決定することができないであろう。規範分類説は、手続終了後の当事者については当事者確定の理論というよりも、判決効を誰に及ぼすのが適切であるかの理論ということになろう。適格説は、規範分類説と同様のものを含むといえよう。結局、被冒用者に判決効が及ぶとする点で、問題がある（とくに、冒用者が敗訴したとき、その結果を回避しようとすれば、被冒用者が再審の訴えを提起しなければならない）が、基準の明確性において、表示説が優れているといえよう。

(3)　表示の訂正、法人格否認　「上田五郎」を「上田伍郎」というように、単に当事者の表示を間違えた場合には、表示の訂正が認められる。「上田五郎」を「山下三郎」と間違えて、被告を「山下三郎」と表示した場合は、第一審に限り、「上田五郎」と任意的当事者の変更ができる。これに対し、A、B二個の法人格が存在するが、その実質が同一である場合に、その異別性を認めるか否かについては、法人格否認の法理として見解が対立している。[*1]

*1　**法人格否認**　経営者と会社が一体化しているような法人格の形骸化の場合、あるいは、強制執行を免れるために債務者たる会社と実質は同一でありながら形式的には異なる会社を設立する会社制度の濫用の場合に、別異の人格の主張を許すべきではないとする法人格否認の法理が主張されている。判例は、背後者による別異人格の主張は、実体法上、信義則に反し許されないが、判決の既判力・執行力は背後者に及ばない、としている（最判昭四四・二・二七民集二三巻二号五一一頁、最判昭四八・一〇・二六民集二七巻九号一二四〇頁、最判昭五三・九・一四判時九〇六号八八頁）。学説は、判決効の背後者への拡張を認めるものが多い。

2 当事者能力

個々の具体的事件とは関係なく、一般的に訴訟の当事者になることができる資格を、当事者能力という。

意 義

当事者能力は、訴訟法上の概念であるが、民事訴訟法は、「当事者能力、訴訟能力及び訴訟無能力者の法定代理は、……、民法（……）その他の法令に従う。」と規定している（民訴二八条）。とすると、当事者能力は、民法上の権利能力に対応することになる。しかし、当事者能力が権利能力によって定まるのか、民訴法独自の立場から決定されるのかが問題となる。この点については、次のように考えるべきであろう。民事訴訟は実体法上の権利・義務の存否をめぐって争われ、判決の確定によってそれが確定されるのであるから、当事者能力も実体法上の権利能力から離れて考えることはできない。当事者能力は、基本的には実体法上の権利能力によって決定される。しかし、法人格をもたないもの（団体）でも、現実の社会においては、あたかも権利能力をもつ法的主体であるかのように取引活動を行うものもあり、これに伴う紛争も発生している。この紛争を、団体を構成する個々人の紛争として解決するべきなのか、それとも、団体の紛争として扱うべきか。これを、団体の紛争として解決するのが、団体の活動の社会的実態に即しており、訴訟的合理性に合致する。団体の構成員全員が訴訟の当事者にならなければならない、ということになれば、訴訟手続が煩瑣になり、手間暇がかかって仕方がない。民訴法二九条は、この観点からの規定であり、関係人の期待にも合致する。したがって、当事者能力は、基本的には、民法上の権利能力に一致するが、民訴法二九条の規定するところにより訴訟法独自の基準によっても決定されるといえよう。

当事者能力を有するもの　民法上権利能力を有する者、すなわち、自然人と法人（民三条・一般法人法）は訴訟においても当事者能力を有する（民訴二八条）。法人でない社団または財団（以下、非法人団体という）で、代表者等の定めのあるものも、当事者能力を有する（民訴二九条）[*1]。

(1) 胎　児　自然人の権利能力は出生に始まる（民三条）が、胎児も、不法行為に基づく損害賠償請求権と相続および遺贈に関しては、すでに生まれたものとみなされるから（民七二一条・八八六条・九六五条）、これらの請求に関しては権利能力を有し、したがって、当事者能力を有する[*2]。当事者能力は、個々の事件と関係のない一般的な資格とされるが、右の限りでは、特定の請求との関係で決定されることもあることになる。

(2) 非法人団体　非法人団体で当事者能力を有するものについて、民訴二九条は、代表者または管理人の定めのあるものとの要件を定めている。このための要件としては、(イ)個々の構成員からの団体の独立性（構成員の脱退・加入に関係なく団体の同一性が保持されていること）、(ロ)代表者が定められ現実に代表者として行動していること、(ハ)組織の規約等により、総会などの手段によって構成員の意思が団体の意思形成に反映していること、(ニ)取引活動をするに必要な財産的基盤を有すること、を挙げることができよう（最判昭三九・一〇・一五民集一八巻八号一六七一頁、最判平一四・六・七民集五六巻五号八九九頁参照）。この例としては、学校の同窓会、同業者の団体、青年団、町内会、法人格のない学会、労働委員会の証明を受けていない（登記をしていない）労働組合、設立中の財団等々がある。

(3) 民法上の組合　民法上の組合（民六六七条以下）は個々の構成員からの独立性・団体性が弱いところから、これが当事者能力を有するかは、争いのあるところであるが、これを肯定するのが有力であり、判例の立場（最判昭三七・一二・一八民集一六巻一二号二四二二頁）でもある。ただ、最大判昭四五・一一・一一民集二四巻一二号一八五四頁が、民法上の組合の代表者（業務執行組合員）に任意的訴訟担当を肯定したので、法人格のない社団の当事者能力を利用する必要性は減少した。

(4) その他　国・地方公共団体も法人であり、当事者能力を有するが、行政庁は、民事訴訟においては当事者能力を有しない。ただ、検察官は、人事に関する訴訟において本来の当事者が死亡している場合には、被告となる（人訴一二条三項）。法人の機関（会社の取締役会・支店等）には当事者能力は認められない。

当事者能力の訴訟上の扱い

当事者能力は訴訟要件の一つであり、裁判所はいつでも職権で調査することが必要である。非法人団体に当事者能力を認めることは、法人格のある団体と同様に、団体自身が当事者となりその代表者によって訴訟行為ができることを意味する。当事者能力のないものが当事者となっているときは、訴えは却下となる。当事者能力がないにもかかわらず、それを看過して判決が出された場合は、上訴によって取り消されうるが、その判決が確定すれば、再審はできない。しかし、内容上の効力がない無効の判決となる。

＊1　最近、動物等の当事者能力、消費者団体、住民運動団体の当事者能力が問題となっている。たとえば、アマミノクロウサギ・オオトラツグミ・アマミヤマシギ・ルリカケスを原告とするゴルフ場開発許可（林地開発許

可処分）無効確認の訴え（奄美自然の権利訴訟）の適法性が問題となった。訴状・訴えは却下されたが、環境訴訟において何が保護の対象となるのか、自然人ないし法人等の個別的権利が保護の対象なのか、個人の個別的権利を離れた人類全体の利益、あるいは、動植物を含めた環境それ自体が保護の対象なのかの問題として、真剣に検討されるべき問題であろう。

＊2　胎児の権利能力をどう考えるかについては、見解が分かれている。①（法定）解除条件説（制限能力説・制限人格説ともいう）は、胎児も相続等の請求について、権利能力・当事者能力があり、したがって、胎児の間にも、訴訟当事者になる、死産の時に遡及的にこの能力が消滅するとの考え方である。胎児の間に訴訟当事者となるときは法定代理人によって訴訟行為をすることになる。法定代理人は母であるが、遺産分割、相続の承認・放棄等については、利益相反の可能性があり、そのときには、特別代理人の選任を家庭裁判所に請求しなければならないことになる。今日の多数説とされる。②（法定）停止条件説（人格遡及説ともいう）は、胎児の間には胎児自身には権利能力・当事者能力がなく、生きて生まれたときに懐胎の時期まで問題の時点が遡及するとの考え方である。したがって、訴えの提起等は、胎児が出生するまで待っていなければならないことになる。生きて生まれることの方が圧倒的に多い点で、①説の方が優れているとの考えがある。いずれの説をとるにせよ、証拠保全・民事保全に関しては、胎児に当事者能力を認めることが必要であろう。③立法論として、家庭裁判所の監督に服する「胎児財産管理人」を設けるべきであるとの考え方、また、④相続に関して、胎児出生まで遺産の分割の禁止を命ずる審判（民九〇七条三項、家審九条一項乙一〇号）を得ることが望ましいとの考え方、もある。

3　訴訟能力

意義　自己の利益において訴訟行為をなし、またはこれを受けることのできる能力を訴訟能力という。訴訟当事者・補助参加人に要求される。訴訟代理人、証人尋問あるいは当事者尋問には必要ない。訴訟能力の有無については、民法上の行為能力に従う（民訴二八条）が、その内容については、民法と異なり、民訴法独自に定めている（民訴三一条以下）。これは、民事訴訟において訴訟行為をすることは、実体上の法律行為をする以上に、複雑・技術的・専門的であるから、より高度な能力が要求されることによるものである。判例（最判昭四四・二・二七民集二三巻二号四四一頁）は、民事訴訟の専門性・技術性からして「一般人が単独にて十分な訴訟活動を展開することはほとんど不可能に近い」としている。

民法の制限行為能力者制度は、取引能力・判断能力の充分でない者の保護のためのものである。ここから二つのことが引き出される。一つは、取引行為と訴訟行為は異なるのだから、扱いを変えていいのではないかという問題である。他の一つは、取引活動とは異なる身分行為したがって身分訴訟における訴訟能力の問題である。

訴訟無能力者の訴訟行為　民法上、行為能力を有する者は、訴訟能力を有する。民法上、行為能力を制限される者は、訴訟法上は訴訟無能力者とされ、あるいは、制限的訴訟能力者とされる。

民法上、未成年者が法律行為をするには、原則として、その法定代理人の同意を必要とするが、これなしに法律行為をした場合でもそれは有効であり、これを取り消すことができるにすぎない（民五条）。成年被後見人は、事理を弁識する能力を欠く常況に在るのだから、自分で法律行為ができるか問題であるが、これをなした場合は有効であり、これを取り消すことができるにすぎない（民七条・九条。成年被後見人は、日用品の購入等については、行為能力を有する〔民九条ただし書〕）。これに対し、訴訟行為については、未成年者および成年被後見人は、自分でこれをすることができず、相手方の訴訟行為を受けることもできない。常に法定代理人によってする（民訴三一条）。本人が訴訟行為をしても、受けても無効である。被保佐人は、一定の行為（これには、訴訟行為が含まれる、民一三条一項四号）をするにはその保佐人の同意または家庭裁判所の許可を必要とし、これを得ずしてなした場合には、取り消すことができる（民一三条）。被補助人は、特定の法律行為をするについて補助人の同意を要する旨の家庭裁判所の審判があるときは、そのための同意あるいは家庭裁判所の許可を必要とし、これのないときは、その行為を取り消すことができる（民一七条）。これに対し、被保佐人、被補助人は、訴訟行為について、訴え・上訴の取下げ、和解、請求の放棄・認諾等をするには保佐人等の特別の授権が必要である（民訴三二条二項）が、相手方の提起した訴え・上訴について訴訟行為をするには、授権を要しない（民訴三二条一項）。

訴訟無能力の例外

未成年者は、婚姻すれば成年に達したものとみなされる（民七五三条）から、完全な訴訟能力を有することになる。未成年者が、財産の処分あるいは営業を許されたときは、その範囲で行為能力を有し（民五条・六条）、訴訟能力についても同様である（民訴三一条ただし書）。労働契約ないし賃金請求に関する訴訟についての未成年者の訴訟能力については、肯定説が多数説である。

訴訟能力等を欠く場合の扱い　訴訟能力・法定代理権または訴訟行為をするに必要な授権が欠けているとき、裁判所はその補正を命じなければならず、それらの者のした訴訟行為は、補正がなされない限り、無効であるが、追認により行為の時に遡ってその効力を生じる（民訴三四条二項）。

人事訴訟における訴訟能力　民法上の行為能力の制度は、主として、財産法上の取引行為を念頭に考えられたものである。したがって、身分行為については、別異の考慮が必要とされる。成年被後見人の婚姻・離婚・認知等に、その成年後見人の同意は必要ない（民七三八条・七六四条・七八〇条）。訴訟能力についても、人事訴訟においては、民法上の行為能力の制度、民訴法上の訴訟無能力の制度は、適用がなく（人訴一三条）、訴訟無能力者、制限的訴訟能力者も意思能力のある限り、訴訟能力を有する。成年被後見人は「精神上の障害により事理を弁識する能力を欠く常況にある」（民七条）のであるから、人事訴訟においても訴訟能力を有せず、その成年後見人が成年被後見人のために職務上の当事者になることができる（人訴一四条一項本文）。

訴訟能力の意味　訴訟能力は、個々の訴訟行為の有効要件である。訴訟能力が欠けているとき、裁判所は、期間を定めて補正を命じなければならない（民訴三四条一項）。訴え提起という訴訟成立過程そのものにおいて訴訟能力が欠けているときは、訴訟係属が不適法となり、訴えは却下される。訴訟無能力者が訴状を受領したときは、訴訟係属がないことになる。

民法上の行為能力は意思能力が不十分な者を定型的に類別し、これらの者に行為能力を制限しているが、訴訟能力についても、同様である。ただ、具体的行為をする際に意思能力が欠けていれば、訴訟行為としては無効となる。

当事者権　当事者に認められる手続上の権利・権能を総称して手続権という。たとえば、移送申立権（民訴一六条以下）、弁論権（民訴八七条一項）、訴訟記録閲覧権（民訴九一条一項）、求問権（民訴一四九条三項）、時機に後れた攻防方法の却下申立権（民訴一五七条）、証拠調べへの立会権（民訴一八三条・二〇二条一項）、処分権（民訴二四六条・三〇四条・三一〇条）等である。当事者は、判決の効力を受ける（民訴一一五条一項一号）直接の利害関係人であるから、訴訟手続全般について主体的に活動する地位、すなわち、当事者権が保障されなければならない（なお人訴法一五条・二八条参照）。当事者権の保障が判決効を正当化する、ともいえよう（民訴一一八条二・三号参照）。

4　弁論能力

訴訟関係を明瞭にするために必要な陳述をすることができる当事者、代理人または補佐人の能力を弁論能力という。訴訟能力を有する者は、原則として弁論能力を有する（法廷で弁論をすることができる）が、当事者等が訴訟関係を明瞭にするために必要な陳述をすることができないと認めるときは、裁判所がそれらの者の陳述を禁じることができ、必要があると認めるときは、裁判所が弁護士の付添を命じることができる（民訴一五五条、人訴一三条三項）。主として訴訟審理の円滑・迅速な進行を図るための制度であるが、当事者利益の保護という側面もある。

5 訴訟における代理・代表

訴訟と代理

当事者あるいは補助参加人の名において、これに代わって訴訟行為をし、または訴訟行為を受ける者を訴訟代理人という。代理人は、自己の意思に基づいて訴訟行為をする者であって、他人の訴状を裁判所へ提出する者のような単なる使者ではない。代理人の行った訴訟行為の効力は本人たる当事者等について生ずる。訴訟行為は意思行為であるから、原則として、代理に親しむ。代理制度を利用することによって、訴訟無能力者の訴訟追行が可能となり、当事者等の法主体の活動範囲が拡張されることができ、とくに、前掲の最高裁判例の指摘するように、訴訟の専門性・技術性から来る訴訟追行の困難性を法律専門職たる弁護士等による代理によってカバーすることができる。

訴訟上の代理人には、法定代理人と任意代理人がある。

法定代理人

その地位が本人の意思に基づかない代理人をいう。これには、実体法上の法定代理人と訴訟上の特別代理人がある。

(1) 実体法上の一般的法定代理人　未成年者、成年被後見人の法定代理人である。訴訟上の代理権も一般的法定代理権に包含されている。誰が法定代理人になるかは、民法等の定めによる（民訴二八条、民八一八条・八一九条・八四三条・七七五条・八二六条等）。

(2) 訴訟上の特別代理人　個々の訴訟あるいは訴訟手続に関して、裁判所が選任する代理人をいう。

(イ)　未成年者・成年被後見人の特別代理人（民訴三五条）　意思能力を欠く常況にありながら法定代理人がいない場合、あるいは、法定代理人が代理権を行うことができない場合には、これらの者を訴えようとする者は、訴状等を受け取ってもらえないので、訴えを提起できないことになる。特別代理人の制度は、これらの者を相手に訴えを提起しようとする者にそれを可能にするものである。未成年者・成年被後見人も特別代理人による訴訟追行を保障される。この規定は、相続人不明の相続財産、代表者・管理人の欠けている法人その他の団体にも適用される。特別代理人は、その訴訟に関しては、法定代理人としての権限を有する。

(ロ)　証拠保全手続における特別代理人（民訴二三六条）　相手方を指定することができない場合のその不明者の利益のための代理人である。

法定代理権の範囲は民法等の法令による（民訴二八条）。数人の法定代理人ある場合には、相手方からの送達は、その一人に対してすれば足りるが、訴え・上訴の提起、訴え・控訴等の取下げ等民訴法三二条所定の事項は、共同でしなければならない。法定代理人は当事者ではないから、判決の効力は受けない。しかし、当事者本人が自分で訴訟追行できないときに認められるのであるから、本人に準じる扱いを受ける。その表示は訴状・判決の必要的記載事項（民訴一三三条二項・二五三条一項五号）であり、訴訟追行も本人自身のできる行為の一切をできる。本人が出頭すべき場合には代りに出頭し（民訴一五一条一項一号、規則三二条）、証人能力はなく、当事者尋問による（民訴二一一条）。

法人等の代表者　法定代理および法定代理人に関する以上の規定は、法人の代表者および法人でない社団または財団で当事者能力を有するものの代表者または管理人について、準用される（民訴三七条）。法人等を被告として訴えを提起するとき、登記簿上の代表者をその代表者として表示するのが通常であるが、その者が真実の代表者でなかった場合にどのように取り扱うべきか。訴状の補正をしない限り、訴えを却下すべきか、表見法理（民一〇九条・一一〇条・一一二条、商四二条・二六二条等）の適用を認めるべきかが問題となる。判例（最判昭四五・一二・一五民集二四巻一三号二〇七二頁）は、真実の代表者により裁判を受ける権利の保障、手続の安定を根拠に、表見法理の適用を認めない。学説は、登記簿の記載を信頼した者の保護、登記を懈怠した法人等の有責、訴訟も取引とみることができる等を根拠に、表見法理の適用を肯定している（ただし、商四二条一項但書・二六二条は除く）。

訴訟代理人　訴訟追行のための包括的な代理権をもつ任意代理人を訴訟代理人という。これには、訴訟委任に基づく訴訟代理人と法令上の訴訟代理人とがある。

(1)　訴訟委任による訴訟代理人　特定の訴訟事件について当事者から包括的に訴訟追行の代理権を与えられた代理人をいう。狭い意味で訴訟代理人という場合は、これを指す。地方裁判所以上の裁判所においては、弁護士でなければならない（民訴五四条一項）が、簡易裁判所においては、その許可を得て、弁護士でないものを訴訟代理人にすることができる（同条一項ただし書）。また、一定の資格を有する司法書士は、簡易裁判所の訴訟事件で訴額が一四〇万円を超えない請求について、訴訟代理権を有する（司法書士法三条一項六・七号・二項）。さらに、弁理士は、知財関係事件あるいは特定侵害訴訟において、訴訟代理人になりうる（弁理士法六六条・六六条の二）。

(2)　法令上の訴訟代理人　当事者により一定の法的地位につけられた者が、法令によりその地位にあるがゆえに一定範囲の業務について一切の裁判上の行為をなしうるとされている場合の訴訟代理人をいう。支配人（商二一条一項）、船舶管理人（商七〇〇条一号）、船長（商七一三条一号）等が

◆コラム5◆　非法人団体の当事者能力

法人格のない社団・財団（非法人団体）に訴訟法上の当事者能力を肯定することは、実体法上の権利能力を肯定することになるのか。非法人団体に該当する場合には、その団体は、訴訟上は、法人と同様に扱われる。したがって、これらの団体に当事者能力を認めることは、個別事件の解決を通して団体に権利能力を認めるとしなければ一貫しないといえよう。民訴二九条の非法人団体に取引活動をするにふさわしい財産的基盤を要求するのであれば、なおさらそうであろう。しかし、判例は反対である。最判平六・五・三一民集四八巻四号一〇六五頁は、村落住民が入会団体を形成し、それが権利能力なき社団に当たる場合には、当該入会団体自身が、構成員全員の総有に属する不動産につき、これを争う者を被告とする総有権確認請求訴訟を追行する原告適格を有するとしている。つまり、入会団体に当事者能力を認めながら、権利能力は認めないというわけである。非法人団体に権利能力を認めなくとも、請求の目的が金銭債権、動産の引渡請求権等である場合には、事実上問題は起こらないが、不動産の場合は問題が発生する。たとえば、移転登記請求の場合、登記実務・判例（最判昭四七・六・二民集二六巻五号九五七頁）は、権利能力なき社団・財団名義による登記、あるいは、団体代表者の肩書き付きの個人名義による登記を受け付けておらず、結局、請求の趣旨で団体自体への移転登記を求めることはできないこととなり、特定の個人名（代表者名）への移転登記を求めるか、構成員全員の共有名義への登記を求める方法によらざるをえないことになる。学説は、これに批判的である。

それである。

訴訟代理人の訴訟行為の効果は本人に帰属する。訴訟代理人は、訴訟の第三者であるから、判決効を受けず、訴訟費用を負担せず、証人義務・鑑定人能力を有する。訴訟代理人が選任されていても、本人宛の呼出状・裁判の送達は適法である。しかし、不親切ではある。訴訟代理権の範囲は法定されており、特定の事項（民訴五五条二項）を除くほか、訴訟追行に必要な一切の行為が含まれ、実体法上の権利行使もできる（民訴五五条一項）。弁護士である訴訟代理人については、代理権を制限することができない（民訴五五条三項）。代理権の存在は個々の代理行為の有効要件である。訴訟代理人が数人あるときは、各自当事者を代理する（民訴五六条）。また、事実に関する陳述について、当事者に更正権がある（民訴五七条）。

補佐人

裁判所の許可を得て、当事者または訴訟代理人とともに出頭し、事件について陳述するものを補佐人という（民訴六〇条）。税理士は、租税に関する事項について補佐人として弁護士とともに出頭し陳述することができる（税理士法二条の二）。補佐人の陳述は、当事者または訴訟代理人が直ちに取り消し、または更正しないときは、当事者または訴訟代理人が自らしたものとみなされる（民訴六〇条三項）。

第5章　訴訟費用

訴訟費用の意義と敗訴者負担の原則

民事訴訟制度を維持していくためには、多大な費用が必要となる。国民の裁判を受ける権利への配慮から、こうした費用の一切を国が負担し、制度を利用する国民の金銭的負担をゼロとすることも考えられなくはない（裁判無償の原則）。しかし、このような政策を採用した場合には、国庫の負担が過重になり、他方で、安易な制度利用を誘発し、濫訴の頻発を招きかねない。反対に、すべての費用を制度利用者に負担させると、一般の国民にとってそもそも紛争解決のためには利用できないものとなる。そこで、日本では、裁判所の人的・物的コスト等のほとんどを基本的に国費でまかない、訴訟追行に必要とされる費用については、原則として、制度を利用する訴訟当事者の負担としている。このように、訴訟費用をどの程度国ではなく当事者に負担させるかは、裁判へのアクセスの問題となる。もっとも理解しやすい例が提訴手数料の設定問題であろう。株主代表訴訟の手数料を想起されたい。

訴訟追行のために当事者が支出する直接の費用ないし経費を広義の訴訟費用と呼ぶ（「訴訟の準備及び追行に必要な費用」民訴八二条一項）。

訴訟費用を当事者の負担とするにしても、両当事者間での分担の問題を考える必要がある。法は、敗訴者が訴訟費用を負担すると定めている（民訴六一条、敗訴者負担の原則）。その根拠は、自己の権利の存在ないし義務の不存在が、訴訟上正当であると認められれば、訴訟に要した費用につき、敗訴した側に負担させることが公平に適うということに求められる。一部敗訴のときは、裁判所が負担者とその割合を裁量で定め、場合によっては、一方当事者に全額を負担させることもできる（民訴六四条）。もっとも、訴訟費用（広義）のすべてに敗訴者負担原則が適用されるわけではない。その中で、両当事者間で費用の負担を定める前提となるものを狭義の訴訟費用という。これには弁護士費用が含まれないことに注意を要する。*1

訴訟費用（狭義）は裁判費用と当事者費用に分かれる。裁判費用は、当事者が訴訟追行につき裁判所（国庫）に納付する費用であり、当事者が訴え提起等の申立てに際して納付する申立手数料（民事訴訟費用等に関する法律三条別表第一参照）とそれ以外の原因に基づいて納付する費用（立替金。同法一一条・一八条以下参照）がこれにあたる。後者には、証拠調べや送達の費用等が含まれる。当事者費用とは、当事者が訴訟追行等のため自ら支出する費用のうち、裁判所以外の者に支払うもので、法定されているものであり、当事者や法定代理人が期日に出頭するための旅費等がそれにあたる。弁護士費用は、裁判所により付添いが命じられない限り（民訴一五五条二項等）、当事者費用とはならない（民訴費二条一〇号）。

訴訟費用の裁判とその額の確定

当事者は、通常、自ら訴訟費用を事前に支出している。しかし、裁判所は、職権により、終局判決の主文中で、当該審級における訴訟費用の全部につき、その分担に関する裁判をすることになる（民訴六七条一項）。訴訟費用を区分して観念することが困難だからである（訴訟費用不可分の原則）。この裁判に対する独立の上訴は認められない（民訴二八二条・三一三条）。

訴訟に敗訴し、この裁判で訴訟費用の負担を命じられた場合、すでに支出されている相手方の費用を負担することになる。相手方は、この費用につき償還請求権を有することとなる。

もっとも、費用負担の裁判において定められるのは、負担者とその割合のみである。額を確定するためには、この裁判が執行力を生じた後に、当事者が訴訟費用額の確定を書面により申し立てることが必要となる（民訴七一条、規則二四条一項）。

しかし、この額を確定すること自体は大変な労力となる。たとえば、証人出頭の旅費の計算一つをとっても、現実にはそう容易ではない。従来は、訴訟費用を相手方から回収しようとすることが、実務上多くなかったため、問題が顕在化しなかったといわれる。しかし、本来得られるはずの費用を回収できないということは正しいことではない。この点が司法アクセス検討会において論じられ、費用確定手続の簡素化が実施され、概括的な確定が認められるようになった。

訴訟費用の担保　原告にそもそも訴訟費用すら払う資力がない場合には、被告がたとえ勝訴しても、自ら支出した費用につき原告から償還を受けることが難しくなる。民訴法は、とくに、原告が日本国内に住所や営業所等を有しない場合に、このおそれが高いと考え、裁判所が、被告の申立てにより、原告に対して、訴訟費用に関する担保の提供を決定で命じることとした（民訴七五条一項）。被告は、原告が担保を立てるまで応訴を拒むことができるが（同条四項）、担保を立てるべき事由があることを知った後、本案について弁論等をしたりすると、担保提供の申立てをすることができなくなる（同条三項）。

実務上、訴訟費用の担保の提供はきわめて少ないとされるが、これに関する規定は、民訴法のほか、民事執行法、保全法や商法等の担保規定の総則規定としての意味をもっている。

訴訟上の救助　訴訟費用について敗訴者負担原則が採られているとはいえ、その負担の帰趨が決し、相手方から償還を受けるまで、自ら費用を負担しなければならない。経済的資力に乏しい者は、保護されるべき権利を有していても、コストの負担に耐えられず、その結果、裁判所を利用しえない可能性がある。それでは、その者の裁判を受ける権利が害されることになるため、社会福祉的な観点からの対応が必要となる。法は、その一つの方法として、訴訟救助という制度を設けている。これは、一定の者に、裁判費用等の支払いを猶予し、相手方が当該訴訟で敗訴し訴訟費用の負担が命じられた場合に、本来支出したであろうその猶予された費用を相手方から取り立ててもらえる制度である。

訴訟救助は、訴訟の準備や追行のために必要とされる費用を支払うための資力がないか、それを支払った場合に、生活に著しい支障をきたす者に、その利用が許される（民訴八二条一項本文）。「費用」の範囲についてはかつて争いがあったが、現行法では、訴訟費用（狭義）のほか、弁護士費用や事前の調査研究費用等も含まれるとされる。自然人だけではなく、法人も利用が可能である。資力はあっても、「生活に著しい支障をきたす者」にも利用が認められ、以前より対象範囲が拡充されている。また、勝訴の見込みあることが要件として要求されるのではなく、請求の趣旨・原因からみて、一応の有理性があれば足りると解されている（同条項ただし書）。

◆コラム6◆　民事法律扶助

「訴訟費用」において述べたように、紛争解決のために裁判を利用する場合、時間と費用が相当程度かかることが多い。とくに、適正な解決を望み、専門家である弁護士に事件を依頼したりすれば、多額の出費が必要となる。しかし、民事訴訟法上の訴訟救助では、原則として弁護士費用をその救助の対象としないこともあり、十分な経済的支援となりえてない。そのため、資力のない者については裁判を受ける権利の実効性が揺らぐこととともなる。

このような事情から、日本では戦後アメリカの指導のもと、財団法人法律扶助協会が設立された。この協会は、主として民事紛争につき、経済的困窮者等、資力の乏しい者に対して、弁護士への訴訟委任や法律相談といったサービスが受けられるよう支援を行ってきた。

こうしたなか、平成一二年に「民事法律扶助法」が成立・施行された。まず、扶助事業の運営・発展等に関して国の責務が明記され（同法三条）、弁護士会や弁護士等も協力義務を負うこととなった（同法四条）。これにともない補助金の額が増額されたため（同法一一条参照）、法律制定前には数億円程度であったものが、平成一六年度にはその予算額として三五億円あまりが計上されている。これにあわせて組織が改変され、援助決定手続も簡素化された。さらに、訴訟委任の援助充実だけではなく、弁護士による無料法律相談業務の改善、裁判所提出書類の作成支援や免除要件の緩和等が実現した。援助の対象となった主な事件は自己破産事件と離婚事件である。

しかし、なお十分ではないとの問題意識がある。たとえば、協会の財源をより豊かにすることは大きな課題である。これが実現すれば、経済的困窮者だけでなく、中間所得者層への援助が可能となる。この層を取り込むことにより、まさに司法へのアクセスが実質化する。また、扶助事業で交付される金銭は原則として償還が予定されているが、これを無償とすること、ないし無償となる者の範囲を拡大することが検討されてよい。

近時の動向としては、司法制度改革との関連で、平成一六年に「総合法律支援法」が成立・施行され、「日本司法支援センター」が設立された。このセンターの重要な業務の一つとして、民事法律扶助が位置づけられ、国の事業として今後展開されることとなったのである（同法一一条参照）。今後の活動が期待される。

救助決定があれば、裁判費用、付添いの命じられた弁護士の報酬等が猶予され、訴訟費用の担保が免除される（民訴八三条一項）。相手方の負担が確定した場合には、国庫等が直接相手方から取り立てることができる（民訴八五条）。

裁判費用等は免除されるのではなく、あくまで猶予されているだけであり、敗訴した場合には、相手方の費用も含めて、負担しなければならない。そのため、この制度を利用し訴訟を提起しようとする者のインセンティヴを十分に高める制度とは言い難い。裁判所へのアクセスを高めるためには、これ以外に、法律扶助制度の充実等が期待されることになる。

＊1　弁護士費用の敗訴者負担　古くから、弁護士強制制度の導入とあわせて、弁護士費用の敗訴者負担の導入が論議されてきた。しかし一方で、権利保護を裁判所に求める者は、弁護士を訴訟代理人とすることで、その実現可能性が高まる。弁護士への報酬等は、訴訟費用（狭義）には含まれず、多額になるにもかかわらず、自己負担となっている。それゆえ、勝訴しても、保護されたはずの権利の価値が、弁護士に訴訟追行を依頼することで、かえって減じられてしまい、本末転倒となってしまう。反対に、訴えられた被告の立場からすれば、いわれのない訴訟につきあわされ、仮に勝訴しても弁護士費用を自己負担することはそれ自体不合理であろう。また、判例上、不法行為訴訟における場合を除き、弁護士費用を損害賠償として訴求することも否定されている。そこで、この弁護士費用を敗訴した者に負担させるべきであるとの考えが生じる。

このように、弁護士費用を敗訴者に負担させることに一定の合理性はあるが、それを制度化することは困難とされてきた。敗訴者負担の導入に踏み切った場合、権利保護を求める者が、たとえば、一個人が大企業を訴えるような場合、敗訴した際のリスクがあまりに大きく、かえって訴訟提起を躊躇してしまう可能性が高い、といわれたのである。

こうした膠着状態を司法制度審議会が破ることとなった。その意見書において、弁護士費用の一部を敗訴者に負担させる制度の導入が明記されたのである。これに先立つ「民訴費用制度等研究会」の提言も見逃せない

（高橋宏志ほか・座談会「民訴費用・弁護士報酬をめぐって」ジュリ一一一二号四頁以下参照）。こうした動きは、高橋宏志教授を座長とする「司法アクセス検討会」での論議を経て、当事者双方の申立てがある場合に弁護士報酬の敗訴者負担を認め、負担額についても訴額に応じて一定の制限を設けるという法律案に結実し、第一五九回国会に提出された。

しかしながら、日本弁護士連合会や消費者団体等、各方面の批判にさらされ、平成一六年一二月の衆議院法務委員会で廃案となった。その理由の骨子は、弁護士費用の敗訴者負担制度の導入により、消費者、労働者や中小零細企業等、社会的弱者といわれる人々の提訴意欲が減殺されてしまうということにある。こうした人々が大企業や政府を相手にした訴訟では、なかなか勝訴結果を得にくいという認識が前提にある。

しかし、一方で、権利の減価の問題や被告応訴の負担の問題は残るのであり、弁護士費用の負担問題につき、今後も、裁判へのアクセスを拡充する視点を踏まえつつ、あるべき制度が論じられるべきである。

第6章 口頭弁論の準備

弁論主義のもと、口頭弁論で主張された事実のみが判決の基礎となる。当事者が主張する事実には、主要事実、間接事実、補助事実とさまざまなレベルのものがあり、またこれらについて当事者間で争いのあるものとないもの、書証で認定が可能なものと、人証を調べる必要のあるもの等を区分けして、証拠調手続で認定すべき真の争点を絞り込む作業が必要である。これが争点および証拠の整理手続である。なお口頭弁論はよく準備されたものであればあるほど充実したものとなることはいうまでもない。それを支えるのは紛争に関する十分な情報収集である。ここではまず相手方の口頭弁論期日において陳述することが予告される内容（主張、証拠の申出等）が記載された準備書面を取り扱う。

1 準備書面

意義

当事者が口頭弁論において陳述する内容を記載して、弁論の予告をするために裁判所に提出される書面を準備書面という。口頭弁論は書面で準備しなければならない（民訴一六一条一項）。当事者は、相手方が記載事項に対する応答の準備をするのに必要な期間をおいて、裁判所にこれを提出しなければならない（規則七九条一項）。この期間をおいて裁判所に提出される準備書面は、当事者間では直送しなければならない（規則八三条一項）。準備書面の直送を受けた相手方は、当該準備書面を受領した旨を記載した書面について、これまた直送するとともに当該書面を裁判所に提出しなければならない（同条二項）。被告（ないしは被上訴人）が最初に提出する準備書面を答弁書という（規則七九条一項・八〇条）。裁判長は、答弁書または特定の事項に関する主張を記載した準備書面を提出すべき期間を定めることができる（民訴一六二条）。

準備書面不提出の効果

準備書面には、①攻撃または防御の方法、②相手方の請求および攻撃または防御の方法に対する陳述を記載する（一六一条二項。具体的な記載事項については、規則二条一項・七九条二項ないし四項・八〇条一項・八一条参照）。準備書面に記載した事項はあらためて口頭弁論で陳述することを要するが、記載のない事項についていきなり口頭弁論で陳述できるかは問題である。もしこれが許されるとすると、相手方に対する予告がないため、相手方としてはこれに対応する機会を奪われることになるからである。そこで、「相手方が在廷していない口頭弁論においては、準備書面（相手方に送達されたもの又は相手方からその準備書面を受領した旨を記載した書面が提出されたものに限る。）に記載した事実でなければ、主張することができない」（民訴一六一条三項）とされている。当事者の主張内容を知り、これに対応する機会を保障するのが本条の趣旨であるから、在廷していない相手方が当然に覚悟しておくべき単純否認や不知の陳述は、準備書面に記載がなくてもできると解される。なお、提出の効果に関するものではあるが、原告または被告が最初にすべき口頭弁論の期日に出頭（ないしは本案の弁論を）しなくても、裁判所は、その者が提出した訴状または答弁書その他の準備書面に記載した事項を陳述したものとみなし、出頭した相手方に弁論をさせることができる（民訴一五八条。二七七条も参照）。

2 争点整理手続——総説

争点の整理

争点とは、主要事実のみならず間接事実、補助事実をめぐって当事者間に意見の不一致が存する事項のことをいう（法律解釈や経験則をめぐる争いも争点に含まれる）。訴訟の審理においては、まずこの争点を明確にすることが必要となる。そのために、証拠結合主義を採る法制のもと、互いの主張、証拠の突き合わせを行う。これが争点および証拠の整理である。争点がしっかりと整理され、証拠調手続に移行した後に新たな争点が提出されて、審理が行きつ戻りつすることがないことを要する。[*1] 現民事訴訟法では、確実かつ早期の争点整理を達成し、絞りきられた争点について集中証拠調べ（人証）を行うことを目標としてさまざまな手だてが講じられている。たとえば初期の段階で主張が出揃うように、訴状、答弁書、準備書面等の内容の充実が図られている（訴状の記載事項、添付書類、補正の促し、参考事項の聴取、答弁書、準備書面の記載事項における具体的な記載、証拠の提示の要求、期日外釈明、準当事者に対する釈明処分など。規則五三条ないし五六条・七九条ないし八二条、民訴一四九条、規則六三条、民訴一五一条一項二号参照）。また実際にこれを可能にするため、証拠収集手続が整備されている（当事者照会、[*2] 調査嘱託、文書送付嘱託、文書提出命令の一般義務化、提訴予告通知に基づく訴え提起前におけるこれらの利用のための処分等。なお、複雑訴訟において争点整理を円滑に行うための専門委員制度がある。民訴一六三条・一八六条・二二〇条四号・二二六条・一三二条の二・九二条の二〕。このようにして早期に提出された主張やそれを根拠づけるための証拠（文書）を突き合わせて、争点を絞り込んでいくための手続は、事案に見合ったかたちで行われるのが望ましい。そのために三種類の争点整理メニューが用意されている（争点を確定するためには、主張だけではなく証拠を整理する必要があることはいうまでもない。そこで両者は一体として「争点および証拠の整理手続」とされている。以下で争点整理手続という場合は、争点確定のための証拠の整理手続をも含む）。

争点整理手続の種類　争点整理手続のメニューは、①準備的口頭弁論、②弁論準備手続、③書面による準備手続であるが、そのほかに④進行協議期日が定められ（規則九五条）、弁論期日を充実したものとして実施するための手だてが整えられている。争点整理のための手続は、第一回弁論期日以前においても行うことができるが（規則六〇条一項ただし書）、通常は、第一回弁論期日を事件の振り分けのために使い、次回期日以降に争点整理手続を設定する運用になっている。また争点整理手続をかませずに弁論を続行することも可能である。すなわち手続を進めるには、三つの争点整理手続のほか、口頭弁論の続行でもよく、全体として四つの選択肢があることになる。

＊1　平成八年の民事訴訟法の改正前には、争点整理と証拠調べが繰り返し行われる、締まりのない審理が行われ、五月雨型ないしは漂流型審理といわれていた。

＊2　**当事者照会**　当事者が主張、立証を準備するには、事件に関して十分な情報を得ておくことが望ましい。しかし実際には、その入手手段を欠くために十全な主張をすることができず、それどころか立証方法についての手がかりすら得ることが困難な場合がある。そこで民訴法一六三条は、「当事者は、訴訟の係属中、相手方

に対し、主張又は立証を準備するために必要な事項について、相当の期間を定めて、書面で回答するよう、書面で照会をすることができる」と規定して、事件に関する情報を相手方から提供してもらう制度を設けている。これは当事者間の関係強化の一環として裁判所を介さずに、当事者で直接やりとりすることを前提としている（回答義務の根拠は二条の信義則）。他方でこの制度が濫用されることが懸念されるため、原則的に、「当事者間」で、「訴訟の係属中」にこれが認められるとしたほか、照会を主張立証の準備に関する事項に限定し、さらに個別に照会できない場合を規定した（同条ただし書）。もっともこの照会に応じない場合の制裁は明記されていない。しかし回答拒絶が弁論の全趣旨として考慮されることに問題はなく、それ以上に不回答により生じた訴訟費用を相手方に負担させたり、訴訟の進行状況によっては、その後の攻撃防御方法の提出を適時性を欠くとして却下することが考えられる（民訴一五七条）。訴え提起前の照会については、民訴一三二条の二参照。

3 準備的口頭弁論

準備的口頭弁論の開始要件

準備的口頭弁論とは、目的を争点整理に限定した口頭弁論である。「裁判所は、争点及び証拠の整理を行う必要があると認めるときは、……準備的口頭弁論を行うことができる」（民訴一六四条）。争点整理の必要性が準備的口頭弁論を行う要件である。他の争点整理手続と同様、時期的な定めがないので裁判所は、必要と認める限りいつでも、これを行うことができる。逆に、他の争点整理手続との開始要件の違いは当事者の意見を聴くことを要しないことにある（民訴一六八条・一七五条参照）。もっとも両当事者が準備的口頭弁論を希望する場合には、とくに支障がない限りこれを尊重すべきであろう。準備的口頭弁論は、裁判長が指定した期日に法廷（証人尋問を行う場合を除き、多くの場合ラウンドテーブル法廷）で行われる（規則六〇条一項）。このように公開法廷での争点整理が選択されるに適した事件としては、社会的関心が高い事件、当事者が多数に及ぶ事件、具体的には労働事件や行政事件、公害、薬害等の現代型事件などが考えられる。しかしこれらは例示にすぎない。裁判所は、具体的事件に即して適宜、公開法廷での争点整理の必要性を判断することになる。

準備的口頭弁論の審理内容　準備的口頭弁論が通常の口頭弁論と異なるのは、争点整理目的を明確にしている点にある。したがってこの目的による制約を受ける（ただし、民訴八九条の和解の試み、同二六一条三項の口頭による訴えの取下げは可能である）ほかは、一般の口頭弁論に関する規定が適用される。争点整理目的の範囲内であれば、書証の取調べはいうに及ばず、証人尋問や当事者尋問も行うことができる（ただし、その後に予定される集中証拠調べとの関係で、これらは争点整理の必要上不可欠の場合に限られる）。また釈明権の行使（民訴一四九条）や釈明処分（民訴一五一条）も可能である。裁判所は、この手続によって絞られた争点に関して、その後の証拠調べで証明すべき事実を、準備的口頭弁論終了のさいに、当事者との間で確認する（民訴一六五条一項。裁判所は、相当と認めるときは、裁判所書記官に確認された事実を調書に記載させなければならない。規則八六条一項）。またそのさい裁判長は、相当と認めるときは、当事者に準備的口頭弁論における争点および証拠の整理の結果を要約した書面を提出させることができる（民訴一六五条二項、規則八六条二項）。この要約書面を当事者のどちらがどのように提出するかについては定めがない。裁判所が適宜指示することになろう。また裁判所が自らこれを作成することも妨げない。このようにして証明すべき事実が何であるかにとになる。

ついての認識を裁判所と当事者で共通にすることは、その後の集中証拠調べを効率よく行わせるこ

準備的口頭弁論の終了

準備的口頭弁論の目的すなわち争点整理が完了した場合、準備的口頭弁論は目的を達して終了する。争点整理に向けて当事者の協力が得られない場合、すなわち当事者の不出頭、民訴法一六二条で定められた期間内に準備書面を提出しなかったり、証拠の申出をしなかったときにも、裁判所は、準備的口頭弁論を終了することができる（民訴一六六条）。当事者が準備的口頭弁論への不協力を訴訟の引き延ばしの手段にすることを防ぐ趣旨である。

準備的口頭弁論終了後の攻撃防御方法の提出

争点整理のための準備的口頭弁論が右の理由により終了したにもかかわらず、その後に攻撃防御方法を自由に提出できることにするとそれまでの争点整理に向けての努力が水泡に帰することになりかねない。そこで「準備的口頭弁論の終了後に攻撃又は防御の方法を提出した当事者は、相手方の求めがあるときは、相手方に対し、準備的口頭弁論の終了前にこれを提出することができなかった理由を説明しなければならない」（民訴一六七条）としている（説明は書面でなすべきである。規則八七条二項は、相手方は、説明が口頭でなされたとき、説明内容を記載した書面の交付を要求をすることができるとする）。この説明義務の根拠は、信義則である（民訴二条）。相手方は、説明要求権（詰問権）をもつことになるが、その行使に対して十分な説明がなされないときには、適時提出主義（民訴一五六条）に違反すると考えられ、時機に後れた攻撃防御方法（民訴一五七条）との評価に際して、故意、過失の立証資料となる。したがってこのような攻撃防御方法の提出の申出は、原則として、却下されることになる。

4　弁論準備手続

総　説　弁論準備手続は、一般公開をせずに裁判所と当事者が法廷外の準備室、和解室等においてくつろいだ雰囲気のもと、膝を突き合わせて争点整理を行う手続である。その意味で旧法の準備手続を引き継いだものであるが、準備手続には、手続終了後の失権効をおそれての仮定的主張が多数出されるなどさまざまな難点があり、争点整理のために十分に機能していなかった。実務はそのため自らの工夫で、弁論兼和解方式をあみ出し、一定の成果を上げていた。しかしこの方式は法律上の根拠を欠いていたうえ、和解で通常行われる交互面接方式が弁論に使用されているとの批判もあって、立法上の措置を必要としていた。そこで平成八年の改正により、これに代わって弁論準備手続が規定されるにいたった。

弁論準備手続の開始　弁論準備手続は、準備的口頭弁論と同様、その必要性を開始要件とするが、当事者の意見聴取を要する点で準備的口頭弁論と異なる。当事者の意見を聴くことが要求されるのは、準備的口頭弁論と比較してこの手続でできる範囲が限定されることから、これを争点整理のために選択することは、当事者の利害に関係するからである。他方、当事者の意見聴取にとどめ、同意を要するとされなかったのは、事件の性質や内容に見合った争点整理の選択を適切に行う見地から、最終的には裁判所の訴訟指揮上の決定に委ねるべき事柄であるからである。

弁論準備手続において
できること

旧法の準備手続は、準備手続で裁判官のできる範囲が限られていたため十分に機能しない側面を有していた。これに対して、弁論準備手続は受訴裁判所がこれにあたることから、弁論期日外で行う裁判（訴訟引受けの決定、補助参加の許否の裁判、訴訟手続の受継申立てを却下する裁判、訴えの変更の許否の裁判、請求の追加の許否の裁判等）を弁論準備期日において行うことができる（民訴一七〇条二項）。これらは争点整理と密接な関係を有するからである。また証拠の申出に関する裁判（文書提出命令や検証物提出命令に関する裁判を含む）も同様である。さらに準文書（図面、写真、録音テープ等）を含む書証の取調べや尋問すべき証人の証拠決定などもできる。これらは重要な証拠調べを含むものであるが、手続終了後、その結果を口頭弁論へ上程（民訴一七三条）することで公開原則との整合性が保たれる。ほかに弁論準備手続においてできるおもな事項としては、①弁論準備手続の対象の制限、分離、併合、②期日外における釈明権、求問権の行使、釈明処分として準当事者に陳述させること、③準備書面の提出期間や証拠申出期間の定めなどが挙げられる（民訴一七〇条五項）。

電話会議装置による
弁論準備手続

準備的口頭弁論とは異なり、一般公開されない弁論準備手続においては、電話会議によって争点整理を行うことができる。これは「当事者が遠隔の地に居住しているときその他相当と認めるとき」に「当事者の意見を聴いて」弁論準備期日において行われる手続である（民訴一七〇条三項、規則八八条二項～四項）。遠隔の地に居住する当事者が毎回期日に出頭するコストと時間を節減し、その負担を軽減するとともに、期日の調整を容易にすることをねらいとしている。「その他相当と認めるとき」とは、訴訟代理人が遠隔地に事務所を有していたり、当事者、訴訟代理人が怪我や病気で裁判所に出頭することが困難であるが、自宅や事務所で電話によって会議に参加することは可能であるという場合を想定している。電話会議装置を使っての弁論準備手続も期日における手続であるから、書面による準備手続とは異なり、当事者の一方が出頭した場合に限って認められる（民訴一七〇条三項ただし書）また電話会議の方法で手続に関与した当事者は、期日に出頭しなくても出頭したものとみなされる（民訴一七〇条四項）。弁論準備手続において電話会議装置によって関与する者も、期日に出頭した当事者と同様に必要な訴訟行為をすることができる（平成一五年改正により、訴えの取下げ、和解、放棄、認諾も同一の取扱いとなった）。

弁論準備手続の主宰者

弁論準備手続の主宰者は、受訴裁判所（民訴一六八条ないし一七〇条）、または受訴裁判所の構成員である受命裁判官（民訴一七一条、規則三一条）である。法律上この主宰者には何らの限定も付されていないことから、未特例判事補（判事補の職権の特例等に関する法律一条参照）が受命裁判官になることも許される。しかし争点整理には豊富な経験を有する裁判官が当たることが望ましいことからすると、この場合、裁判長との連絡を密にして遺漏がないようにつとめるべきである。

受命裁判官による弁論準備手続

弁論準備手続でできる事項については、前述のとおりであるが、受命裁判官による弁論準備手続については、その性質上、できる範囲が限定される。すなわち前述の事項から、口頭弁論の期日外において行われる裁判が除かれる（民訴一七一条二項。なお文書の取調べについては、平成一五年改正により可能になった）。これは受訴裁判所が判断すべき事項であって受命裁判官に委ねることは適当でないからである。もっとも調査嘱託、鑑定嘱託文書を提出してする書証の申出、文書送付嘱託は、証拠収集のための手続と位置づけられるものであり、後の本格的な証拠調べのための準備的行為であるから受命裁判官に行わせても問題はないと考えられる（民訴一七一条三項）。

弁論準備手続の取消し

「裁判所は、相当と認めるときは、申立てにより又は職権で、弁論準備手続に付する裁判を取り消すことができる。ただし、当事者双方の申立てがあるときは、これを取り消さなければならない」（民訴一七二条）。弁論準備手続における審理の範囲は、制限的であるため、当事者は口頭弁論において争点整理を行うことに利害関係を有しているからである。

弁論準備手続の終結

弁論準備手続の終結にあたっては、準備的口頭弁論と同様に証明すべき事実の確認を行い、相当と認めるときは裁判長が当事者に争点整理の結果の要約書面を提出させることができる（民訴一七〇条五項・一六五条）。当事者不出頭による終結も準備的口頭弁論と同様である（民訴一七〇条五項・一六六条。一六三条も参照）。

弁論準備手続と公開原則

弁論準備手続は非公開の場で裁判所と当事者が膝を突き合わせて行うことができる点にメリットがある。ところが前述のようにそこで書証の取調べや人証の証拠決定といった実質的に重要な審理が行われることになるとこれをまったく非公開で行うことが妥当か問題となる。そこでその間の調和をはかるために、まず、「弁論準備手続は、当事者双方が立ち会うことができる期日において行う」（民訴一六九条）として、当事者公開を保障し、さらに、「裁判所は、相当と認める者の傍聴を許すことができる。ただし、当事者が申し出た者については、手続を行うのに支障を生ずるおそれがあると認める場合を除き、その傍聴を許さなければならない」（同条二項）として、いわゆる関係人公開を規定した。このような範囲での公開を認めても、フランクな雰囲気のもとでの当事者の訴訟追行に支障はないであろうし、それがかえって争点整理を円滑に行うことにもつながることも考えられる。もっとも、その者が傍聴していたのでは当事者を威圧することになったり、当事者が秘密にしておきたい事項が係わる場合には、関係人公開を制限する必要がある。そこで裁判所は、前述の趣旨からして支障を生ずるおそれがあると認める場合には、第三者の傍聴を制限することができることにしたのである。

弁論準備手続の結果の口頭弁論への上程　民事訴訟の大原則である口頭主義、直接主義、公開主義からすると弁論準備手続で行われた結果、すなわち整理された結果争いがないとされた事実やその後の集中証拠調べで立証すべき事実を明確に主張し、これを公開法廷に持ち出すことを要する。そのため「当事者は、口頭弁論において、弁論準備手続の結果を陳述しなければならない」（民訴一七三条）また「争点及び証拠の整理手続を経た事件については、裁判所は、争点及び証拠の整理手続の終了又は終結後における最初の口頭弁論期日において、直ちに証拠調べをすることができるようにしなければならない」（規則一〇一条）とされている。すなわち弁論準備手続の結果の口頭弁論への上程は、口頭弁論期日に出頭した証人等の事件関係者の面前で、当事者と裁判所がその後の集中証拠調べのテーマを設定する役割を果たすことになる。したがってこれを単に「要約書面のとおり陳述」というような紋切り型の形骸化された弁論で行うことは適当ではなく、そこでは実質的な弁論を展開することが期待されている。

弁論準備手続終結後の攻撃防御方法の提出

弁論準備手続終結後に攻撃または防御方法を提出した当事者は、相手方の求めがあるときは、相手方に対し、弁論準備手続終結前にこれを提出することができなかった理由を説明しなければならない（民訴一七四条・一六七条）。早期の争点整理とその後の集中証拠調べによる訴訟の促進が民事訴訟手続の課題であることを考えると、相手方の説明要求権（詰問権）と説明義務を運用においてルーズに行うことはその趣旨に反するものといえよう。

証拠保全との関係

弁論準備手続に付された後、口頭弁論の終結にいたるまでの証拠保全の管轄裁判所は、受訴裁判所である（民訴二三五条一項）。またこの場合、裁判所は受命裁判官に証拠調べをさせることができる（民訴二三九条）。なお後述の書面による準備手続においても同様である。

5　書面による準備手続

意　義

書面による準備手続とは、「当事者の出頭なしに準備書面の提出等により争点及び証拠の整理をする手続」という（民訴一七五条）。このような争点整理手続が行われるのは、「当事者が遠隔の地に居住しているときその他相当と認めるとき」（同条）である。その他相当と認めるときとは、当事者の選任した訴訟代理人の事務所が遠隔の地にあるときや当事者、代理人が病気や怪我により裁判所に出頭することができないときを指す。電話会議装置を補完的に使用するものの（民訴一七六条三項）、期日を開かずに争点整理を行うことには、一定の難しさが伴うが、もともとこの争点整理手続は、ドイツで広く行われている書面先行型の審理に倣ったものであることを考えると、ドイツにおけると条件は異なるとはいえ、これを厳格に例外に位置づけ、要件を狭く解する必要はないと思われる。ルーズな運用は許されないが、使いようによっては合理的な争点整理手続となることも考えておくべきであろう。

手続の開始

書面による準備手続は、第一回口頭弁論期日前に限ることなく、訴訟のいかなる段階においても行うことができる。ただこれが期日を開かない争点整理手続であることから、当事者としても利害を考える必要があるし、裁判所としてもこれによって早期に適切な争点整理をすることができるかどうかを見極める必要がある。そこでこの手続に付するに際しては、当事者双方の意見を聴取したうえで、裁判所がこれに付する決定をする（民訴一七五条）。

手続の主宰者

書面による準備手続は、期日を開かずに行う関係で、これを実効的に行うためには、経験豊富な裁判官によることが必要である。そこでこれを裁判長が行うとしている（民訴一七六条一項）。ただし高裁では、陪席裁判官も豊かな経験をもっているのが通常であることから、高裁に限って受命裁判官にこれを行わせることができる（同条項ただし書）。

書面による準備手続の審理

期日が開かれないため、裁判長等が準備書面の提出、証拠の申出の期間を定めて行う（民訴一七六条二項・一六二条）。そうしないと必要な書面が提出されず、争点整理が進まないからである。さらに当事者が期日に顔を合わせないとすると、準備書面の交換だけでは主張をうまくかみ合わせることが困難であるため、電話会議装置を用いて裁判所と当事者双方との意見交換、協議の機会を確保することにした（民訴一七六条三項）。これによる場合、弁論準備手続におけるのとは異なり、「裁判所及び当事者双方が音声の送受信により同時に通話をすることができる方法」が用いられる。すなわち裁判所と当事者の一方との通話が他の当事者にも同時に伝わるような装置が使われる。その際、裁判所書記官もこれに参加し、協議の結果を調書等に記録することができる（同条項、規則九一条二項・三項）。書面による準備手続においても裁判長等は、釈明権を行使し、当事者は求問権を有する（民訴一七六条四項・一四九条一項・三項、規則九二条・六三条）。裁判長等が攻撃または防御の方法に重要な変更を生じうる事項について釈明権を行使したときは、その内容を相手方に通知しなければならない（民訴一七六条四項・一四九条四項）。また当事者は裁判長等の処置について異議を述べることができる。この場合、裁判所は決定でその異議について裁判をする（民訴一七六条四項・一五〇条）。

証明すべき事実の確認　書面による準備手続においても、他の争点整理手続と同様、証明すべき事実を確認する必要があるが、この手続自体は、その後に開かれる口頭弁論で陳述する予定の主張を事前に整理しておく手続にすぎない。そこで「裁判所は、書面による準備手続の終結後の口頭弁論期日において、その後の証拠調べによって証明すべき事実を当事者との間で確認するものとする」（民訴一七七条）とされている。

書面による準備手続の終結　書面による準備手続は、争点整理目的の完了にいたるまで続けられる。その段階に達した場合、裁判所はこれを終結する旨の裁判を行う。この手続においては当事者の不出頭等の怠慢による終結はない。裁判長等が定めた期間内に当事者が準備書面を提出しない場合には、裁判長等は、この手続に付する決定を取り消し（民訴一二〇条）、他の争点整理手続の可能性を探ることになる。裁判長等は、相当と認めるときは、書面による準備手続を終結するにあたり、当事者に争点および証拠の整理の結果を要約した書面を提出させることができる（民訴一七六条四項・一六五条二項）。

書面による準備手続終結後の攻撃防御方法の提出

この手続終結後に新たな攻撃防御方法を提出することを認めることは、当事者に訴訟の引き延ばしの機会を与えることになる。そこでこの手続をふまえて、その後の口頭弁論において当事者が右の要約書面を陳述し、または証明すべき事実の確認がなされた後に攻撃防御方法を提出する当事者は、相手方が説明要求権（詰問権）を行使したときは、後れて攻撃防御方法を提出する理由を説明する義務を負うとしている（民訴一七八条）。

6　進行協議期日

意義と内容

進行協議期日とは、裁判所が指定する期日で、口頭弁論の期日外において、その審理を充実させることを目的として、当事者双方が立ち会うことができるものである（規則九五条一項）。この期日においては、裁判所と当事者間で、①口頭弁論において行われる証拠調べと争点との関係の確認、②その他訴訟の進行に関して必要な事項について協議が行われる。①は例示にすぎず、それ自体必ず行われなければならないものではない。注意すべきは、進行協議期日が争点整理手続のための期日ではなく、これをそのために利用することはできないことである。

②は大規模ないしは複雑訴訟における審理計画の策定（民訴一四七条の三）や専門技術的問題についての専門家を交えた検討会などを指す。さらにこの期日においては、訴えの取下げならびに請求の放棄、認諾ができる（規則九五条二項）。和解ができるかは問題で、否定的な見解もあるが、和解の勧めは、訴訟のいかなる程度にあるかを問わずにできるものであるから、これを否定する趣旨ではないと解する。もっともその場合には、手続を和解に切り替えたうえで行うべきであろう。

電話会議装置による進行協議期日の実施　当事者が遠隔地に居住する場合や訴訟代理人の事務所が遠隔地にある場合、さらに当事者、代理人が病気や怪我で期日に出頭することができない場合、裁判所は、当事者の意見を聴いて、電話会議装置を使って進行協議期日における手続を行うことができる（規則九六条一項）。当事者の便宜を図り、同時に期日の調整を容易にすることをねらいとしている。これによる場合、手続開始にあたって主宰者は、通話者が当事者であることならびに通話者のいる場所の確認をする必要がある（規則同条四項・八八条二項）。当事者の意見聴取を要求するのは、当事者が現実に出頭しなくても、期日に出頭したものとみなされる（規則九六条二項）特別の手続であることから、当事者が意見を述べる機会を保障することが望ましいからである。電話会議装置による進行協議期日が開かれるのは、当事者の一方が期日に出頭している場合に限る。双方当事者の立会いの機会を保障する場合、一般的には現実の出頭を要しないとされるが、両当事者が不出頭の期日は観念しにくい。この場合は、当事者の一方の現実の出頭を要すると解すべきである。出頭していない当事者は、訴えの取下げ、請求の放棄、認諾をすることはできない（同条三項）。

◆コラム7◆　プリ・トライアル

　アメリカの民事訴訟においては、原告の提出する訴状（complaint）と被告の答弁書（answer）の交換によって行われる訴答手続（pleading）の後、プリトライアル（トライアル前手続）といわれる手続に入る。そこでは開示（discovery）手続が中心となる。この開示の範囲はかなり広範に及び、かつこれを拒否した場合の裁判所による制裁が強力であるため、当事者は相手方の手持ちの証拠や情報を手に入れることができ、争点も明確になると同時に証拠収集もなされることになる（他方で、開示により営業の秘密が相手方に知られたり、プライバシーが侵害されることから当事者を保護するための秘匿特権や弁護士が訴訟の準備のために作成した文書などいわゆるワークプロダクトを開示の対象から外す対応策も採られている）。これによって、トライアルでの勝敗の見通しが立つことから、開示手続の後は、和解で紛争が解決されることが多い。このようにトライアル前手続には積極的に評価すべき点がある反面、この手続の広範さが戦略的に利用されることによる濫用が懸念される。これを防ぐため、アメリカ民事訴訟法（連邦民事訴訟規則）は、改正を重ねてきた。現在では開示方法を、当然開示（disclosure）と請求開示（discovery）に区別し、後者の開示請求の件数を、たとえば証言録取は一〇件まで、質問書は二五項目までというように、制限することによって不当な負担を相手方にかけることを防ごうとしている。

　日本の民事訴訟法における当事者照会（民訴一六三条）は、アメリカの開示手続の一部（質問書）を参考にして設けられたものである。また、アメリカにおけるプリトライアルとトライアルの峻別ほどではないにしても、争点整理手続と証拠調手続とを段階的に区別して、審理の効率化をはかっている。このように日本の民事訴訟法のなかにアメリカ法の影響を見ることができる。

事件の現場などの場所において、実際の状況を見ながら、訴訟進行の打ち合わせをしたり、専門技術的な知識を有する者の説明を受けることが有益な場合がある。そこで裁判所外でこの手続を行うことが認められている（規則九七条。裁判所外における現地和解を認めた規則三二条二項に相当する）。しかしこれを行う場合でも、訴訟進行の打ち合わせや説明会に限定すべきであり、検証といった証拠調べをこの期日を借りて行うべきでない。この期日は、調書に記載されることを要しない（経過表程度のもので足りる）軽い手続であるから、これを融通無碍に利用することには戒心が必要である。

裁判所外における進行協議期日

受命裁判官による進行協議期日

裁判所は、受命裁判官に進行協議期日における手続を行わせることができる（規則九八条）。この手続の予定している内容からいって、受命裁判官が手続を主宰することに問題はなく、むしろ機動性を確保するためにはそれが適していると思われる。もっともこの期日においては、当事者双方との突っ込んだ意見交換や利害の調整が行われることに鑑みて、相当な経験や力量のある裁判官をあてることが、これを実効性のある手続とすることになることは、争点整理手続と同様である。

第7章 口頭弁論

1 口頭弁論とは

1 総説

訴訟の審理と口頭弁論 裁判所は訴えが提起されると、原則として判決で応答することになっている。応答に際しては、訴えについての判断の結論を判決主文で述べるだけでなく、判決理由において結論に至るまでの根拠を示して、自らの判断の正当性を明らかにしなければならない。そこで裁判所は判断の根拠を明らかにするために、判決に先立って判断資料を収集し整理することが必要である。このための手続が審理であり、審理は訴え後の手続であり、判決の前段階の手続である。

審理は当事者が事実を主張し証拠を提出する「弁論」と、裁判所が当事者が提出した証拠を調べる「証拠調べ」とによって構成されている。そして審理は口頭弁論という方式によって行われる。口頭弁論は訴訟当事者が公開の受訴裁判所の「面前で」「対席して」「直接に」「口頭で」供述を行う審理方式のことである。なお口頭弁論とは対照的な審理方式は書面審理方式であり、弁論や証拠調べを書面によって行うものである。また対立構造をとらずに関係人に対して無方式で、裁判所が書面または口頭による陳述機会を個別に与え聴取することを審尋（民訴八七条二項）という。審尋は受命裁判官が行うこともできる（民訴八八条）。

口頭弁論の必要性　民事訴訟の審理方式として書面審理方式や審尋方式でなく口頭弁論方式が採用された理由は、長年の歴史的な経験の結果とその合理性にある。第一に、口頭弁論方式は公開主義、双方審尋主義、口頭主義、直接主義といった審理に関する諸原則（本節2）からのさまざまな要請に最もよく適合するものである。第二に、裁判所と両当事者の面前にあらわれたもので判決が形成されるから、判決形成の過程が透明である。もっとも口頭弁論方式は手数がかかるので、あらゆる事項が口頭弁論方式で審理されるわけではない。民訴法は判断すべき事項の軽重や判断するときの状況に応じて審理方式を定めている。

口頭弁論の種類　口頭弁論方式による審理は、それによることが法律上決まっている場合と、裁判所の裁量によって行う場合とがある。前者を必要的口頭弁論といい、後者を任意的口頭弁論という。

必要的口頭弁論　これは口頭弁論を行わなければ判決をしてはならないということと、口頭弁論で陳述されあるいは顕出されたもの（職権証拠調べの結果や受命裁判官・受託裁判官による証拠調べの結果）だけが、裁判資料になるということを内容としている。原則として、訴えや上訴については口頭弁論を経て終局裁判で応答することになっている（民訴八七条一項）。しかし例外的に口頭弁論を開かないで終局判決ができる場合もあるし（民訴八七条三項。たとえば七八条・一四〇条・二九〇条・三一九条・三五五条一項等）、書面上の陳述を裁判の基礎とすることができる場合もある（民訴一五八条・二七七条）。前者はわざわざ手数のかかる口頭弁論を開く必要のないような事柄の場合であり、後者は当事者の欠席に対処するためのものである。

任意的口頭弁論　決定で裁判される事件については迅速な処理が要請されるから、口頭弁論を開くか否かは裁判所の裁量に委ねられている（民訴八七条一項ただし書）。これを任意的口頭弁論というが、書面審理を補充するためであるから書面上の陳述は裁判の資料になる。なお決定で裁判する事件が必要的口頭弁論の中で扱われる場合があるが（民訴四四条一項・一四三条四項・二二三条一項等）、口頭弁論外の資料も顧慮しうるか否かについては議論がある。

口頭弁論の多義性　口頭弁論は一般に前記のように審理方式を指すが（たとえば民訴八七条一項ただし書・二項等）、当事者の行為を指す場合もある。すなわち当事者が口頭で弁論（本案の申立ておよび攻撃防御方法の提出その他の陳述）するという意味で使用される場合である。訴訟行為としての口頭弁論ということである（たとえば民訴八七条一項本文・一五九条一項・一六一条一項等）。さらに口頭弁論は裁判所の行為（証拠調べ、訴訟指揮等）を含め、このような方式でなされる審理手続全体を指す場合もある（たとえば民訴一四八条一項・一五二条一項・一五三条・一六〇条一項・三項等）。

口頭弁論の二面性　このように口頭弁論は裁判所が判決の内容を決めるための重要な手続であるが、口頭弁論は、口頭弁論においていかにして裁判所の判断が形成されるかという内容面の問題と、判断形成のための手続はいかに進行するとかという手続面の問題を有している。

前者のどのようにして判断資料が収集されるかということに関しては弁論主義（本章**2**）が、後者の手続の進行については職権進行主義（本章**3**）が、それぞれ働いている。

2 審理に関する諸原則

公正で真実に基づいた裁判所の判断がなされるように、審理に関してさまざまな原則が働いている。主なものは次のとおりである。

公開主義

訴訟の審理・裁判を一般人が傍聴できる原則のことで、司法権の行使の公明正大さを一般国民の傍聴で支えようとするものである。反対は密行主義という。憲法は、近代市民革命の重要な要求に基づくとして公開主義を規定している（憲八二条一項）。もちろん公序良俗を害することを理由に非公開もある（憲八二条二項、裁七〇条）。公開主義をうけて公開の有無、非公開の理由は口頭弁論調書の必要的記載事項であり（規則六六条一項六号）、訴訟記録の閲覧も一般人に認められている（民訴九一条一項）。公開すべき場合に公開しないで審理した判決は、上告によって取り消される（民訴三一二条二項五号）。

ただし今日では、公開によって裁判の公明正大さを担保するよりも、公開によって本来守られるべき個人や企業の秘密が公になることの方が問題になってきた。そこでそれらの秘密を守る観点から、訴訟記録の閲覧は制限されている（民訴九二条）。

双方審尋主義

訴訟の審理において、当事者双方にその主張を述べる機会を平等に与えるべきであるという原則である。当事者対等原則とか武器平等原則ともいわれる。必要的口頭弁論はこの原則を徹底させた審理方式である。ただしこの原則は当事者に出廷する機会を与えれば十分であり、現実の出廷を要求しているわけではない。訴訟手続の中断・中止の制度（民訴一二四条以下）は、この原則を実質的に保障するものである。また当事者の責めに帰することができない事由によって出頭できなかった場合や、代理人をも出頭させる機会を与えられないまま敗訴した場合は、上訴の追完（民訴九七条）、または代理権欠缺を理由とした上訴・再審による救済（民訴三一二条二項四号・三三八条一項三号）がある。

口頭主義

弁論と証拠調べを口頭で行い、口頭で陳述されたものだけが判決の基礎となるという原則である。書面だけで行う書面主義と対立する。口頭陳述は印象が新鮮であるし、不明な箇所はその場で釈明できる。また臨機応変の釈明により問題点の整理や当事者の真意の把握に便利である。しかし口頭の陳述や聴取には脱落・忘却のおそれがあり、複雑な事実関係や精緻な法理論は口頭弁論では理解しにくいという欠点がある。また聴取した結果の記憶保存にも難点がある。

書面主義ではこれらの欠点や難点はないが、書類が膨大になることや生き生きとした審理が望めないという欠点がある。そこで法は口頭主義を原則として（民訴八七条一項本文）、例外的に書面主義を採用するとともに（いわゆる任意的口頭弁論）、口頭主義を補完する意味で、重要な訴訟行為には書面の作成を要求している（民訴一三三条一項・一四三条二項・一四五条三項・二六一条三項等）。

直接主義

事件につき判決をする裁判官が弁論の聴取や証拠調べをするという原則である。他の者の審理の結果の報告に基づいて裁判する間接主義に対立する。口頭主義と類似しているが、受訴裁判所の裁判官以外の者の面前での口頭陳述は間接的な資料の提出であり（民訴一九五条・二九六条二項）、受訴裁判所の裁判官が書面による陳述を自ら読む場合は直接的な聴取であるから（民訴一五八条・二七七条・三一九条）、直接主義と口頭主義は一致しない。法は直接主義を原則として採用し（民訴二四九条一項）、その違反を絶対的上告理由（民訴三一二条二項一号）と再審事由（民訴三三八条一項一号）としている。

裁判官の交替の場合は、当事者が裁判官の面前で単に従前の弁論の結果を報告すれば足りる（弁論の更新という。民訴二四九条二項）。直接主義の要請から弁論および証拠調べを始めからやり直すことは、妥当でないからである。証拠調べはつねに受訴裁判所の法廷でできるとは限らないので（現場検証や証人が病気で出頭できない等）、受命裁判官・受託裁判官による証拠調べを認めているが（民訴一八五条）、証人尋問は直接主義がよいので嘱託できる場合を限定している（民訴一九五条）。単独裁判官または合議体の過半数の裁判官が交替した場合には、その前に尋問をした証人について当事者がさらに尋問を申し出ると、裁判所はその尋問をしなければならない（民訴二四九条三項）。

3　口頭弁論の経過

口頭弁論の経過の概要　口頭弁論は裁判長の定める口頭弁論期日に（民訴九三条一項。最初の期日については一三九条）、裁判長の指揮の下に行われる（民訴一四八条）。まず原告が訴状の請求の趣旨に記載した事項を陳述し、被告は請求の認諾（民訴二六六条・二六七条）をしない限り反対の申立て、すなわち訴え却下あるいは請求棄却の申立てをする。この当事者の終局判決を求める陳述を本案の申立てという。もっとも訴え却下や請求棄却を行うのは裁判所の職責であるから、かような被告の申立てはなくてもよい。

本案の申立てがなされると、次にこれを基礎づける判断資料が提出される。この判断資料を一括して攻撃防御方法といい、当事者は訴訟の進行状況に応じ、適切な時期に提出しなければならない（民訴一五六条）。攻撃方法とは原告が自己の本案の申立てを基礎づけるために提出するすべての裁判資料であり、防御方法とは被告が反対の申立てを基礎づけるために提出するすべての裁判資料のことである。裁判資料を構成するものは法律上の主張、事実上の主張、相手方の主張に対する認否、証拠の申出、証拠抗弁等である。このうち事実上の主張と証拠の申出が重要で、当事者の弁論と呼ばれる。具体的には訴訟において原告・被告はそれぞれの根拠となる事実を主張するとともに、相手方の主張に対して争うか否かの態度を明らかにする。

相手方によって争われた事実は、証拠によって証明しなければならない。そのため当事者は証拠の申出をする（民訴一八〇条）。裁判所は一般には相手方に意見陳述の機会を与えた後に、これについての採否の判断をする（民訴一八一条）。証拠調べは口頭弁論期日に行われる。証拠調べが終わると、その結果について当事者は弁論をする。一回の期日で終了しない場合は、裁判長は続行期日を指定し審理が続行する。

当事者の主張と立証が十分尽されて終局判決ができる状態になると（民訴二四三条）、裁判所は口頭弁論の終結を宣言する。もっとも終局判決言渡し前までは、裁判所は終結した弁論の再開を命じることができる（民訴一五三条）。裁判所は口頭弁論を終結すると期日を定め（民訴二五一条）、判決書の原本に基づき判決を言い渡す（民訴二五二条、例外は二五四条）。判決は言渡しによって効力が生じる（民訴二五〇条）。

争点および証拠の整理手続を経た場合（第**6**章参照）、証人および当事者本人の尋問はできる限り集中して行わなければならず（民訴一八二条）、裁判所は最初の口頭弁論の期日において、直ちに証拠調べができるようにしなければならない（規則一〇一条）。弁論準備手続が行われた場合は、当事者は口頭弁論においてその結果を陳述しなければならない（民訴一七三条）。

口頭弁論の併合等　当事者は関連する紛争について、併合して訴えを提起する場合もあれば別個に訴えを提起する場合もある。裁判所は審理の整理のために、それに拘束されることなく、必要に応じて口頭弁論を分離・併合・制限したり、その措置を取り消したりできる（民訴一五二条一項）、これらは裁判所の裁量に基づく訴訟指揮の裁判（決定）であるから、当事者は不服を申し立てることはできない。

弁論の併合　同一の官署としての裁判所に、別々に係属している数個の請求を同一訴訟手続内で審判すべきことを命じる措置のことである。関連する紛争の裁判の矛盾抵触の防止と証拠調べを共通にすることによる審理の省力化である。併合にあたっては、訴えの客観的併合の要件（民訴一三六条）ないし共同訴訟の要件（民訴三八条）の具備が必要である。当事者を異にした弁論を併合した場合は、併合前に尋問した証人について尋問の機会がなかった当事者から尋問の申出があれば、尋問をしなければならない（民訴一五二条二項）[*1]。なお併合するか否かは裁判所の自由であるが、法が弁論の併合を命じている場合がある（会社八三七条等）。

弁論の分離　訴えの客観的併合、共同訴訟、本訴と反訴等のように数個の請求が併合審理されている場合に、ある請求を別個の手続において審判すべきことを命じる措置のことである。併合審理が審理の複雑化と訴訟遅延の原因となることもあるので、それを防止するためになされる。弁論の分離は判決が別個に下されることを意味するから、別々に判決が下されてはならない訴訟（必要的共同訴訟、独立当事者参加訴訟、予備的併合や選択的併合がなされている訴訟等）は弁論の分離は許されない。

弁論の制限　数個の請求のうちのあるもの、あるいは請求の当否の判断の前提事項のあるもの、またはある請求に関する訴訟要件のうちのあるものに審理を限定すべきことを命じる措置のことである。中間判決（民訴二四五条）をする場合や弁論の分離が許されない場合に行われることがある。

口頭弁論調書と記録閲覧の制限　裁判所書記官は口頭弁論に立会い、期日ごとに口頭弁論の経過を記録した調書を作成しなければならない（民訴一六〇条一項）。その目的は、訴訟手続について後日争いを生じさせないためと、上訴裁判所による事件の調査を容易にするためである。調書には口頭弁論の方式に関する形式的な事項（規則六六条一項）と、「弁論の要領」を中心とした実質的な事項（規則六七条一項）を記載する。口頭弁論の方式に関する規定の遵守は調書によってのみ証明することができるが（民訴一六〇条三項）、それ以外の当事者の弁論の内容や証人の供述等の調書の記載は、一応の証拠であるにすぎない。

調書を含め訴訟記録は一般に公開されるが（民訴九一条）、裁判所は当事者のプライバシーや企業秘密の保護のために第三者の閲覧等を認めないことができる（民訴九二条、規則三四条）。

随時提出主義から適時提出主義へ

口頭弁論は一回の期日で終わるのではなく、何回も行われるのが現実である。しかし何回行われても証拠調べを含めて全体が判決の基礎となる（口頭弁論の一体性）。また当事者の弁論は、どの期日においても裁判資料としては同一の効果を有する（口頭弁論の等価値性）。これは当事者からみると口頭弁論の終結までに、いつでも裁判資料が提出できるということである。これを随時提出主義といい、近代法がこの原則を採用したのは、次のような事情があった。

ドイツで昔行われた手続は、書面審理のもとで審理に厳格な段階を設けたものであった。すなわち攻撃防御方法の提出は、原告の請求原因、被告の抗弁、原告の再抗弁といった順序を踏ませ（法定序列主義）、その段階ごとに証拠調べを行い、弁論の段階と証拠調べの段階を峻別し（証拠分離主義）、同種の攻撃防御方法の提出は、定められた段階にすべて提出する（同時提出主義）というものであった。このような方式は後から補充を認めない失権の原則によって支えられたものであるが、形式的な順番は審理を硬直化させた。さらに当事者は失権を恐れて仮定的主張や仮定的抗弁を多く提出したため、事件の複雑化と裁判所の負担の増大化を招き、結果的に大幅な訴訟の遅延を生じさせた。

そこでこのような欠陥を除去するため、近代民訴法が導入したのが、口頭主義・随時提出主義・証拠結合主義（弁論と証拠調べを分離しない）であった。しかし、随時提出主義によれば当事者は攻撃防御方法をいつでも提出できるから、この原則は当事者の注意力を散漫にし、すべての攻撃防御方法の提出を遅らせる危険性を有していた。その対策として、時機に後れた攻撃防御方法は却下するという方法が用意された（民訴旧一三九条一項）。しかし、当事者の主観的事情（故意、重大な過失）を却下の要件としたために、この方法は対策としては十分ではなかった。そこで現行民訴法はこの方法はそのままにして（民訴一五七条）、随時提出主義の方を改め、攻撃防御方法は訴訟の進行状況に応じて適切な時期に提出しなければならないとした（民訴一五六条）。随時提出主義から適時提出主義への修正である。そして平成一五年の法の改正で、さらに計画的進行主義が導入された（コラム8参照）。

集中審理主義

一つの事件について審理を集中して継続的に行う方式を集中審理主義というが、継続審理主義ともいわれる。集中審理主義は口頭弁論に盛り込まれた諸要請の機能を発揮させ、裁判の迅速化に有効であり、事務処理上のロスも少なくてすむという長所がある。短所としては、他の事件は順番待ちの状態に置かれることになることと、一つの複雑な事件のために処理に手間取ると、他の簡単な事件の処理も大幅に滞ることになることである。したがって集中審理主義は司法制度として採用するというよりは、そのねらいは個々の訴訟において実現されるべきである。そのためには事前の準備が不可欠である。そこで法は、たとえば争点および証拠の整理手続を用意し（民訴一六四条以下）、手続の終了後に直ちに人証（証人および当事者本人）の取調べを集中的に行い（民訴一八二条、規則一〇〇条・一〇一条）、早期に訴訟を終了させることにした。

集中審理主義に対するものは、併行審理主義といい、多数の事件を併行的に審理する方式である。併行審理主義のもとでは個々の事件の期日と期日との間隔があき、短時間の期日を何回も繰り返す

◆コラム8◆　計画審理

いわゆる迅速化法によって、第一審手続は二年以内の終了を目標としなければならなくなった。そこで法は、裁判所および当事者に訴訟手続の計画的な進行を求めることにした（民訴一四七条の二）。事前に裁判所と当事者が協議して審理計画を立て、それに従って集中的に審理すれば、適正で迅速な審理ができるからである。これは計画審理主義ともいうことができる。

とくに争点が複雑で判断が困難な事件（たとえば大規模な公害事件、医事関係事件、建築関係事件）では、裁判所は当事者双方と協議をして、具体的な審理計画を立案しなければならないとしているので（民訴一四七条の三）、計画審理主義の効果が期待される。

注意すべきことは、第一に、計画作成には当事者双方との協議が必要ではあるが、当事者の同意は必要ないことである。すなわち、これは当事者の意見を尊重した職権進行主義ということができ、新たな原則の模索として評価することができる（**1**-3参照）。

第二に、裁判所は計画によって定められた期間経過後に提出された攻撃防御方法は、却下できることである。それによって計画の予定どおりの実施を担保している。要件は通常の場合（民訴一五七条一項）に比べて、主観的な要件がないだけ却下しやすくなっている（民訴一五七条の二。もっとも、ただし書に注意）。つまり失権の強化であるが、立法者が失権に関して随時提出主義と同時提出主義の間に、適当な着地点を求めて努力していると評価することもできる。

ことになる。その結果口頭弁論は形骸化し、緊張感を欠いた訴訟運営がなされることが多く、正に訴訟遅延の原因の一つであった。旧法は集中審理主義を規定していたにもかかわらず（旧規則二五条・二七条）、それが実行できなかった理由は、併行審理主義が実務の永年の慣行であり、裁判所や弁護士が互いに多数の事件を抱えている状況では、集中審理主義に変更することはきわめて困難であったからである。したがって集中審理主義の導入の成否は、裁判官や弁護士の熱意と実行力に依存するといっても決して過言ではない。

＊1 **弁論の併合と従前の証拠調べの結果**　弁論が併合された場合に、従前の証拠調べの結果はそのまま利用できるか否かで議論がある。否定説は証拠調調書（証人尋問調書）を書証として利用するとか、利用するには当事者の援用が必要であると説くが、これでは併合の効果が少ないので、判例・通説は併合の効果を重視して肯定説である。しかし、肯定説は当事者を異にする併合の場合、従前の手続に関与しなかった者の手続的配慮を欠くことになるので、その手当が必要である。民訴一五二条二項はこのような場合の規定である。

2　弁論主義

1　弁論主義の意義と内容

弁論主義とは、裁判に必要な事実に関する資料の収集について、当事者の権能でありかつ責任であるとする原則である。[＊1] 弁論主義に対する原則は職権探知主義である。[＊2] 民訴法には弁論主義に関する規定はないが、弁論主義が民事訴訟において適用されることについては、争いはない。しかし、その理由については厳しい学説の対立がある。弁論主義の内容は、次の三点に要約される。

①当事者が主張しない事実は、裁判所は判決の基礎にしてはならない。②当事者間で争いのない事実は、裁判所はそのまま判決の基礎にしなければならない。③争いのある事実について証拠調べをするときは、当事者の申し出た証拠によらなければならない。

なお②は自白であり、③は職権証拠調べの禁止として説かれていて、いずれも「証拠」の問題なので、以下では①のみを扱う。

2 弁論主義の対象（適用される事実）

弁論主義は事実についてのみ適用されるが、いかなる事実について適用されるかについては厳しい見解の対立がある。

事実の種類　訴訟で問題となる事実を三つに分けて考える必要がある。

(1) 主要事実とは、法律効果たる権利の発生・変更・消滅に直接必要な事実である。そこで直接事実ともいわれる。一般に主要事実は適用される法の構成要件に該当する事実であるから要件事実ともいわれるが、法典の規定している事実が要件事実であって、この要件事実に該当する個々具体的な事実が主要事実である。抗弁事由・再抗弁事由等の構成要件該当事実も主要事実である。たとえば貸金返還請求訴訟では、金銭の授受と返還約束が訴訟物たる貸金返還請求権の発生を基礎づける主要事実であり、弁済や免除はその消滅をもたらすものとして抗弁事由たる主要事実である。

(2) 間接事実とは、主要事実の存否を推認するのに役立つ事実である。徴表（憑）ともいわれる。いわゆるアリバイは、同一日時に他の場所で一定の行為をしたとの主要事実の不存在を推認させる間接事実である。たとえば貸金返還請求訴訟で、貸付日時に被告は外国にいたという事実は、契約が国内で締結されたという事実がなかったことを推認させる。このことから明らかなように、間接事実は主要事実の証明のための手段であり、証拠資料と同様な作用をするといってもよい。

(3) 補助事実とは、証拠の信用性に関する事実のことで、証人が当事者の一方と特別の関係にあるとか、証人はうそつきであるとか、当該文書は別の目的で書かれたものであるといった事実である。つまり証拠能力や証拠力（証明力、証拠価値）に関する事実のことである。

裁判所は証拠の評価は自由に行うことになっている（民訴二四七条）。これは法によって裁判所の判断を拘束するよりも、裁判所の自由な判断に任せた方が真実に基づく裁判ができると考えたからである。このような原則を自由心証主義という（詳しくは第8章1-1参照）。ところで弁論主義が証拠に等しいような事実についてまで適用されると、結果的に自由心証主義を制約することになる。そこで弁論主義が適用される事実は限定せざるをえない。弁論主義が適用される事実が決まると、それが裁判の基礎になるから、そのような事実は裁判所の訴訟運営や当事者の訴訟活動の指針や道標になる。すなわち、訴訟での争点形成、立証活動、心証形成作業のいわば道標として重要な役割を演じることになる。

主要事実と間接事実の区別の必要性とその基準

通説の法規基準説は、弁論主義が適用されるか否かの区別の基準を法規に求め、弁論主義は主要事実に限られ、間接事実・補助事実には適用されないと説く。この説によれば主要事実と間接事実の区別は重要であり、その区別によって弁論主義の適用の有無は決まる。しかし法規基準説には、次のような批判がなされている。第一に、一般条項の規定や抽象的概念の規定、たとえば「権利の濫用」「信義誠実」「正当の事由」「過失」等の場合に、これらの内容をなす個々の具体的事実が間接事実として弁論主義の適用を受けないとする帰結は妥当でない。第二に、実際の裁判では間接事実が重要な役割を演じているのに、これに弁論主義が適用されないのでは弁論主義が生かされない。第三に、現実に主要事実と間接事実の区別は困難であるし、ある事実が主要事実に該当するか否かの判断も必ずしもつねに容易ではない。第四に、主要事実・間接事実の区別を法規の要件事実に該当するか否かといった形式的区別に求めることに実質的な根拠はない。

主要事実・間接事実の区別についての新しい考え

通説による区別を批判する説は、次のような区別を主張する。重要性基準説は、通説の区別を一応是認したうえで訴訟の勝敗に直接影響するような主要事実・間接事実は当事者の主張を必要とし、そうでない主要事実・間接事実は当事者の主張を要しないと説く。ただし例外としては、積極否認に該当する事実が考えられているようである。基準再構成説は訴訟の勝敗に重要な影響を与える事実とそうでない事実とに区別し、それによって弁論主義の適用の有無を考えると説く。全事実要主張説は間接事実についても原則として弁論主義を適用すべしと説く。すなわち前者を主要事実とし、後者を間接事実とし、実質的に利益衡量的に主要事実か間接事実かを考えようとする説である。

これらは通説の法規基準説の硬直化した基準の再検討を迫るものとして高く評価すべきであるが、逆に明確な基準となりうるか、恣意的な判断基準になりはしないかという点で疑問が残る。なお通説は批判に対して次のように反論している。「過失」や「正当事由」という規範的要件事実は、競合的類型（過失）と総合的類型（正当事由）とに分けられ、主要事実は個々具体的な事実である。具体的事実は「準主要事実」とか「補充的主要事実」といって主要事実ではないが、主要事実に準じて取り扱うべきである。かくして論争は個々具体的な問題で妥当な結論が得られるか否か、基準は明確・画一的に設定できるか否かというような点をめぐって行われ、その論争を通じて、基準がより明確で充実するものになるであろう。*3

主張責任

弁論主義によれば当事者が主張しない事実（主要事実）は判決の基礎にすることができないから、自分に有利な事実は主張しておかないとその事実は不存在として扱われる。このような当事者の不利益を主張責任という。証明責任は弁論主義以外でも問題になるが、主張責任は弁論主義の妥当領域のみにおいて観念しうる。もっともどのような事実に主張責任を負うかは、原則として証明責任の分配に等しい。

3　弁論主義の補充

釈明権

弁論主義によれば事実関係の解明は当事者の権利であり義務であるとされるが、このことは裁判所がまったく受身的でなければならないということではない。裁判所は当事者に十分な弁論をさせ、事案につき正しい理解をするために積極的に当事者に働きかけることが必要である。裁判所のかような権限を釈明権という。口頭弁論の期日または期日外に、主として当事者に対して裁判長（陪席裁判官は裁判長に告げて行う）の発問という形で（相手方は裁判長の発問を求めるという求問権行使の形で）なされることが多い（民訴一四九条、規則六三条）。同様な趣旨で釈明処分というものもある（民訴一五一条）。

釈明権とは、裁判所に課せられた紛争を法的に解決するという職責に由来するところの裁判所の権能である。そこで釈明権行使が当事者の法主張や事実主張の整理という形であらわれるにしても、釈明権行使が弁論主義と衝突するわけではない。釈明権は事案に即して紛争を適正かつ迅速に解決するために積極的に行使されなければならない。

もちろん、裁判所の信念に基づくといっても、裁判所の恣意的独断を意味するものではない。当事者には裁判官を忌避する権利（民訴二四条）や釈明権行使に対する異議権（民訴一五〇条）が認められているし、何よりも当事者には釈明に応じる義務はない。仮に裁判所に釈明権行使に行き過ぎがあったとしても、著しい不都合は生じない。このようなことから一般に釈明権行使の行き過ぎは、上告審による原判決の破棄理由（民訴三一二条三項・三二五条一項後段・二項）にならないと説かれている。

なお釈明権行使に関して、消極的釈明と積極的釈明という区別が一般になされている。前者は当事者の不明瞭な主張を問い正す釈明であり、後者は当事者に必要な申立てや主張をするように示唆する釈明である。釈明権行使の範囲や釈明義務の範囲を考える場合の判断基準設定の際に役立つもので、たとえば消極的釈明は進んで行い、積極的釈明は慎重に行うとか、消極的釈明をしない場合は判決破棄理由になると説かれている。

釈明権行使をしなかった場合、すなわち釈明義務違反の場合は、上告審による原判決の破棄理由となると解するのが判例と多数の学説の考えである。問題は釈明義務の範囲であるが、釈明権行使の範囲よりも狭いと一般に解されている。

法的観点指摘義務

裁判所が当事者が気がついていない法的観点で裁判する場合に、法判断は裁判所の専権であるとして、それを当事者に事前に示さなかった場合、適用される法規（たとえば債務不履行か不法行為か）によって主張すべき事実は異なるので、当事者にとっては不意打ちになる。そこでこの場合は、裁判所は法的観点指摘義務があるとする考えがある。すなわち、裁判所は当事者に対して法的観点を開示し、当事者と討論する義務があるとする見解である。なお公序良俗違反、権利濫用、信義則違反等の事実は、公益性が強いから弁論主義は適用されず、当事者の主張に関係なく判断できると一般には考えられている。しかし、そのように考えるにしても、法的観点指摘義務を肯定するならば、裁判所は最終判断の前に法的観点を指摘して、当事者の意見を聞く必要がある。

真実義務　民事訴訟において、当事者は、（主観的）真実を述べなければならないか否かについては議論がある。かような義務について明文をもって規定しているドイツ民訴法と異なり、わが国では直接規定した法文はないが、民訴法二三〇条や二〇九条はこの義務を前提としたものと解されている。弁論主義が当事者に訴訟資料の提出につき選択の自由を認めていることとの関係で、この義務は法律上の義務か単なる倫理的・道徳的義務かで論争があるが、前者がわが国の多数説である。なお知っていることはすべて陳述しなければならないとする完全（陳述）義務とともに、今後は真実義務は信義則（民訴二条）の観点から議論する必要がある。

書面の記載要求と弁論主義　訴状（規則五三条一項・二項）、答弁書（規則八〇条一項）、準備書面（規則七九条二項）の記載において、それぞれ請求を理由づける事実、否定する事実、重要な間接事実等の記載が求められている。また準備書面において相手方の主張を否認する場合はその理由を書かねばならないし（規則七九条三項）、文書の成立を否認する場合にはその理由を明らかにすべきものとされている（規則一四五条）。これらは弁論主義と矛盾するものではない。記載することは望ましいにしても、記載しないからといって直ちに制裁を受けるわけではないからである。しかし、当事者は記載するか否かは自由であるにしても、ある事実を記載できたのに記載せず後で主張しようとするならば、適時提出主義との関係で、もはや許されないという不利益を受けるであろう。

＊1　弁論主義概念の多義性　弁論主義という言葉は、「裁判所は審理において積極的に活動せず、当事者の主張を聞くだけである」という意味で使用される場合がある。今日では、この場合は古典的弁論主義と表現されることが多い。あるいは弁論主義を本来的弁論主義と機能的弁論主義とに区別する学説がある。それによれば、前者は判決の基礎となる事実資料の収集を当事者の権能かつ責任とする側面に着目したもので、最善の民事裁判システムが弁論主義であるとの理念を宣言する原理である。後者は当事者の主張しない事実を裁判所は認定できないとする側面に注目したもので、当事者に手続を保障する原理である。

＊2　職権探知主義と職権調査　裁判所が判断すべき事項のすべてが弁論主義に服しているわけではない。公益性のある事項、判決の効力が広く第三者に及ぶ訴訟では、弁論主義は適用されない。たとえば裁判権、専属管轄など公益性の高い訴訟要件の調査、裁判官の除斥原因の有無の調査や人事訴訟などについてである（人訴一九条一項・二〇条、非訟一一条等参照）。これらについては、職権探知主義が採られている。職権探知主義とは、裁判の基礎となる訴訟資料の収集を当事者の態度に左右されず、裁判所が自らの責任で行うとする原則である。具体的な内容としては、判決をする際、裁判所は当事者の主張しない事実に基づいて権利・義務の存否を判断してもよいし、また自白に拘束されず、職権で証拠調べをすることもできるということである。

なお類似した概念に職権調査というものがある。これは当事者の申立てあるいは異議に関係なく、裁判所が自ら調査し判断することを意味する。この対象となる事項を職権調査事項というが、それらは一般に公益に関する事項である。たとえば一般の訴訟要件の存否、訴訟法上の強行規定の遵守の有無等である。これらの調査は責問権の放棄（民訴九〇条）により不要とすることはできず、またこれらに関する異議・陳述には提出時期の制限はない。注意すべきは判断のための資料収集の問題との区別で、職権調査事項は職権探知主義とつねに結びつくとは限らない。たとえば訴えの利益や当事者適格は、本案の訴訟物と密接な関係があるから職権調査事項であるが、そのための資料収集は弁論主義によるとされている。

＊3　**弁論主義に関する主要判例**　弁論主義違反か否かで、判例上問題となった主要な事例を概観してみよう。

(1)　契約の相手方　契約が本人との間に成立したか代理人との間に成立したかについて、最判昭三三・七・八民集一二巻一一号一七四〇頁は大審院判例を踏襲して、訴訟当事者間での契約の成立の主張があれば、一方の当事者の代理人と他方の当事者との間に契約が成立したと認定してもよいと説く。逆の場合も適法であるとする（最判昭四二・六・一六判時四八九号五〇頁）。通説の法規基準説は、かような事実は主要事実であり、当事者の主張を要するとして厳しく批判するが、「契約」レベルで考えれば問題はないと説く説もある。

(2)　過失相殺　最判昭四一・六・二一民集二〇巻五号一〇七八頁は、不法行為における過失相殺は当事者の主張を要しないとして大審院判例を肯定する。債務不履行についても同様（最判昭四三・一二・二四民集二二巻一三号三四五四頁）。しかし学説では、弁論主義が適用されるべきであるとの見解が有力である。

(3)　所有権移転の経過　最判昭二五・一一・一〇民集四巻一一号五五一頁は、新築家屋の所有権をめぐって兄弟間の争いであるが、「裁判の基本となる事実は当事者の主張を基礎として確定しなければならないが、右事実の来歴等については、裁判所が証拠により当事者の主張と異る事実を認定することを妨げない」と説く。これは所有権の来歴経過は弁論主義に服さないとのいわゆる来歴経過論であり、来歴経過といえども主要事実ではないかという点からの批判が強い。しかし、事実はすでに主張されていて単なる法的評価の問題であるとか、当事者の主張の解釈の問題ではないかといういわゆる生の事実論から擁護する学説もある。

これに対して最判昭四一・四・一二民集二〇巻四号五四八頁は、代物弁済や譲渡担保が関係した所有権の移転経過が問題になった事件であるが、来歴経過にも弁論主義が適用されるとして、原審の判断は弁論主義違反であるとした判例である。通説的な立場からこの判例に賛成する学説も多いが、生の事実論から判例を批判する学説も少なくない。

最判昭五五・二・七民集三四巻二号一二三頁は相続財産の所有権移転の経過が問題になった事件であるが、原審の所有権移転の判断は弁論主義違反であるとしたものである。昭和四一年判例の延長線上にあり、ともすれば弁論主義に関する実務のルーズな運用に対して警告を発したと評価されて、通説の立場からは賛成された。しかし、生の事実論からは、事実は主張されていたとの批判がなされた。

3 職権進行主義

訴訟指揮と職権進行主義

裁判所は訴訟手続が適法に能率的に進行するように心がけなければならず、そのために適切な措置をとることになっている。このための行為を訴訟指揮といい、訴訟指揮を行う権限を訴訟指揮権という。訴訟指揮の内容は広範囲なものであり、訴訟手続の進行に関するものも当然それに含まれる。換言すれば、訴訟手続の進行に関しては裁判所が主導権を有している。たとえば期日は裁判長が指定し（民訴九三条）、当事者を呼び出す（民訴九四条）。このように訴訟手続の進行において、裁判所が主導権をもつとする原則を職権進行主義という（反対は当事者進行主義）。現行法はこの原則を採用しているが、その理由は多数の事件を迅速に処理するためであり、当事者に訴訟の進行を委ねると、それぞれの都合を優先させて訴訟の遅延になりやすいからである。

なお期日の指定であるが、当事者の都合もあるので期日の変更は認める。[*1] しかし、安易に変更を認めると訴訟が遅延するので変更の要件が決められている（民訴九三条三項・四項）。

職権進行主義の具体的な内容

訴訟手続の進行に関して裁判所の主導権を規定しているものとしては、次のようなものがある。期日の指定および変更（民訴九三条）、期間の裁定[*2]（民訴三四条一項・七五条五項・一六二条等）、期間の伸縮および付加（民訴九六条）、訴訟手続の停止（民訴一三一条）、中断手続の続行（民訴一二九条）等。

訴訟手続の進行と当事者の地位　職権進行主義により訴訟手続の進行に関して裁判所が主導権を有するということは、手続の進行に当事者の申立ては必要ないし、仮に申立てがあっても裁判所は無視してかまわないということである。しかし、当事者の都合や意向をまったく無視して手続を進行させることは妥当性を欠く。そこで法は個々の手続において裁判所の判断に当事者の意見が反映されるような手当をしている。

たとえば当事者に訴訟指揮の発動を求める申立権を認め、申立てに対して裁判所に判断することを義務づけている（民訴一六条〜一九条・八二条・九三条等）。さらには裁判所が手続を選択する際に次のようなことが決められている。当事者の意見の聴取（民訴九二条の二第一項第二項・一三二条の四第一項・一五六条の二・一六八条・一七〇条三項・一七五条等）、当事者双方との協議（民訴一四七条の三第一項第四項）、当事者に異議のないこと（民訴一九五条四号・二〇五条）、当事者の同意（民訴九二条の二第三項）等。あるいは民事訴訟規則においては、最初の口頭弁論期日前の進行参考事項の事前聴取（規則六一条）、進行協議期日（規則九五条以下）等が規定されている。これらから明らかなことは、職権進行主義に基づき最終的な権限と責任は裁判所にあるとはいえ、当事者との対話を重視したいわば協同進行主義ともいえる傾向である。

なお訴訟手続に関する当事者の異議権として、責問権がある。責問権は適時行使しないと（遅滞なく異議を述べないと）、責問権の放棄・喪失ということで、違法手続であっても適法扱いになる場合がある（民訴九〇条）。これは訴訟経済と手続の安定を考慮したものである。

訴訟手続の停止　訴訟の追行ができなくなった当事者を保護するために、追行ができるようになるまで訴訟手続の進行を停止させる制度が中断であり、法定事由の発生で当然に訴訟は停止の状態になる（民訴一二四条以下）。一定の手続によって再開される（民訴一二六条以下）。なお具体的な事情で訴訟手続が停止する場合が中止である（民訴一三〇条・一三一条）。

＊1　**期日の変更・期日の延期・期日の続行**　期日の変更とは期日の開始前にその期日の指定を取り消して、新期日を指定することである。期日の延期とは期日は開いたが、たとえば証人の欠席により期日の実施ができず、期日を閉じて新期日を指定することである。期日の続行とは期日に予定されたことが終了せず、そのことを継続して行うために次回期日を指定することである。なお期日はその日に行うべき事項によって名称が付される（口頭弁論期日、証拠調期日、判決言渡期日等）。

＊2　**期　間**　訴訟法上の効果が生じる一定の時の経過を期間という。裁定期間とは、裁判機関が始期と長さを具体的な状況に応じて決めるものである。これに対して法律で始期と長さが決められているものは法定期間という。法定期間には裁判所が期間の伸縮を定めることができる通常期間と、そうでない不変期間とがあり、不変期間については、裁判所は遠隔な地に居所を有する者に付加期間を定めることができる（民訴九六条）。不変期間を遵守することができなかった場合の救済方法は、訴訟行為の追完（民訴九七条）である。

4　当事者の不熱心な訴訟追行

総　説　一方当事者または双方当事者が訴訟期日に正当な理由なしに欠席する場合は少なくない。単に敗訴が濃厚であるために訴訟追行への意欲を欠く場合や、欠席戦術により訴訟を長期化させ、訴訟外の交渉を有利に運ぼうとする場合など、欠席の理由はさまざまである。いずれにせよ、出席した当事者の迅速な裁判を受ける利益を侵害するばかりでなく、訴訟追行に不熱心なために遅滞した事件が積み重なると、他の事件処理にも悪影響が生じ、ひいては裁判制度への市民の信頼を失うこととなる。

このような当事者の不熱心な訴訟追行に対する方策として、大正一五年の民事訴訟法改正以前には、原告欠席の場合は訴えを却下し、被告欠席の場合は請求認容の判決をする、いわゆる欠席判決主義を採っていた。しかし、欠席判決に対する原状回復手段が広く認められており、これを当事者が利用して訴訟引き延ばしを図ったため、大正一五年の法改正の際、当事者の一方の欠席の場合は対席判決をする対席判決主義を採用した。平成八年に成立した新民事訴訟法は審理の現状に基づく判決などの新制度を導入し、不熱心な訴訟追行に対する対応策を強化した。

新法は当事者の欠席が最初の期日か続行期日か、一方当事者か双方当事者かによって異なる扱いを規定し、対応策として、欠席当事者の陳述の擬制や自白の擬制による審理の促進、裁判所による新期日の指定による審理の続行、あるいは訴えの取下げの擬制や審理の現状に基づく判決による訴訟の終了などを規定する。いずれの場合も裁判所の裁量権は大きく、それだけに裁判所と当事者とのコミュニケーション（期日または期日外での裁判所の釈明権の行使〔民訴一四九条〕など）をいっそう密にすることが要請される。

最初の期日における当事者の一方の欠席

最初の口頭弁論期日に原告が欠席して訴状の陳述がないと、訴状の内容が口頭弁論に上程されないから、訴訟を進めることができない。そこで訴状を陳述したものとみなし（陳述擬制）、これに対応して被告の欠席の場合も答弁書を同様の扱いとした。

したがって、当事者の一方が最初の期日に欠席した場合、または出席したが本案の弁論をしないで退廷した場合（以下、単に欠席の場合という）、欠席した当事者が提出した訴状・答弁書その他の準備書面に記載した事項は欠席者が陳述したものとみなされる（民訴一五八条）。これに対して出席当事者はすでに提出した準備書面等に記載した事項に限って陳述でき（民訴一六一条三項）、裁判所はこれらの陳述に基づいて審理を行う。

出席者が準備書面において記載していた事実について、欠席者が準備書面で明らかに争っていない場合は自白が成立する（民訴一五九条三項・一項）。また、欠席者が答弁書や何らの準備書面も提出していない場合は、公示送達による呼出しを受けたものでない限り、同様に擬制自白の成立する余地がある。とくに答弁書未提出の被告が欠席した場合は、直ちに弁論を終結し、原告の主張が首尾一貫した（有理性がある）ものであれば、原告勝訴の判決を言い渡す。実務では欠席判決と呼ばれている。

欠席当事者が争っているとみられる場合は、準備書面に記載してある証拠の申出につき裁判所が必要であると認めた場合（民訴一八一条）、証拠調べが相手方欠席のまま行われる（民訴一八三条）。裁判に熟すれば弁論は終結するが、弁論の続行が必要であれば続行期日が指定される。なお、口頭弁論期日に欠席した被告が原告の請求を認諾する旨の書面を提出していた場合、裁判所は欠席被告がその旨の陳述をしたものとみなすことができる（民訴二六六条二項）。

被告が欠席して原告の主張する請求原因事実を自白したものとみなされ、その結果、原告の請求が認容される場合は、判決の言渡しは判決書の原本に基づかないですることができる（調書判決・

民訴二五四条一項)。この場合は判決書の作成に代えて、主文その他の判決書に必要とされる事項等を記載した調書が裁判所書記官によって作成される(民訴二五四条二項)。

続行期日における当事者の一方の欠席

最初の期日における欠席の場合と異なり、続行期日における当事者の一方の欠席の場合は、提出されている準備書面の記載事項を陳述したものと擬制することはできない(通説・判例)。最初の期日における訴状の陳述擬制のような必要性もないし、また、続行期日まで陳述擬制を認めると口頭主義ではなく書面主義になってしまうからである。なお、簡易裁判所では簡易な手続であることを理由に、続行期日でも陳述擬制を認める(民訴二七七条)。

裁判所は欠席者の従前の弁論と出席者の弁論とを突き合わせて審理をすすめ、裁判に熟すれば弁論を終結し、さらに続行が必要と判断すれば続行期日を指定する。場合により終局判決をすることもできる(後述「審理の現状に基づく判決」参照)。

当事者双方の欠席

当事者双方が欠席の場合は弁論の実施はできないが、判決の言渡し(民訴二五一条一項)や予定した証拠調べ(民訴一八三条)は当事者が不出頭の場合でもできる。しかし、裁判に熟していない場合、弁論を終結させることはできないので期日を終了せざるをえない。この場合、裁判所がとりうる措置として次のような選択肢がある。

(1)　一か月以内に当事者のいずれも新期日指定の申立てをしない場合、両当事者に訴訟追行の意思なしとして訴えの取下げがあったものと擬制する(民訴二六三条前段)。さらに、当事者双方が連続して二回、その期日に欠席した場合も訴えの取下げがあったものとみなす(民訴二六三条後段)。新期日の申立てをしながら繰り返し欠席する不熱心な当事者に対応するためである。訴えの取下げにより、訴訟は初めから係属していなかったものとみなされ（民訴二六二条）、当該訴訟に係る訴訟物についての既判力は発生しないことになる。

なお、この二六二条による訴えの取下げの擬制は上訴審でも準用される（民訴二九二条二項・三一三条）。

(2) 職権により次回期日を指定する（民訴九三条一項）。または「追って指定する」として期日指定の意思を明らかにする。欠席した双方当事者が裁判外で和解を進めているなど、訴訟追行の意思が残っている場合は有用である。なお、このように当事者が欠席した期日後に裁判長が職権で新期日を指定した場合、取下げの擬制における一か月の起算日は新期日からと解する。

(3) 審理の現状に基づく判決をして当該紛争について既判力により最終的に解決する道を残す。

審理の現状に基づく判決

新法は、当事者が欠席した場合に、一定の要件のもとに終局判決をすることができるとの審理の現状に基づく判決制度を導入した（民訴二四四条）。旧法下の実務・判例（最判昭四一・一一・二二民集二〇巻九号一九一四頁）を明文化したものである。訴えの取下げの擬制では、従前の審理内容を無駄にするばかりでなく、敗色濃厚な当事者の敗訴回避策の途を封じることができないことから、判決により訴訟を終了させる本制度は有用である。

当事者双方が欠席した場合は、審理の現状および当事者の訴訟追行の状況を考慮して相当と認めるときは終局判決をすることができる（民訴二四四条）。当事者の一方が欠席の場合は、出席した当事者の申出があるときに限り終局判決をすることができる（同条ただし書）。出席した当事者に不利な終局判決になる可能性や、出席した当事者によって裁判に熟するに必要な資料が得られる可能性を考慮したものである。

裁判所は、欠席当事者に訴訟追行の熱意が欠如しているかどうかをそれまでの訴訟追行の状況をみて慎重に判断しなければならない。この判決の効力は通常の対席判決と同じであり、通常の判決と同様に不服申立てできるが、判決がそのまま確定することも予想され、再訴の道が封じられる可能性を留意すべきである。

また、本制度は欠席者に対して懲罰を課すものではないから証明度の軽減や主張・証明責任の転換を認めるものではない。したがって出席当事者は攻撃防御方法を可能な限り提出することが要求される。

当事者の申出に対しては、審理の現状に基づく判決をするか否かは裁判所の裁量であり、裁判所は相当でないと判断した場合は申出を却下する。

5　当事者の訴訟行為

訴訟手続と当事者の訴訟行為

訴訟手続は原告の訴え（本案の申立て。例、「被告は原告に二百万円支払えとの判決を求める」）から始まり、被告の反対申立て（請求棄却・却下の申立て）、原告の主張（法律上の主張。例、消費貸借契約成立の主張など。事実上の主張。例、二百万円の授受の主張など）、被告の認否（原告主張事実を争う、知らない）と抗弁（権利抗弁。例、消滅時効の成立など。事実抗弁。例、二百万円は弁済したとの陳述など）、原告・被告の証拠申出（証人申請、書証の提出など）という一連の当事者の行為と、裁判所の職権による進行と裁判で終了する。訴訟の終了は原告の請求放棄、訴えの取下げ、被告の請求認諾によっても行われる。また訴訟前や訴訟外でも訴訟代理権の授与、当事者間の管轄の合意や訴え取下げの合意が行われる。このように訴訟手続はこれらの当事者と裁判所の行為の系統的な連鎖で形成されるが、処分権主義と弁論主義が支配する民事訴訟手続においては当事者の行為の役割が大きい（裁判所の訴訟行為については、第**7**章**3**）。

当事者の行為を民法などの実体法における私法行為に対置して訴訟行為といい、種々の行為が含まれるが、私法行為と異なり独自の観点からその要件、効果を考慮しなければならない。

訴訟行為の種類とその評価

(1) 取効的訴訟行為（取効行為）　当事者の訴訟行為の中で重要なものは、中立て、主張、立証である。

中立ては裁判所に対し一定の行為を要求する当事者の行為である。訴えは、裁判所に対して審理・判決を要求する中立てであり、本案の中立ては、訴状に提示した原告の請求についての判決の中立てである。また、原告は訴状の陳述により、請求原因の事実の主張を行い、被告は、本案の中立てに対して反対中立てを行い、自白、否認、不知、沈黙など、訴状の陳述に対してさまざまな陳述を行う。双方当事者は、争いのある主張事実に対して、それを証明するために証拠申出を行う（挙証）。

これらの訴訟行為は、当事者が特定の裁判をなすことを求める行為や、それを基礎づける行為であるが、それだけでは訴訟行為の効果が発生せず、裁判所の応答を待って効果が発生するものであり、取効的訴訟行為と呼ばれる。取効行為に対してはそれが形をもって裁判所に提出されている限り（成立）、裁判所は次の順で応答する。

(イ)　有効・無効　訴訟行為として効力を生ずるに必要な要件（当事者能力や訴訟能力など）を欠く場合、あるいは効力を阻害する要件（訴訟手続の中断など）がある場合、訴訟行為は無効であり、裁判所は応答することなく無視してよい。しかし、それが補正の余地がある場合、補正のための措置（民訴三四条など）をとる。また、無効な訴訟行為の存在を除く必要がある場合は却下の措置をとる。

(ロ)　適法・不適法　訴訟行為が有効であっても、その要件や方式等を定めている訴訟法規（例、攻撃防御方法の時機に後れた提出（民訴一五七条））に違背している場合、訴訟行為は不適法として却下される。

(ハ)　理由あり・理由なし　適法な訴訟行為については、その内容が実体私法あるいは訴訟法に照らして是認できる場合は申立てについては認容し、求められた裁判そのほかの行為をする。理由がないと認められる場合は、申立てを棄却する。

(2)　与効的訴訟行為（与効行為）　取効行為と異なり、裁判所の応答を必要とせず、直接に訴訟上の効果が発生するものを与効的訴訟行為という。訴えの取下げ、請求の認諾、訴訟上の和解などがあるが、その有効・無効について当事者に争いがあれば、裁判所に対してその判断を求める（取効的訴訟行為）ことになる。

訴訟法律行為と訴訟契約

訴訟上の効果の発生を目的とする当事者の意思表示を訴訟法律行為といい、与効行為であるが、単独行為（訴えの取下げ、訴えの取下げに対する同意など）、訴訟上の合意

（訴訟契約）、合同行為（選定当事者の選定など）に分類される。

訴訟上の合意は、管轄の合意（民訴一一条）、期日変更の合意（民訴九三条三項）、不控訴および飛躍上告の合意（民訴二八一条一項ただし書）など、民事訴訟法が明文をもって規定するものがある。それ以外に当事者が合意した場合（不起訴の合意、訴え取下げ契約、証拠制限契約など）にその適法性が問題となる。訴訟手続の統一的な処理の要請による任意訴訟禁止の原則から許されないとするのが原則である。しかし、処分権主義と弁論主義の範囲内では特定の訴訟行為をするかどうかは当事者の意思に任されており、あらかじめ当事者がその合意をする場合、その合意の法効果を当事者が明確に予測でき、それゆえに自由な意思により合意しうる場合は許されるべきである。なお当事者が合意に反した場合、いかなる手段を取りうるか、またそれに対する裁判所の処置の問題などがある。

訴訟行為と私法法規　(1)　訴訟行為の瑕疵と私法法規　それぞれの訴訟行為は訴訟法規等により評価されなければならないが、民事訴訟法は民法における法律行為のように一般的な規定を設けていない。そのために訴訟行為に詐欺・強迫・錯誤のような意思表示に瑕疵がある場合、意思表示の瑕疵などに関する私法法規を訴訟行為に適用または類推適用すべきかという問題が生じる。

私法法規の適用対象である私法行為はそれぞれ独立して法効果を生じ、それだけで私法生活関係が規律される（たとえば、二百万円の金員の授受という事実と返還約束によって消費貸借契約は成立する）。しかし、訴え、主張、挙証などの取効行為は、前述の例のように、それぞれ他の訴訟行為を前提として、あるいは一連の訴訟手続の一部分として行われ、それだけでは独立した意味をもたない。また、訴訟行為は相手方がそれによって一定の自己に有利な訴訟上の地位を取得していない限り、訂正・補充または撤回できる。したがって、そのような訴訟行為の評価については訴訟手続の安定・維持が要請され、表示主義、外観主義が妥当し、私法法規はこのような取効的訴訟行為には適用・類推適用されないのが原則である。

これに対して与効行為は裁判所の応答も要せず、とりわけ訴訟外の訴訟行為や訴訟を終了させる訴訟行為は他の訴訟行為の前提にならず、他の訴訟行為と連関も希薄なため、私法法規の適用・類推適用が許されよう。また、判例は、刑事上罰すべき他人の行為によって訴訟行為がなされた場合に撤回を許している（再審事由の訴訟内考慮、最判昭四六・六・二五民集二五巻四号六四〇頁）が、再審規定の安易な類推適用による処理であり、また救済として不十分である。各訴訟行為の個別的特性に応じて具体的な利益状況を衡量し、意思の瑕疵の問題を検討すべきである。

(2)　訴訟行為と条件・期限　私法行為とは異なり、手続の安定要求により訴訟行為に期限は付しえない。また、条件についても将来発生する不確定事実の成否にかかる場合には相手方は不安定な地位に置かれることになり、そのような条件を付することは許されない。しかし、訴えの予備的併合（第11章1参照）や、原告が所有権取得原因として、まず、売買を主張し、これが認められない場合は時効取得を主張するなどの予備的仮定的主張や、仮定的抗弁は、審理の不安定さは生じないため許される。この場合、裁判所はいずれの主張を取り上げて審理し、また、判決の基礎としてもよい。ただし、予備的相殺の抗弁では、他の抗弁に先立って審理し、判決の基礎とすることはできない。

形成権の訴訟内行使と訴訟上の相殺の抗弁

私法上の形成権（取消権、解除権、相殺権、建物買取請求権等）は訴訟外で行使した場合、その時点で私法上の効果が生じ、訴訟においてはその事実を主張すれば足りる。しかし、訴訟においてはじめて形成権を行使した場合、とりわけ、相殺権を訴訟外ではなく、訴訟内において予備的抗弁として主張した場合にその効力が問題となる。

訴訟において被告が相殺の抗弁を主張したが、時機に後れた抗弁として却下され、その結果、相殺が斟酌されないで原告の請求認容判決があった場合、被告は既判力により確定した原告の請求債権（受働債権）について相殺によって消滅したとの理由で再度争うことはできない。ところが被告が抗弁として主張した反対債権（自働債権）は、抗弁が却下されたにもかかわらず相殺の意思表示により消滅したとすれば、原告に対してこれを請求できなくなる。このような被告の不利益は明らかに不当であるが、その理論構成について訴訟上の相殺が私法行為であるか、訴訟行為であるか、あるいは私法行為と訴訟行為の併存であるのかの性質論をめぐり争われた。

訴訟上の相殺の意思表示が私法上の法律行為であり、それゆえに反対債権の消滅という私法上の効果を生じる点で、それが純然たる訴訟行為にとどまるものではない。この点で、私法行為であることは否定できないが、相殺の抗弁の特殊性を考慮すべきであろう。すなわち、相殺の抗弁は訴求債権の弁済や消滅時効などの抗弁と異なり、原告の訴求債権とは別の被告自身の反対債権を被告があえて新たに訴訟に持ち込むものである。それゆえに他の防御方法が裁判所に認められなければ相殺を主張するとの予備的抗弁として提出されるのが通常である。

このような訴訟上の相殺を行使する被告当事者の効果意思を重視し、私法行為たる訴訟上相殺の意思表示に（裁判所の判断を受けるならばという）条件を付することを認め、時機に後れた抗弁として不適法になったり、訴えの取下げなどにより無意義に帰した場合には、訴訟上の相殺における私法上の効果の解消を認めるべきであろう（新併存説）。*1

*1　反対相殺の再抗弁　被告側の相殺の抗弁に対して、さらに原告側から、訴求債権とは別の債権を自働債権とし、被告の主張する反対債権を受動債権として相殺する旨の主張の許否の問題がある。当該訴訟において裁判所により相殺の判断がされることを条件として実体法上の相殺の効果が生ずるものであるから、反対相殺の再抗弁はそのような仮定の上に仮定を積み重ねるものであり、当事者間の法律関係を不安定にし、いたずらに審理の錯綜を招くことになり、原則として許すべきではない（最判平一〇・四・三〇民集五二巻三号九三〇頁、中野貞一郎『民事訴訟法の論点Ⅱ』一八二頁）。

第8章 証明と証拠

1 証明

1 証拠裁判と自由心証主義

証拠の必要性

訴訟においては、裁判所が訴訟物たる権利あるいは法律関係の存否について審理し、判断することにより事件の解決がはかられる。しかし、権利や法律関係などというものは観念的な存在にすぎないから、その存否を直接認識することは不可能である。民、商法など実体私法は、どのような事実（要件事実）が存在すればどのような権利が発生し、あるいは変更、消滅するかを規定している。そこで、要件事実の存否が確定できれば、それに実体法を適用して権利の存否を確定することが可能になる。それゆえ、裁判をなすに際しては、裁判官は適用すべき法規の存在や内容を正しく解釈するとともに、法規適用の対象となる事実の存否を確定することが必要不可欠の前提となる。この裁判官による事実認識の作業を事実認定という。

裁判が適正であるためには、事実認定を適正に行わねばならないことはいうまでもない。事実認定における裁判官の恣意を排除し、公正を保障するためには、事実認定の過程をできるだけ合理的・客観的なものにしなければならない。この要請にこたえるために、近代の訴訟法は、事実の認定は証拠によらねばならないとする証拠裁判主義をとっている。民訴法二四七条が、事実認定のための資料を「口頭弁論の全趣旨及び証拠調べの結果」に限定しているのはその趣旨である。

証拠の種類　証拠とは、一般には事実認定の基礎となる資料を意味するが、以下のような用語法がみられる。

(1)　証拠方法・証拠資料・証拠原因　証拠調べにおいて、取調べの対象となる有形物を「証拠方法」という。取調べの対象が人である場合を人証といい、物体である場合を物証という。人証には、証人、鑑定人、当事者本人の三種があり、物証は文書と検証物に区別される。証拠方法の取調べから得られる証言、鑑定意見、当事者の供述、文書の記載内容、検証の結果などの資料を「証拠資料」といい、そのなかで裁判官の心証形成の基礎となった資料を「証拠原因」という。

(2)　証拠能力・証拠力（証明力）　証拠資料を事実認定に利用しうる適性を「証拠能力」という。刑訴法には三一九条、三二〇条など証拠能力の制限規定がみられるが、現行民訴法の下では、原則として証拠能力に制限はない。証拠方法として証拠調べの対象となりうる資格を意味するものとして、証拠能力という言葉が使われることもある。右の意味での証拠能力は制限される場合がある。たとえば、当事者本人や法定代理人、法人の代表者などには証人能力がないから、その取調べは証人尋問手続ではなく本人尋問手続によらねばならず、忌避された鑑定人は鑑定能力を欠く（民訴二一四条一項）。手形・小切手訴訟では証拠方法は文書に制限され（民訴三五二条一項・三六七条二項）、少額訴訟の証拠調べでは即時に取り調べることができる証拠に限られる（民訴三七一条）。証拠資料が裁判官の心証形成に与える影響力を「証拠力」とか「証明力」という。証拠力の評価は裁判官の自由心証に委ねられる。

(3) 直接証拠・間接証拠　主要事実を直接証明する証拠を「直接証拠」といい、間接事実や補助事実を証明する証拠を「間接証拠」という。

証明の意義　弁論主義の下では証拠の収集は当事者の権能と責任においてなされるから、当事者は主張事実が真実であるとの確信を裁判官に抱かせるに足る証拠を提出しなければならない。このような当事者の行為を証明という（立証、挙証ともいう）。

(1) 証明と疎明　証明とは、裁判官が要証事実の存在につき確信を得た状態、あるいは確信を得させるためになす当事者の行為をいう。確信とは、事実の存在につき合理的疑いの余地のない程度の心証をいう。請求の当否を理由づける事実については、原則として証明が要求される。これに対し、一応確からしいといった、確信よりも低い心証で足る場合を疎明という。迅速性が要求される事項（民保一三条二項）や、派生的な手続事項については疎明で足りるとされる場合が多い（民訴三五条一項・九一条二項・一九八条、規則一〇条三項・三〇条・一三〇条二項・一五三条三項など）。疎明は即時に取り調べることができる証拠によってしなければならない（民訴一八八条）。

(2) 厳格な証明と自由な証明　厳格な証明とは、民訴法一八〇条以下に規定する証拠調べの手続によってなす証明をいい、請求の当否を基礎づける事実の証明は、必ず厳格な証明によらねばならない。これに対し、職権調査事項や決定手続における要証事実の取調べは、公開主義、直接主義、口頭主義を前提とする法定の証拠調手続から解放された、自由な証明で足りるとされている。自由な証明も証明である以上、確信という程度の心証を得なければならないのは当然である。

証明の対象　証明の対象となるものの中心は事実であるが、特殊専門的な経験則や、外国法、地方の慣習など裁判官の知らない法規なども証明の対象になる。証明の対象となる事実のなかで最も重要なものは、法律効果の発生に必要な要件事実に該当する主要事実であるが、主要事実の存在を推認させる間接事実や、証拠の信用性に影響を与える補助事実も、主要事実の認定に必要とされる限度で証明の対象となる。

当事者は主張した事実のすべてを証明しなければならないわけではない。裁判所において当事者が自白した事実や裁判所に顕著な事実は証明を要しない（民訴一七九条）。自白された事実が証明を必要としないのは、弁論主義の下では事実資料の収集は当事者の権能かつ責任とされ、裁判官は当事者間に争いのない事実に立ち入ってそれと異なる事実を認定することは許されないからである。したがって、職権探知主義の下では、自白事実も証明の対象となる。顕著な事実には、天災など世間一般の人に知れわたっている公知の事実と、自ら下した判決やその裁判所で決定された破産手続の開始など、裁判官が職務の遂行上知りえた事実がある。顕著な事実について証明が不要とされるのは、これらの事実は証拠調べをしないまま判決の基礎としても、裁判官の判断の公正さが疑われないほど客観的に明らかな事実だからである。

自　白　一般に自白とは、当事者が自己に不利益な事実を認める陳述をいう。そのうち、裁判外でなされるものを裁判外の自白といい、訴訟中に裁判官の面前でなされるものを裁判上の自白という。前者は、それが証拠調べの結果、裁判所に明らかになったときに証拠資料の一つとなるにすぎないが、後者は証明を不要とする点で、まったく異なる。

(1) 裁判上の自白　裁判上の自白とは、口頭弁論期日または争点整理手続期日における、相手方の主張と一致する、自己に不利益な事実の陳述をいう。[*1] 先に自分から進んで不利な事実を陳述し、後に相手方が援用する場合を先行自白という。相手方が援用する前に撤回すれば、自白は成立しない。自白は、理由付否認や制限付自白のように陳述の一部についても成立する。

弁論主義の下では、自白された事実は証明を必要とせず、裁判所はそれをそのまま判決の資料としなければならない。当事者も、自白が成立すると、それを勝手に撤回することはできなくなる。これを許すと、相手方が不測の不利益を受けたり、審理を混乱・遅延させるおそれがあり、禁反言の法理に反するからである（民訴二条）。

自白は、刑事上罰すべき他人の行為により自白するに至った場合、相手方の同意がある場合、自白が真実に反し、かつ錯誤に基づく場合は撤回できる。判例は、反真実が証明されれば錯誤が事実上推定されるとする（最判昭二五・七・一一民集四巻七号三一六頁）。

自白の拘束力が生じる対象が主要事実に限られるのか、間接事実や補助事実も自白の対象になるのかにつき、学説の対立がみられる。判例は、間接事実の自白は裁判所を拘束せず（最判昭三一・五・二五民集一〇巻五号五七七頁）、当事者も自由に撤回できるとする（最判昭四一・九・二二民集二〇巻七号一三九二頁）。間接事実や補助事実といえども、自白事実については当事者に撤回の自由を認めるべきではなく、裁判所はそれをそのまま証拠資料の一つとすることができる。しかし、自白事実と矛盾する別の間接事実や、自白事実による主要事実の推認を妨げる間接事実が認定される場合は、裁判所は自白された間接事実から主要事実の存在を推認することはできないから、その限りで、裁判所に対する拘束力は否定すべきであろう。

(2)　権利自白　訴訟物たる権利関係の前提をなす先決的権利、法律関係についての自白を権利自白という。法の解釈、適用は裁判所の専権に属することからすれば、裁判所は当事者の権利自白には拘束されないといえるが、撤回の自由を認めるのは禁反言の法理に反し、審理の安定性が害される。権利自白の取扱いには争いがあるが、内容を十分理解してなされた場合には、自白の効力を認めるのが妥当であろう。

(3)　擬制自白　当事者が、口頭弁論において、相手方の主張した事実を明らかに争わず、弁論の全趣旨からも争っていると認められないときは、その事実を裁判上自白したものとみなされる（民訴一五九条一項）。これを擬制自白といい、その成否は口頭弁論終結時の状態で判断される。当事者が口頭弁論に欠席した場合にも擬制自白が成立する。しかし、公示送達による呼出しを受けた場合のように、欠席が本人の責めに帰することができないようなときは、擬制自白は成立しない（同条三項）。裁判上の自白と異なり、擬制自白には当事者に対する拘束力はなく、一審で擬制自白が成立しても、控訴審の口頭弁論終結時までにこれを争えばその効力を失う。

自由心証主義

(1)　自由心証主義の意義　自由心証主義とは、争いのある事実の存否を判断するにあたり、裁判所は口頭弁論の全趣旨および証拠調べの結果に基づいて、自由な判断により心証形成を行うことができるとする原則である（民訴二四七条）。これに対し、契約の成立を証明するには必ず証書によらねばならないとか、三人の証言が一致したときは必ず真実と認定しなければならないなど、裁判官の事実認定に一定の拘束を加える主義を法定証拠主義という。法定証拠主義はドイツ普通法時代に発達したもので、裁判の形式的公正を維持し、裁判官の恣意的判断を抑制する効果をもっていた。しかし、生活関係が比較的単純で、裁判官の資質が均一でない時代ならばともかく、複雑化した社会において、限られた証拠法則で機械的に対処するのは不可能であり、真実発見の要請にもとる結果にもなる。そこで、裁判官に対するこれらの拘束を撤廃し、裁判官の識見を信頼し、真実発見をその自由な判断に委ねるとする自由心証主義がフランス民訴法に導入されて以来、近代の民訴法はいずれもこれを採用している。このような裁判官に対する全幅的信頼が、高度の専門的能力と独立性を保障する近代裁判官制度の確立と、事実認定過程の透明性を担保する公開主義・口頭主義・直接主義による審理方式の確立の上に成り立っていることを忘れてはならない。

自由心証主義といっても、裁判官の恣意的判断を認めるものではなく、それが論理法則や経験則に従ってなされなければならないことはいうまでもない。高度な蓋然性のある経験則に反した事実認定は、民訴法二四七条違反として上告理由になる。

(2) 自由心証主義の内容　自由心証主義の下では、証拠方法や証拠能力は制限されず、証拠資料の証拠力の評価も裁判官の自由な判断に任される。ただし、手続の画一性、迅速性の要請から、証拠方法が制限されることがある（民訴一八八条・三五二条・三七一条、規則一五条・二三条など）。証拠能力を制限する規定は民訴法にはみられないが、当事者間の公平の観点から証拠能力の制限が問題となる場合がある。人証回避の目的で作成された文書や私鑑定報告書、違法収集証拠などの証拠能力については説が分かれる。[*2] 判例は、伝聞証言や提訴後に係争事実に関して作成された文書の証拠能力を肯定している（大判昭一四・一一・二二民集一八巻一五四五頁、最判昭二四・二・一民集三巻二号二一頁、最判昭二七・一二・五民集六巻一一号一一一七頁）。

民訴法には若干の法定証拠法則がみられる。文書の成立に関する推定規定（民訴二二八条二項・四項）、証明妨害に対する制裁規定（民訴二〇八条・二二四条・二二九条二項・四項・二三二条）がそれである。しかし、前者においては証拠によって推定を覆しうるし、後者の場合もつねに真実を認定しなければならないわけではなく、自由心証が完全に排除されるわけではない。

自由心証主義は、裁判官の自由な事実認定を認めるものではあるが、それは事実の存否を認定するために必要とされる心証の程度（証明度）の判断の自由まで与えるものではない。この証明度は、単に確からしいといった程度（疎明に必要な心証の程度）では足りないが、一点の疑義を容れる余地もないほどのもの（自然科学的証明）である必要はなく、社会の通常人が日常生活の上で疑問をもたず、その判断を信頼して行動する程度のもの（歴史的証明）で足りる。

(3)　自由心証と割合的認定　後遺症の発症原因として、交通事故と被害者の特異体質が競合して認められる場合、損害のすべてが事故によるものであるとの心証はとれない。このような場合、判例は、損害額を定めるにあたり、損害の公平分担という損害賠償法の理念に照らし、民法七二二条二項の過失相殺の規定を類推適用して、その損害の拡大に寄与した被害者の事情を斟酌することができるとし、寄与度による割合的認定を認めている（最判昭六三・四・二一民集四二巻四号二四三頁、最判平四・六・二五民集四六巻四号四〇〇頁）。因果関係の割合的認定における証明度不足を回避する有用な理論といえよう。

(4) 自由心証と損害額の算定　幼児の逸失利益あるいは慰謝料などを算定する場合、損害額算定の基準となる事実の立証が困難な場合が少なくない。損害の発生は認められても損害額が算定不能ならば、請求は棄却されざるをえない。判例は、損害の性質上その額を立証することがきわめて困難な場合には、諸般の具体的事情を考慮して、相当な損害額を認定できるとしてきた。新法は、この実務の取扱いを明文化し（民訴二四八条）、自由心証主義は維持しつつ、損害額の認定に必要とされる証明度の軽減を認めている。

＊1　裁判上の自白における不利益の意味については、相手方に証明責任があるとする説と、敗訴をもたらす可能性で足りるとする説が対立する。不利益要件をはずし、自白の成立を広く認める説もみられる（松本博之『民事自白法』二六頁）。

＊2　**違法収集証拠の証拠能力**　家屋に不法侵入して会話を録音し、あるいは日記帳を窃取してコピーするなど、違法な手段で収集した証拠を事実認定の資料として利用することの可否が問題となる。学説は、民訴法には証拠能力を制限する明文規定はなく、人格権を侵害するような強度に違法な手段で入手したものは別として、真実発見のためには違法収集証拠といえども利用すべきであるとする非制限説と、信義則あるいは法秩序維持の観点から、原則として証拠能力を否定し、違法性阻却事由の認められる場合に限って証拠能力を認める制限説とが対立する（木川統一郎＝馬越道夫「民事訴訟における録音テープの証拠調べ」判タ二三七号三四頁、春日偉知郎「録音テープ等の証拠調べ」『新実務民訴講座二巻』一九一頁、間渕清史「民事訴訟における違法収集証拠」民商一〇三巻三号四五三頁、四号六〇五頁）。実務は、無断録音テープに関し、録音の手段、方法が人格権侵害を伴う著しく反社会的なものでなければ、その証拠能力を肯定する（東京高判昭五二・七・一五判時八六七号六〇頁参照）。違法収集証拠の許否の判断にあたっては、収集行為の違法性の態様、程度とともに収集された証拠の秘密性、証拠としての重要性などの要素も考慮すべきであろう。

2　証明責任の分配

証明責任の意義　主要事実の存否を確定することは、判決をなすための不可欠の前提となる。しかし、証拠調べをしても主要事実の存否がいずれとも確定しえない、いわゆる真偽不明（ノン・リケット）のままで審理を打ち切らざるをえない場合がある。主要事実の存否が確定しない以上、その事実を要件とする法律効果の発生の有無もまた判断することはできない。しかし、裁判所は真偽不明を理由に裁判を拒絶することは許されない。それでは裁判による紛争の解決がはかれなくなるからである。このような場合にも裁判を可能にするには、真偽不明の事実の存在もしくは不存在を擬制する以外に方法はない。通説は、裁判官は主要事実の存在を確定できた場合にのみ法規を適用しうるのであり、主要事実が不存在の場合はもちろんのこと、存否不明の場合にも法規を適用することはできないとする（法規不適用の原則）。それゆえ、真偽不明の事実は不存在と擬制され、その事実を要件とする法律効果の発生は認められないことになる。このように、ある主要事実が真偽不明である場合に、その事実を要件とする自己に有利な法律効果が認められない一方当事者の不利益ないし危険を証明責任という。

証明責任は、口頭弁論終結時において、裁判官が証拠を自由に評価してもなお主要事実の存否につき確信を抱きえない場合にはじめて機能するものである。「証明責任の機能は自由心証の働きの尽きたところから始まる」といわれるのは、このことを指す。証明責任は、自由心証主義や弁論主義に特有の問題ではなく、職権探知主義の下でも、また法定証拠主義の下でも、真偽不明の生ずる余地がある以上必要とされる。証明責任は、真偽不明にもかかわらず法規適用の可否の判断を可能にするものであるから、法律効果の発生と直接関連する主要事実を対象とすれば足り、間接事実については問題にする必要はない。証明責任をいずれの当事者に負担させるかは、個々の要件事実についてあらかじめ抽象的、客観的に一義的に定まっており（客観的証明責任）、訴訟の経過に応じて当事者の一方から他方へ移動するものではない。ある事実につき証明責任を負う原告が有力な証拠を提出し、裁判官の確信形成に成功しそうになれば、敗訴を免れようとする被告は裁判官の心証を動揺させるため証拠を提出する必要に迫られるが、これは「立証の必要性」が被告に移動しただけであり、証明責任が移ったわけではない。

弁論主義による証明責任の機能の拡大

(1) 民事訴訟の脊椎としての証明責任　証明責任は、本来、口頭弁論終結時における真偽不明といった、ごく例外的な場面において機能するにすぎないものである。しかし、「民事訴訟における脊椎」と称されるように、弁論主義の下で証明責任は当事者の主張、立証活動や裁判所の訴訟指揮の指標として、訴訟の全過程を通じて重要な機能を営んでいる。

(2) 当事者の訴訟活動の指標としての証明責任　弁論主義の下では、主要事実の存否について当事者が何ら主張ないし立証しない場合、裁判所は当該事実を裁判の基礎にし、あるいは証拠調べによってその存否を認定することは許されず、その事実を要件とする法律効果の発生は否定されることになる。それゆえ、敗訴を免れるためには、当事者は自己に有利な法規の要件事実、つまり証明責任を負う事実を主張し、立証しなければならない立場におかれる。この一方当事者に課せられる行為責任を（主観的）主張責任、証拠提出責任（主観的証明責任）といい、その所在は原則として証明責任とパラレルに定まる。

証明責任を負う当事者の提出する証拠あるいは立証活動を本証といい、相手方のそれを反証という。本証は、主要事実の存在について裁判官に確信を抱かせることが必要であるが、反証は、本証によって形成されつつある裁判官の心証を動揺させ、真偽不明の状態に持ち込めば足り、その不存在まで立証する必要はない。このように、各当事者にいかなる事実を主張し、どの程度の立証をなさねばならないかを示すのは証明責任である。

(3)　訴訟指揮の指標としての証明責任　裁判所は、当事者が各々の主張責任、証拠提出責任を果たすべく、必要にして十分な主張、立証を行うよう指揮しなければならないが、さまざまな主張や証拠調べの申出を適切に処理するうえで、証明責任は重要な役割を果たしている。原告が必要な請求原因事実をもれなく主張しているか、被告の対応は自白か否認か抗弁かなどと当事者の陳述を整理し、自白ならば証拠調べをしてはならず、否認ならば請求原因事実は原告に、抗弁事実は被告に立証を促すといった適切な訴訟指揮も、証明責任の所在を正確に判断することにより可能になる。あるいは、証明の順序、証明の程度を適切に判断し、無用の証拠調べを避けるうえでも証明責任は有用である。たとえば、抗弁事実の証拠調べは原則として請求原因事実の証拠調べに先立って行うべきではないし、本証が不十分な場合は、相手方の申し出た反証を取り調べる必要はない。

(4)　否認と抗弁　否認と抗弁は、相手方の主張を排斥するための事実上の主張であるが、否認は相手方が証明責任を負う事実を否定する陳述であるのに対し、抗弁は自己が証明責任を負う事実の主張である。

否認には単純否認と理由付否認（積極否認）がある。貸金返還請求訴訟において、被告が「借りた覚えはない」とか「金は受けとったが、それは借りたのではなくもらったものである」と争う場合、いずれも原告が証明責任を負う貸金の事実を否定する陳述であるから否認である。前者のように、原告の主張を単に否定する陳述を単純否認といい、後者のように、原告の主張と両立しない贈与という事実によって貸金の事実を否定する陳述を理由付否認という。前者においては、請求原因事実たる金銭の授受、返還の合意の存在を原告が立証しなければならないが、後者においては、金銭の授受については自白が成立しているから、原告は返還約束の存在だけを立証すればよい。

抗弁には、制限付自白と予備的抗弁（仮定抗弁）がある。「金は借りたが返した」とか「借りた覚えはないが、たとえ借りたとしても被告の原告に対する売掛代金債権でもって相殺する」と争う場合、弁済や相殺の事実については被告が証明責任を負うから、これらはいずれも抗弁である。前者は、原告の主張を認めながらこれと両立する新たな弁済の事実を主張するものであり、原告は自白のあった貸金の事実の立証を免れるが（制限付自白）、後者は、原告の主張を争いながら予備的に相殺の抗弁を主張するものであり（予備的抗弁）、原告は貸金の事実を立証しなければならない。

証明責任の分配基準

(1) 概説　いかなる要件事実について、いずれの当事者に証明責任を負担させるべきかについての定めを、証明責任の分配という。証明責任は、証明の困難な事案では勝敗の鍵ともなりうるものであるから、両当事者の公平を損なわないように分配しなければならない。証明責任の分配について、かつては要証事実の性質、たとえば積極的事実か消極的事実か、外界の事実か内心の事実かなどを基準として分配すべきであるとの説も唱えられたが（要証事実分類説）、現在は、法規不適用の原則を根拠として、適用される法規によって証明責任の分配が定まるとする規範説（広く法律要件分類説）が通説となっている[*1]。

規範説によれば、各当事者は自己に有利な法律効果の発生を定める法規の要件事実について証明責任を負う。すなわち、権利の発生を定める権利根拠規定の要件事実はその権利を主張する者が、弁済、相殺、取消しなど権利を消滅させる権利滅却規定、あるいは、錯誤、虚偽表示など権利の発生を障害する権利障害規定の要件事実については、その権利を争う者が証明責任を負担する。たとえば、土地の所有権確認訴訟において、原告が売買による所有権取得を主張したのに対し、被告が詐欺による取消しを主張し、これに対し原告が被告の追認を主張したとする。この場合、売買の成立要件（民五五五条）は権利根拠事由であるから原告に、詐欺による取消し（民九六条一項）は発生した原告の所有権を消滅させる事由であるから所有権を争う被告に（抗弁）、追認（民一二二条）は取消しの効果発生を障害する事由であるから原告に（再抗弁）、それぞれ証明責任が課せられる。

「ただし、何々の場合はこの限りではない」というように、本文とただし書の形式をとる条文では、ただし書で除外された事実は、本文不適用の要件事実であるから、本文の法律効果を争う者に証明責任がある（民九五条・一〇〇条・四二四条一項・五一四条・七一四条一項、破一六〇条一項一号・二号など）。これに反し、「ただし何々のときに限る」という場合は、ただし書の形式をとってはいるが、本文の要件を追加したものにすぎず、ここにいうただし書にはあたらない（破一六二条一項一号など）。

(2)　証明責任の転換　権利の行使をなるべく容易にしようとする政策的考慮から、一般の証明責任の分配と異なり、相手方に反対事実の証明責任を負担させることを証明責任の転換という。不法行為に基づく損害賠償請求訴訟では、被害者が加害者の過失につき証明責任を負うが（民七〇九条）、自動車事故の場合は加害者に無過失の証明責任を負わせることにより（自賠法三条但書）、被害者の保護をはかっている。手形等の返還請求訴訟において、通常の即時取得の場合と異なり、一般の動産以上に有価証券の流通の安全性を保護するために、返還を請求する者の側に取得者の重大な過失について証明責任を負わせるのもそうである（手一六条二項但書、小二一条但書）。

(3) 法律上の推定　証明責任の転換とともに、挙証者の立証負担を軽減する立法技術の一つとして、法律上の推定がある。これは、「甲なるときは乙なるものと推定する」という推定規定がある場合（民一八六条二項・六一九条一項・六二九条一項、破一五条二項など）、証明困難な要件事実乙（推定事実）の代わりに、証明の容易な別個の事実甲（前提事実）を証明すれば、相手方が乙の不存在を証明しない限り、乙を要件事実とする法律効果の発生を認めるというものである。民法一六二条一項の取得時効の要件である二〇年の占有継続（推定事実）は、前後両時における占有（前提事実）の証明により推定されるから（民一八六条二項）、取得時効を主張する者は占有継続の事実を証明してもよいが、前後両時の占有の証明でそれに代えることもできる。これに対し、相手方は、前提事実である前後両時の占有を反証によって真偽不明に持ち込めば推定を妨げることができるが、それが不可能な場合は、占有の中断を証明して推定を覆さなければならない。このように、法律上の推定は、挙証者に証明主題の選択を認め、推定を争う相手方に反対事実の証明責任を負担させることにより、挙証者の立証負担を軽減するものである。

法文上、推定という文言が用いられていても、一種の法定証拠法則とみられるものや（二二八条二項・四項）、意思表示の解釈規定（民一三六条一項・四二〇条三項・五六九条）、無条件の推定規定（暫定真実*2。民一八六条一項、商五〇三条二項）などがあり、これらはいずれもここにいう法律上の推定にはあたらない。

＊1　通説である規範説に対しては、準消費貸借における旧債務の存在について、通説・判例が、これを争う債務者に証明責任を負担させているように（最判昭四三・二・一六民集二二巻二号二一七頁）、実体法規は必ずしも分配基準として明確なわけではなく、また、権利障害事由の不存在は権利根拠事由ともなりうるから権利根拠規定と権利障害規定を区別することはできず、そもそも真偽不明の場合に法規が適用されないとする論理的根拠はないとの批判がなされている。そして、これら批判説は、証拠との距離や立証の難易、経験則の蓋然性、あるいは立法者の意思や信義則などを実質的に考慮して分配すべきであると主張する。しかし、通説、判例は、民法四一五条後段の帰責事由が権利根拠事由であるにもかかわらず債務者にその不存在の証明責任を認めているように（最判昭三四・九・一七民集一三巻一一号一四一二頁）、法規による分配が不当な結果になる場合には解釈による修正も行っており、結果において両説にそれほどの差異がみられないことからすれば、基準としてより明確な規範説を否定する必要はない。

＊2　暫定真実は、要件事実を無条件に推定するものであり、ただし書で規定するのと異ならない。民法一六二条一項の所有の意思、平穏、公然の要件は民法一八六条一項により無条件に推定されるから、「二十年間、他人の物を占有した者は、その所有権を取得する。ただし、所有の意思をもって、平穏に、かつ、公然と占有をしないときはこの限りではない」と規定したのと同じである。これに反し、法律上の推定は、ただし書に書き換えることはできない。

3 過失の一応の推定

事実上の推定 主要事実Aを直接証明する証拠がないとき、経験則の助けを借りて、間接事実aから主要事実Aを推認させるという証明方法がとられることが少なくない。これを事実上の推定という。この場合、相手側はaの存在を直接争うか、aとは矛盾しないが、Aの不存在を推認させる別の間接事実bを立証することにより、Aの存在についての裁判官の心証を動揺させる必要に迫られる。このように、訴訟の経過において、立証の必要性が当事者の一方から他方に移るという現象は、実際の訴訟ではしばしばみられるが、これはAの証明責任が相手側に移るということを意味するものではない。事実上の推定を覆そうとする相手側としては、少なくともbの存在だけは完全に立証しなければならないが、それでもってAを真偽不明に持ち込めば十分で、法律上の推定を覆す場合のように、Aの不存在まで立証する必要はないのである。間接事実bの立証は、主要事実Aとの関係においては、あくまでも反証にすぎないところから、この相手方の証明は間接反証と呼ばれる。

一応の推定 事実上の推定の中で、高度の蓋然性をもつ経験則（経験原則）の働きにより、特段の事情のない限り、事件の客観的事情から、一挙に過失あるいは因果関係といった主要事実を概括的に推認する場合を一応の推定という。注射のあとが化膿した場合、治療過程での何らかの消毒不完全という過失がなければ、注射による化膿という事態は考えられないという経験則を利用して、医師の過失を推認する場合がそうである（最判昭三九・七・二八民集一八巻六号一二四一頁）。

一応の推定は、「何らかの過失」といった要件事実の抽象的認定により、事件を具体的に解明し、どのような治療ミスが化膿の原因であるかを具体的に特定する困難さから原告を解放する。他方、一応の推定を崩すには、経験則の適用を排除する具体的・特定的な「特段の事情」、たとえば、治療行為直後に汚れた溝に落ちた等の事情を立証することで足り（間接反証[*1]）、証明責任の転換のように立証困難の不利益を全面的に相手方に負わせることはない。このように、一応の推定は過失や因果関係などについての立証困難を、裁判官の自由な証拠評価により、いわば証明責任転換の半歩手前で解決することで、証拠をめぐる当事者の実質的平等をはかるものであると評価されている。

証拠偏在の対処法　証拠が偏在する訴訟や立証困難な訴訟における、規範説の証明責任分配による当事者の不平等を是正するため、種々の理論が提唱されている。その一つに、証拠偏在の対処法として唱えられている模索的証明論[*2]がある。新法は、当事者照会制度（民訴一六三条）を新設するとともに、文書提出命令申立ての要件を緩和し（民訴二二一条）、文書不提出の場合の効果を厳格化するなど（民訴二二四条三項）この理論の成果を取り入れた規定を設けている。二つ目に、自由心証の枠内で立証困難を克服するものとして、一応の推定、間接反証、証明妨害の理論、あるいは因果関係の割合的認定論があげられる。さらに、より一般的な形で当事者の実質的平等をはかる手段として注目されるものに、事案解明義務論（コラム9参照）がある。

＊1　**間接反証**　間接反証理論は、規範説による証明責任の分配を維持しつつ、間接事実のレベルでの証明責任の公平な分担を目指すものである。準消費貸借における旧債務の不存在や、無断転貸における背信行為と認めるにたりる特段の事情、不法行為における違法性阻却事由などの立証についての実務の取扱いを、間接反証理

論でもって説明する有力な見解もみられる（倉田卓次『民事実務と証明論』二四六頁、最判昭三一・九・一三民集一〇巻九号一一三五頁、最判昭四一・一一・二七民集二〇巻一号一三六頁）。これに対し、間接事実による反証ならばそれをわざわざ本証という必要はなく、過失や正当事由といった一般条項の証明における間接反証は、規範説による不適切な証明責任の分配を実質的に修正するものであるとの批判がなされている（賀集唱「間接反証」『民事訴訟法の争点』二一〇頁）。

＊2　模索的証明　挙証者が証明すべき事実関係の詳細を知りえない場合に、証明主題を一般的・抽象的事実の主張にとどめたままでする証拠の申出を許し、相手方の所持する証拠資料を提出させ、それによって新たな主張・立証の基礎となる資料の獲得を目的とする証拠の申出を模索的証明という。自衛隊機の墜落原因を知りえない遺族が、「事故が事故機の整備不良のために起こされたという事実」を証明するためとして事故調査報告書の提出を求め（東京高判昭五四・一〇・一八判時九四二号一七頁）、あるいは、原子炉撤去請求訴訟において、原子炉の構造等に関する具体的事実を知りえない原告住民が原子炉の構造上、操業上の危険性、安全装置の欠陥による事故時の危険性を立証事項として原子炉設置許可申請書の提出を求める場合などがそうである（東京高決昭四七・五・二二高民集二五巻三号二〇九頁）。

かつては、証明主題や立証趣旨について、具体的事実の記載を欠く模索的証明は、証拠調べの充実を害し、被告の防御権を害するおそれがあることから、原則として許されないとする説が一般的であった（前掲・東京高決昭四七・五・二二）。しかし、近時は、証拠の偏在を正し、当事者の実質的平等をはかる見地から、相手方の防御権を損なわず、当事者に期待される程度に具体的に記載されていれば、これを適法とする見解が有力になっている（竹下守夫「模索的証明と文書提出命令違反の効果」吉川追悼（下）一七一頁、前掲・東京高判昭五四・一〇・一八）。

◆コラム9◆　事案解明義務

証拠の偏在が問題となる場合に、より一般的なかたちで当事者の実質的平等をはかる手段として注目されるものに、事案解明義務理論がある。その根拠、要件、効果をめぐって争いはあるが、一般には、自己の権利主張について合理的な基礎があることを明らかにする手がかりを示し、この者が客観的に事実解明をなしえない状況にあり、そのことについてその者を非難しえず、逆に、相手方が事実解明を容易になしうる立場にあり、その期待可能性があるという条件の下に、証明責任を負わない当事者にも事案解明義務を認め、その不履行に対しては、裁判官の自由裁量により、証明責任の転換に至るまでの幅広い不利益な事実認定がサンクションとして課せられると説かれる（春日「証拠の蒐集および提出過程における当事者行為の規律」民訴雑誌二八号六〇頁）。

客観的証明責任から主張責任、証拠提出責任を導き出す従来の理論からすれば、挙証者がこれらの責任を全面的に負担することになり、相手方は本証が効を奏し、反証の必要が生じるまで何ら立証活動を行う必要はないことになる。これに対し、事案解明義務理論は、実質的利益考量の下で、間接事実のレベルでの主張責任、証拠提出責任を証明責任を負わない当事者にも負担させようとするものであり、証拠をめぐる当事者の地位の不平等を、より精確に調整しうるものとして期待できよう。

2 証　拠

1 証拠収集手続

武器平等原則の実質化

民事訴訟における「双方審尋主義」は、当事者からみれば攻撃防御の方法（武器）と機会を均等に与えられるという「武器平等の原則」の体系である。*1 証拠に関していえば、当事者に対して、手続内外で証拠を収集する権利（証拠収集権）と裁判所に証拠を提出してその取調べを要求する権利（証拠提出権）とからなる証明権が実質的に平等に保障されるべきである。

武器平等原則は、当事者の事実上の証拠収集能力の平等を前提とするものではない。しかし、重要な事実についての希少な証拠が一方当事者に偏在したり、第三者が有しているために、実体的正義に迫ることができないという事態が存することも否定できない。その困難を克服するために、証明責任の柔軟運用、事案解明義務等の信義則の活用、文書提出義務の拡張などの努力が積み重ねられてきた。近年の一連の民事訴訟法改正による制度改革は、とくに証拠収集の場面において、武器平等原則を実質化するものであるといえる。証拠収集制度が充実することにより、充実かつ迅速な審理が可能となり、証拠調べによる事案解明がいっそう進むものと期待される。

訴え提起前の証拠収集手続

平成一五年の法改正により、提訴の予告通知とこれに対する返答という制度が新設された。これらを利用した場合には、訴え提起前であっても、紛争の相手方からの情報入手や、裁判所による四種類の証拠収集処分が認められることとなった（民訴法・第一編・第六章）。これらの手続により収集された情報や証拠は、後の訴訟では当然に証拠となるものではなく、あらためて証拠調べの申出を要する。なお、訴え提起前の証拠収集手続を利用した者について、訴え提起が義務づけられているわけではない。

(1)　訴え提起前における照会　訴え提起を書面により予告した者またはこれに返答した者は、それぞれ相手方に対し、訴えの提起前に、その訴訟での主張・立証準備に必要な事項について回答を求めることができる（民訴一三二条の二・一三二条の三、規則五二条の二〜五二条の四）。たとえば、建築関係訴訟で、設計図面や変更図面の存否を照会したり、建築現場の責任者の氏名・住所を照会することが考えられる。提訴準備に必要な情報を適切に収集するための制度であるから、それに必要と考えられる期間内（予告通知の日から四か月間）にしなければならないこととし、また、重複する予告通知に基づく照会を排除している。照会に対する回答は任意であり、回答義務はない。

(2)　訴え提起前における証拠収集の処分　裁判所は、提訴の予告通知をした者またはこれに返答した者が、訴え提起の前に、訴訟での立証に必要であることが明らかな証拠となるべきものを収集するよう申し立てたとき、相手方の意見を聴いた上で、申立人が自ら収集することが困難であると認めれば、証拠収集のための処分をすることができる（民訴一三二条の四）。その処分は、①文書、準文書（写真、録音テープ、ビデオテープなど）の送付の嘱託（同条一項一号）、②官庁その他の団体への調査の嘱託（同条一項二号）、③専門的な知識経験者への意見陳述の嘱託（同条一項三号）、④執行官への現況調査の命令（同条一項四号）の四種類である。ただし、訴え提起前の証拠収集処分であるから、処分の対象者への負担が過度にならないよう、証拠収集に時間や負担がかかりすぎ、不相当となるものについてはできない。

当事者照会　訴訟係属中に、当事者間で文書による照会・回答を行い、訴訟での主張・立証準備に必要な事項についての情報入手を可能にする制度を当事者照会という（民訴一六三条）。平成八年の民事訴訟法改正の際に新設された制度で、裁判所は関与しない。これを時期的に拡張したのが、前述の訴え提起前の照会制度である。訴訟係属後の照会では、訴え提起前の照会においては照会できないとされている事項（民訴一三二条の二第一項二号・三号）についても、除外事由とはされていない。

なお、弁護士は、弁護士法二三条の二に基づき、弁護士会を通じて、公務所その他公私の団体に対する照会（報告請求）する方法により証拠収集ができる。訴え提起の前後を問わず利用でき、簡便な証拠収集方法として多用されている。

文書提出命令　**(1)**　意　義　相手方当事者または第三者が所持する文書で、民訴二二〇条の提出義務を負担するものを裁判所に提出させる書証の申出の一方法を文書提出命令という。文書不提出に対して制裁を課すことができる（民訴二二四条・二二五条）ので、有力な証拠収集方法となっている。

(2)　提出義務[*2]　旧法下では、文書提出義務の対象となる文書は、①当事者が訴訟において引用した文書、②挙証者が所持者に引渡しまたは閲覧請求権を有する文書、③挙証者の利益のために作成された文書（利益文書）および挙証者と所持者との法律関係について作成された文書（法律関係文書）に限定されてきたが、現行法では、①ないし③の文書だけでなく、④これら以外の文書でも、除外事由がない限り一般的に文書提出義務が認められることとなった（民訴二二〇条）。

提出義務の除外文書となるものは、民訴二二〇条四号イ～ホに限定列挙されている。文書提出義務が一般義務化されたことに伴い、証言拒絶事由（民訴一九六条・一九七条）と同趣旨から除外文書としたのがイとハである（ハ所定文書の該当性を否定したものとして、最決平一六・一一・二六判タ一一六九号一二三八頁がある）。また、刑事事件関係文書については、開示・不開示の判断を刑事訴訟法等に委ねるのが適当とされ、ホにおいて除外文書とされた。ロの公務秘密文書は、平成一三年の改正時、公務員の守秘義務（国公一〇〇条、地公三四条、民訴一九一条、刑訴一四四条・一四五条）や行政情報公開法（同法五条）との整合性を図るために新設されたものである。公務秘密文書該当性を肯定した事例として、最決平一六・二・二〇判タ一一五六号一二二頁（自治体の補償額算定調書中、補償交渉見積額記載部分につき肯定、同時に民訴一九一条・一九七条一項一号が類推適用されるとして三号文書としても提出義務を否定）がある。提出義務の除外文書としてさらに、同号ニの自己使用文書がある。文書作成者の文書処分の自由を尊重する趣旨であるが、その範囲は明確でない。最高裁は、法人の内部文書である「稟議書」について、作成目的、記載内容等から内部使用の目的で作成され、外部への開示が予定されていない文書で、開示されると所持者に看過し難い不利益が生じるおそれがあると認められるときは、特段の事情がない限り、自己使用文書に該当するとして提出義務を否定した（最決平一一・一一・一二民集五三巻八号一七八七頁、最決平一二・一二・一四民集五四巻九号二七〇九頁。最決平一三・一二・七民集五五巻七号一四一一頁は、特段の事情を認めて、提出義務を肯定した）。また、自己使用文書に当たらないとした事例に、前掲・最決平一六・一一・二六がある。

(3) 手 続　当事者は、文書を特定し（民訴二二一条）、提出義務の原因、さらに一般提出義務を原因とするときは文書提出命令の申立ての必要性を明らかにして、書面で申し立てなければならない（民訴二二一条一項、規則一四〇条）。民訴二二〇条四号を原因とする申立てのときには、裁判所は、同号ホを除き、所定の除外事由の存否を判断するために、所持者に文書の提示を命じることができる。この場合には、裁判所のみが文書を閲読して他のだれにも開示しないイン・カメラ手続が認められている（民訴二二三条六項）。

公務文書について民訴二二〇条四号を原因として文書提出命令が申し立てられたとき、裁判所は、監督官庁の意見を聴かなければならず、高度の公務秘密文書に関しては、審理事項が限定される（民訴二二三条三項～五項）。

文書提出命令の申立てについての決定に対しては、申立てを却下された申立人と文書提出を命じられた所持者だけ（最決平一二・一二・一四民集五四巻九号二七四三頁）が即時抗告をすることができる（民訴二二三条七項）。

(4) 不提出に対する制裁　文書提出命令にもかかわらず、相手方当事者である文書所持者がこれに従わないときは、裁判所は、文書の内容、さらには係争事実に関する挙証者の主張を真実と認めることができる（民訴二二四条）。文書所持者が第三者であるときは、過料に処する（民訴二二五条）。

文書送付の嘱託　当事者は、文書の証拠調べである書証を申し出る方法の一つとして、裁判所から文書所持者に対してその送付を嘱託するよう申し立てることができる（民訴二二六条）。嘱託の相手方は官公署に限られず、文書所持者が提出義務を負わないときにも利用できる。文書所持者が嘱託に応じるかどうかは任意であり、不送付に対する制裁はない。

調査の嘱託　裁判所は、当事者の申立てまたは職権により、国内外の官庁・公署または学校、商工会議所、取引所その他の団体に対して、事実や経験則に関して必要な調査を嘱託することができる（民訴一八六条）。これにより、簡易に証拠の収集ができ、また、裁判所が得られた調査の結果を口頭弁論において顕出して、当事者に意見陳述の機会を与えれば、当事者の援用がなくても証拠資料として用いることができる（最判昭四五・三・二六民集二四巻三号一六五頁）。

証拠保全　本来の証拠調べ実施を待っていたのでは、その証拠方法の使用が不可能または困難になるおそれがある場合に、訴訟係属の有無にかかわらず、あらかじめ証拠調べを行い、その結果を保存しておくことを目的として行われる証拠調べを証拠保全という（民訴二三四条）。たとえば、保存期限の迫った文書を書証として取り調べたり、高齢・病気等で本来の証拠調べまでの生存が危ぶまれる者を証人尋問するなどである。実務上は、医療関係訴訟のために、改ざんのおそれを理由として診療録の検証を求めるなど、証拠収集の手段として用いられることが多いが、このような運用の是非については議論がある。

2 証拠調手続

証拠の申出・採否と証拠調べの実施

(1) 証拠の申出　当事者が裁判所に対して特定の証拠方法を取り調べるよう要求する申立てを証拠の申出という。裁判所は、弁論主義の第三原則に基づき、原則として当事者が申し出た特定の証拠方法についてだけ証拠調べを行う。証拠の申出は、口頭弁論期日または期日前にすることができる（民訴一八〇条二項）が、攻撃防御方法提出の一つであるから、訴訟進行上、適時にしなければならない（民訴一五六条）。

当事者は、証拠調べが実施されるまでは、自由に証拠の申出を撤回できる。しかし、証拠調べが開始された後は、証拠共通の原則から、相手方にとって有利な事実認定にも用いることができるので、相手方の同意がない限り、証拠の申出を撤回できない。さらに、証拠調べ終了後は、証拠の申出が目的を達したので、撤回の余地はない（最判昭三二・六・二五民集一一巻六号一一四三頁など）。

(2) 証拠の採否　証拠の申出については、相手方に陳述の機会が与えられた上で（民訴一六一条二項二号）、裁判所の合理的裁量的判断により、証拠調べをするかどうかを決定する（民訴一八一条）。証拠採否の裁量にも限界があり、唯一の証拠方法の申出があったときは、原則としてこれを排斥することは許されない（最判昭五三・三・二三判時八八五号一一八頁など）。また、違法収集証拠について、一定の場合に証拠能力を否定する考え方に立つと、証拠抗弁が提出されたとき、証拠採否の決定において、特定の証拠方法の証拠能力の有無を判断するのが原則となる。

(3) 証拠調べの実施　証拠調べをするには、双方審尋主義の要請から、期日および場所を指定して当事者を呼び出すことを要するが、当事者が不出頭の場合でも実施できる（民訴一八三条）。また、直接主義、公開主義の要請から、受訴裁判所が公開の法廷で行うのが原則である。証人および当事者本人尋問は、審理を合理的な期間内に終了させることを目的として、争点および証拠の整理手続が終了した後に集中して行うこととなっている（民訴一八二条）。

証人尋問　(1)　意　義　交通事故の目撃者、取引の立会人など当事者やその法定代理人以外の自然人（証人）に、経験により認識した過去の事実・状態を供述させる証拠調べを証人尋問という。わが国の裁判権に服する者は、原則として証人義務を負う（民訴一九〇条、例外は一九一条）。証人は、他人が代替することができないので、裁判所に出頭し（民訴一九二条）、宣誓し（民訴二〇一条一項、規則一一二条、例外は同条二項～四項）、供述するという証人義務を負担する。これらの義務違反に対しては、過料、罰金・拘留（民訴一九二条・一九三条・二〇〇条・二〇一条五項）、勾引（民訴一九四条）、偽証罪（刑一六九条）といった制裁が用意されている。ただし、自己または親族が刑罰を科せられるおそれのある事項や、職務上黙秘すべき事項、技術・職業の秘密（最決平一二・三・一〇民集五四巻三号一〇七三頁）に関する事項については証言拒絶権が認められている（民訴一九六条・一九七条）。

(2)　尋問の方式　交互尋問といって、証人尋問を申し出た当事者の主尋問、相手方当事者の反対尋問、裁判長の補充尋問の順で行うのが原則である（民訴二〇二条一項、例外同条二項〔順序変更〕、規則一一八条〔対質〕）。遠隔地に居住する証人の尋問には、テレビ会議システムを利用することができる（民訴二〇四条）。裁判所が相当と認める場合で当事者に異議がなければ、尋問に代えて書面の提出をさせることもできる（民訴二〇五条）。

なお、実務では、証人や当事者などがあらかじめ自己の経験や認識を記載した陳述書を提出した上で、証人尋問が行われるのが一般である。このような運用については、実務上尋問時間を短縮でき、複雑な事実関係が理解しやすくなるといったメリットがある一方、証人尋問の形骸化が懸念され、その取扱いに一定のルールを設けることが望まれる。

当事者尋問

(1) 意　義　当事者本人、その法定代理人または法人等の代表者を証拠方法として尋問する証拠調べを当事者尋問という。当事者尋問での供述は証拠資料となり、弁論における陳述ではなく、相手方当事者の主張事実と一致する供述も自白（民訴一七九条）とはならない。当事者が正当な理由なく不出頭、宣誓拒絶したときは、裁判所は、尋問事項に関する相手方の主張を真実と認めることができる（民訴二〇八条）が、勾引や罰金の制裁はなく、虚偽の陳述に対する制裁も過料である（民訴二〇九条）。

(2) 尋問の方式　証人尋問とほぼ同様の方法で行われる。証人尋問と当事者尋問の両方を行う場合には、証人尋問から行うのが原則である（当事者尋問の補充性）が、裁判所が適当と認めるときは、当事者の意見を聴いて、当事者尋問から行うこともできる（民訴二〇七条二項）。

鑑　定

(1) 意　義　特別の学識経験を有する鑑定人に、その学識経験に基づく判断や意見を裁判所に報告させる証拠調べを鑑定という。裁判所は必要があれば、官公署や相当な設備を有する法人に鑑定を嘱託することもできる（民訴二一八条）。鑑定に必要な学識経験を有する者は、出頭し、宣誓の上、鑑定意見を報告するという鑑定義務を負担する。これら義務違反には制裁がある（民訴二一六条・一九二条・一九三条）が、鑑定人は代替性があるため、勾引はできない。また、鑑定制度が裁判所の判断能力の補充を目的としていることから、鑑定人にも中立性が求められ、裁判官に対するのと同様に忌避制度がある（民訴二一四条）。

(2) 手　続　当事者の申出があれば、裁判所が鑑定人を指定し（民訴二一三条）、鑑定事項を告知して、書面または口頭で鑑定意見の報告をさせる（民訴二一五条一項）。従来は鑑定人を一人だけ指定する単独鑑定がされていたが、医療関係訴訟など専門訴訟においては、同一事項について複数の鑑定人に鑑定させる複数鑑定や、鑑定事項が異なる専門分野に及ぶ場合に各分野の鑑定人による共同鑑定がみられるようになっている。また、鑑定人の意見陳述について、テレビ会議システムの利用を認め、裁判長の質問を先行させるなど手続が改善された（民訴二一五条二項・二一五条の二・二一五条の三、規則一二九条の二・一三二条・一三二条の二～一三二条の五・一三四条）。

書　証　(1) 意　義　文書に文字や記号により記載されている作成者の意思、認識等を裁判所が閲読して、意味内容を証拠資料とする証拠調べである。文書以外に図面、写真、録音テープ、ビデオテープなども文書に準じたものとして書証の対象となる（民訴二三一条）。なお、コンピュータ用記録媒体については、そこに記録されているファイルの内容（文書、画像、プログラムなど）と形式に応じて、書証や鑑定といった証拠調べをすることになる。

(2) 手　続　①当事者が自ら文書を所持しているときは、原則として原本を裁判所に提出して申し出る（民訴二一九条）。②相手方当事者または第三者が文書を所持していて、その提出義務を負うときには、文書提出命令（民訴二二一条、前述参照）の申立てによって行う（民訴二一九条）。③文書所持者の任意提出が期待できる場合には、文書の送付嘱託（前述参照）の申立てによることがで

◆コラム10◆　証人義務

「訴訟などというものには、できれば一生かかわりたくない。」というのが通常人の感覚であろう。とはいえ、証人にならずにすませることは、なかなか難しい。交通事故をはじめ事故や事件の目撃者となる、もめごとについて友人や親族の相談相手となる、取引や処分の担当者・立会人となるなどは、日常生活の中で十分に起こりうる。それらが原因で、裁判所から「証人呼出状」が送付されるや、一方的に、法廷に出頭し、宣誓し、供述する義務を負わされる（民訴一九〇条以下）。仕事の都合や体調不良などの理由によっては、出頭を延期してくれるし、また、証言を拒絶できる場合もある（民訴一九六条・一九七条）。ところが、正当な事由なくこれらの義務を怠ると、過料や刑罰を受けたり（民訴一九二条・一九三条など）、ご丁寧にも警察官が自宅まで出向いて来て、法廷まで送り届けさえしてくれる（勾引、民訴一九四条）。その上、記憶と違うことを供述した暁には、偽証罪の制裁も待っている（刑一六九条）。記憶どおりに供述しても、敗訴当事者からは恨まれる。何という理不尽な立場か。訴訟当事者となっても、口頭弁論期日に欠席する自由はあるし（ただし、敗訴のリスク付き）、記憶に反する供述をしても過料の制裁しかない（民訴二〇九条）。これと比べると、訴訟手続に巻き込まれる第三者は本当に気の毒だ。証人の立場にも配慮した立法改革が待たれる。

きる（民訴二二六条）。②および③によって裁判所に到着した文書は、そのまま証拠資料となるのではなく、あらためて当事者が必要な文書を特定した上、裁判所に提出して書証の申出をする。

(3)　文書の証拠力　申出のあった文書の記載内容が証明に役立つ程度を証拠力（証明力、証拠価値）という。次の二つの場面で問題となる。

第一に、文書は特定人の意思、認識等を表現したものであるから、内容の真実性を判断するには、それがだれの意思、認識等であるかを決する必要がある（民訴二二八条一項）。ある文書が挙証者の主張する作成者の意思、認識等として作成されたと確認されてはじめて、文書の成立が真正であると認められ、係争事実の存否の判断に利用できる。公文書も私文書も一定要件のもとに、成立の真正が推定される規定が設けられている（民訴二二八条二項・四項。さらに、私文書の押印について、本人の意思に基づくことを事実上推定できるとする最判昭三九・五・一二民集一八巻四号五九七頁参照）。

第二に、真正に成立した文書の記載内容の実質的な証拠力が、裁判官の自由な心証によって判断される。遺言書、契約書のような処分証書の成立の真正が認められると、作成者がその記載どおりの法律行為をしたことが直接に証明されることになる。

検証　裁判官が五感の作用によって、直接に人体または事物の形状や性質等を認識し、その結果得られた内容を証拠資料とする証拠調べを検証という（民訴二三二条）。たとえば、公害訴訟において騒音・振動や大気の状況を取り調べたり、境界確定訴訟において係争土地の状況を取り調べたりする場合である。人の身長や容姿を取り調べたり、文書の存在、紙質、筆跡等を取り調べるときはいずれも検証である。

わが国の裁判権に服する者は、検証物の提示義務および検証受忍義務を一般的に負う。検証物の提示命令や効果、検証物送付嘱託などには文書提出命令の規定が準用される（民訴二三二条・二二三条・二二四条・二二六条・二二七条）。

＊1　民事訴訟における「双方審尋」のための諸準則は、当事者からみれば、弁論権、立会権、記録閲覧権、異議権、証明権などを要素として、その言い分を十分に尽くすための諸制度の体系として構成できる。いわば、民

事訴訟手続全体が「武器平等の原則」(兼子一『民事訴訟法体系』二一四頁)の体系であり、民事訴訟法は、そのようなものであってはじめて「裁判を受ける権利(憲法三二条)」を保障する具体的制度でありうる(山木戸克己『民事訴訟理論の基礎的研究』五九頁、石川明「証拠に関する当事者権」『講座民事訴訟⑤』一頁、小林秀之『新証拠法〔第二版〕』九五頁、間渕清史「民事訴訟における違法収集証拠(二・完)」民商一〇三巻四号六三〇頁など参照)。

＊2　民訴二二〇条一号ないし三号と四号の関係をどのように考えるかは議論がある(松本博之＝上野泰男『民事訴訟法〔第三版〕』三七五頁、裁判所書記官研修所監修『民事訴訟法講義案』一七一頁など)。一～三号と四号の義務をまったく別個のものと考え、並列的に解するのか、一～三号該当性の判断が先行すると解するのかによって、四号の除外事由が一～三号にも適用があるかどうか、また、一～三号の拡張解釈の必要性の有無などに影響する。

第9章　裁　判

1　裁判という言葉

裁判の意義

裁判とは、裁判機関（裁判所または裁判官）がその判断または意思を法定の形式で表示する訴訟行為である。裁判所書記官による訴訟費用額の確定（民訴七一条）、支払督促（民訴三八二条）、執行文の付与（民執二七条）、あるいは、執行官による占有の認定（民執一二三条）、超過差押えの取消し（民執一二八条二項）などは、事実を認定して法律を適用する点で裁判に類似するが、「処分」と呼ばれ、裁判とは区別される。

判決と決定・命令

裁判は、裁判機関、成立・告知・不服申立ての手続、あるいは、対象となる事項の相違に応じて、判決・決定・命令に分けられる。判決と決定は裁判所の裁判であり、命令は裁判長または受命裁判官・受託裁判官の裁判である（簡裁の裁判官や地裁の単独制の裁判官がする裁判がいずれの裁判かは、対象となる事項から区別するしかない）。また、判決は原則として口頭弁論による審理に基づくべきものである（民訴八七条一項本文）のに対して、決定・命令については、口頭弁論を経るか否かは裁判機関の裁量に委ねられる（民訴八七条一項ただし書）。判決は、判決書（判決原本）を作成して、これに基づいて公開の法廷で言い渡さなければならない（民訴二五二条）のに対して、決定・命令は、相当と認める方法で告知すれば足りる（民訴一一九条）。不服申立てに関しては、判決に対しては控訴・上告ができるが、決定・命令に対しては独立の上訴ができるとは限らず、できる場合にも抗告・再抗告という簡易な方法による（民訴三二八条）。裁判の対象については、判決は訴訟上の請求など重要な事項であるのに対し、決定・命令は訴訟指揮、付随的事項、民事保全・民事執行など迅速を要する事項である。

中間判決・終局判決

(1) 中間判決　(イ) 意　義　各審級における審理を終了させる終局判決に対し、審理の過程で問題となった事項について終局判決に先だって判断を示す判決を中間判決（民訴二四五条）と呼ぶ。

(ロ) 中間判決の対象　中間判決の対象となるのは、①独立した攻撃または防御の方法、②中間の争い、および、③請求の原因および数額について争いがある場合における「請求の原因」（民訴一三三条二項一号や規則五三条一項が訴状の記載事項とする「請求の原因」とは異なる）である。これらの事項について中間判決をすることが審理の整序など、当該訴訟または紛争全体の迅速かつ妥当な処理のために有益であると裁判所が判断する場合になされる。ただし、当該事項に関する判断の結果が審理の終了につながるときには、終局判決をすべきである。

①は、本案に関する主張や抗弁で、他のものとは無関係に独立して判断できるもの、たとえば、貸金返還請求訴訟で被告が弁済と消滅時効の抗弁を主張しているときに、有効な弁済がない旨を確認する判決をするような場合である。

②は、訴訟要件の存否、訴え取下げや訴訟上の和解の効力など、訴訟手続に関する争いのうち口頭弁論に基づいて判断すべきである。

③は、損害賠償請求訴訟などで「請求の原因」(=賠償請求権)の存在を確認することで審理に区切りをつけた上で以後は賠償額の問題に集中した審理を可能にする。

(ハ) 中間判決の効力　中間判決をすると、当該裁判所はこれに拘束され、これと矛盾した終局判決をすることはできない。当事者は、中間判決の基礎となる口頭弁論期日に提出できた攻撃防御方法に基づいて中間判決の内容に反する主張をすることはできなくなる。したがって、中間判決をするか否かは裁判所の裁量に委ねられてはいるが、裁判所は中間判決の前には、当事者に攻撃防御方法を提出する機会を与えることに留意しなければならない。

中間判決に対しては、独立の上訴はできない。終局判決に対する上訴に基づいて、上訴裁判所の判断を受けることになる(民訴二八三条)。上訴裁判所は、原審の中間判決には拘束されないが、原判決を破棄して事件を原審に差し戻した場合には、差戻審は中間判決に拘束される。

(2) 終局判決　(イ) 意　義　裁判所に係属中の事件の当該審級における審理を完結させる判決を終局判決という。終局判決のうちで、係属中の事件の全部を完結させるものを全部判決と呼び、係属中の事件の一部を完結させるものを一部判決と呼ぶ。

(ロ) 一部判決　一部判決は、まず当該事件について弁論を分離してから行わなければならない。一部判決がされた場合に、当該審級に係属する残りの事件を完結させる判決は残部判決と呼ばれる。一部判決は、複雑な事件を迅速に処理するために有効な場合がある。しかし、一部判決について上訴があると、残部とは異なる審級で審理されることになって不経済または不統一をもたらすことがある。そこで、一部判決をするか否かは裁判所の裁量に委ねられている（民訴二四三条二項）。もっとも、請求の予備的併合の場合には、一部判決として主位的請求を棄却する判決をすると、残部について内容上矛盾した審理がされて、主位的請求の認容を前提として予備的請求棄却の残部判決がされるおそれがあるので許されない。単純併合の請求または本訴・反訴が、共通の先決関係に由来する場合、一方の請求が他方の先決関係にある場合にも、同様の理由で一部判決は許されない。また、本訴・反訴が同一の権利関係を対象とする場合も同様である。さらに、必要的共同訴訟や独立当事者参加の場合にも、合一確定の必要性があるので一部判決は許されない。

(ハ)　脱漏判決・追加判決　裁判所が終局判決の主文で判断すべき事項の一部について裁判を脱漏した場合（脱漏判決と呼ぶ）には、当該部分はなお裁判所に係属し（民訴二五八条一項）、裁判所は追加判決をすることになる。ただし、訴訟費用の裁判または仮執行宣言の裁判を脱漏した場合には、それぞれ決定で補充の裁判をする（民訴二五八条二項・二五九条五項）。これに対して、一部判決が許されない場合に一部判決をしたときは、当該判決は全部判決として上訴審で取り消される。

本案判決・訴訟判決　原告の訴訟上の請求を認める判決は請求認容判決であり、理由なしとして認めない判決は請求棄却判決である。これらをまとめて本案判決と呼ぶのに対して、訴訟要件または上訴要件が欠けることを理由に、訴えまたは上訴を却下する判決を訴訟判決と呼ぶ。[*1] なお、訴えの取下げや訴訟上の和解の効力が争われた場合、または、一身専属的な権利を訴訟物とする訴訟において当事者が死亡した場合に行われる訴訟終了宣言の判決も訴訟判決に含まれる。

判決の成立

(1) 判決成立の過程　判決は、基礎となる口頭弁論に関与した裁判官（合議体の場合には、非公開の評議・評決〔裁七五条～七七条〕）によって内容が確定された後に、判決書（判決原本）を作成し（民訴二五二条）、これに基づいて公開の法廷で（憲八二条一項）言い渡さ

◆コラム11◆　アメリカの民事訴訟あれこれ

アメリカ合衆国の弁護士は、人数では日本の約四五倍であり、専門分化が進んでいる。その中で、その活動が比較的わかりやすいのは法廷弁護士であろう。

アメリカの訴訟といえば、しばしば映画の題材にも取り上げられる陪審裁判を思い浮かべる人も多いだろう。陪審による審理は、わが国でいえば証拠調べにあたるトライアルの手続である。実際には訴訟事件のほとんどは、和解などによってトライアルに至るまでに終了するので、陪審による審理は全訴訟事件中の数パーセントで実施されるにすぎないが、法律の素人である陪審員に適正な事実認定ができるように、証拠能力に関するルールなど刑事訴訟と共通の証拠法の体系が存在する。法廷弁護士は、詳細かつ複雑な証拠法のルールに通じ、相手方弁護士の尋問に問題があれば瞬時に異議申立てをするなど、俊敏な対応能力が要求される。

法廷弁護士にとって、一番の晴れ舞台は連邦最高裁における弁論である。連邦最高裁で弁論をするためには、原則として、あらかじめ最高裁の弁護士としての許可を得なければならない。口頭弁論の時間は上告人・被上告人それぞれ三〇分間である。もっとも、弁護士は三〇分間で自分の意見を述べれば済むわけではない。弁護士は、九人の最高裁判事から発せられる法律問題に関する鋭い質問に適切に答えなければならない。これに対応するため、弁護士の多くは有名ロースクールが設けている有料の模擬弁論プログラムを利用するようである。それでも、弁論当日の弁護士の緊張度は非常なもので、無事に弁論を終えるまでは朝から食事が喉に通らないのは普通で、記念品として持ち帰ることを許されている弁論席の羽ペンを忘れることも珍しくない。

れてはじめて効力が生じる（民訴二五〇条）[*2]。判決の言渡しは口頭弁論終結の日から二月以内にするのが原則である（民訴二五一条一項）。判決言渡しの期日は、裁判長が指定して（民訴九三条一項）、当事者を呼び出さなければならないが（民訴九四条）、当事者が欠席でも判決を言い渡すことができる（民訴二五一条二項）。

(2) 判決原本（判決書）　判決書には、結論たる主文、事実（請求を明らかにし、主文が正当であることを示すのに必要な主張）、理由（裁判所の判断過程での事実認定と法適用）、口頭弁論終結の日付、当事者・法定代理人の氏名と住所、裁判所名を記載し（民訴二五三条）、裁判官が署名押印をする（規則一五七条）[*3]。また、判決主文に記載される項目として、訴訟費用の裁判[*4]と仮執行宣言[*5]（民訴二五九条四項）がある。

(3) 調書判決　被告が口頭弁論で原告の主張事実を争わず、その他何らの防御方法も提出しない場合、および、被告が公示送達による呼出しを受けたにもかかわらず口頭弁論期日に出頭しない場合には、請求認容判決に限って、判決原本に基づかず調書判決の方式（裁判所書記官が調書に当事者、法定代理人、判決主文、請求・理由の要旨を記載する）によることができる（民訴二五四条）。

(4) 判決の送達　裁判所書記官は、判決書については裁判長から交付を受けた日から、また、調書判決の場合には判決言渡しの日から、いずれも二週間以内に各正本を当事者に送達する（民訴二五五条、規則一五九条）。

＊1　**訴訟要件の審理と本案判決**　訴訟要件の存否が明らかでない時点で本案請求に理由がないことが判明した場合に、直ちに請求棄却判決ができるかについては、訴訟要件は本案判決の前提であるとして否定的に解する

立場が一般であるが、被告の利益保護を主たる目的とする任意管轄や抗弁事項である仲裁契約・不起訴の合意の効力が争われている場合などは直ちに請求棄却判決ができるとする立場も有力である。

＊2　**判決の不存在**　裁判所書記官や司法修習生など裁判官ではない者が言い渡した判決、裁判官が作成したが言渡しを終えていない判決などは、判決とはいえず、訴訟法上も効力が生じない。これを、判決の不存在または非判決という。このような判決であっても、正本が送達されるなど、判決の外観を呈し、執行の危険性がある場合には、上訴・再審による取消しを受ける。

＊3　**新様式の判決**　「事実」の中の当事者の主張の記載は、従来は主張責任・証明責任の分配に沿って、請求原因・抗弁・再抗弁の順に記載されていたが、平成に入って本格的に採用されてきた新様式の下では、当事者にとってのわかりやすさという観点から、必ずしも主張責任・証明責任の分配にとらわれることなく、請求を理由づける事実および重要な間接事実を争点に沿って記載している。

＊4　**訴訟費用の裁判**　裁判所は、終局判決の中で、当該審級における訴訟費用（手数料などの裁判費用と訴状・準備書面の作成費用などの当事者費用）の負担（負担者と負担割合）に関する裁判をしなければならない（民訴六七条一項）。具体的な金額の確定は、訴訟記録を管理する第一審裁判所の裁判所書記官が当事者からの申立てに基づいて行う（民訴七一条一項）。

＊5　**仮執行宣言**　未確定の終局判決に確定した場合と同様の執行力を与える仮執行宣言は、勝訴者が早期に権利を実現する利益と敗訴者の上訴の利益との調和の観点から、原則として裁判所の裁量に基づいて認められるものである。上訴審で判決が取消しまたは変更される可能性があることから、仮執行宣言ができるのは、原状回復が可能で、かつ、金銭賠償による処理ができる財産権上の請求に限られる（民訴二五九条一項）。裁判所は、当事者の申立てに基づいてまたは職権で、当該判決の取消し・変更の蓋然性、勝訴者による即時の執行の必要性、仮執行によって敗訴者が受ける損害などを考慮して、仮執行宣言を付するか否か、また、担保を立てさせるか否かを決める。なお、手形・小切手による金銭支払請求については、職権で仮執行宣言をしなければならない（民訴二五九条二項）。

2 判決の効力

判決成立による効力

(1) 判決の自己拘束力　紛争処理の基準としての判決には安定性の要請があるので、判決が成立すると、当該判決をした裁判所も自由に撤回したり、取り消したりはできない。これを、判決の自己拘束力（自縛力）という。*1 ただし、判決の変更（民訴二五六条）、および、判決の更正（民訴二五七条）が許される。

これに対して、決定・命令については、抗告がなされた場合に再度の考案による変更が認められ（民訴三三三条）、訴訟指揮に関する決定・命令については、裁判所・裁判官の合目的的な判断に基づいて、いつでも取り消すことができる（民訴一二〇条）など、判決とは異なる規律がされている。

(2) 判決の変更・更正　判決の変更は、判決に法令違反（事実認定の不当は含まない）がある場合に、言渡し後一週間以内に限って変更できるとする制度である。もとの判決はこの変更判決（口頭弁論を経ない）によって失効するので、上訴期間は変更判決の送達時から新たに進行する。

また、判決に計算違い、誤記などの明白な誤りがある場合には、裁判所はいつでも更正決定によって誤りを訂正することができる。更正決定は、原則として判決書の原本および正本に付記する方式によってなされ（規則一六〇条一項）、上訴期間ももとの判決の送達時が基準となる。

確定判決の効力

(1) 形式的確定力　終局判決が訴訟手続内で通常の不服申立ての方法（再審・特別上告・特別抗告を除く趣旨）によって取り消され、または、変更される可能性がなくなった状態を、判決の確定という。判決の効力という面からみれば、これは確定判決の形式的確定力ということになる。

(2) 判決確定の時期　上告審の判決など通常の不服申立てができない判決は、言渡しと同時に確定する。上訴や異議申立てができる判決の場合には、上訴期間（民訴二八五条・三一三条・三一八条五項）または異議申立期間（民訴三五七条・三七八条一項）が経過した時点で確定する。上訴権の放棄（民訴二八四条・三一三条）または異議申立権の放棄（民訴三五八条・三七八条二項）があった場合には、放棄の時点で確定する。さらに、不上訴の合意がある場合には、判決言渡しの時点で確定するが、判決言渡し後かつ上訴期間経過前に合意が成立したときには、判決は合意成立の時点で確定する。また、飛越上告がある場合には（民訴二八一条一項ただし書）、判決は上訴期間が経過した時点で確定する。

判決の確定は、原則として判決の対象となった事項の全部に生じるが、通常共同訴訟で共同訴訟人のうちの一部のみが上訴した場合には、判決の確定は上訴しない者について先に生じる。

判決内容の拘束力

(1) 既判力の意義　確定した終局判決の判断内容は、当事者を拘束し、当事者はその判断内容を争うことはできなくなり、裁判所もこれに反する判断ができなくなる。確定判決のこのような通用力を既判力[*2]または実質的確定力という。その他、執行力や形成力[*3]、さらに構成要件的効力[*4]も確定判決の効力である[*5]。

(2) 既判力の本質・正当化根拠　既判力の本質が何かについては、古くから、実体法説（確定判決は実体法上の権利関係に新たな基礎を与え、または、変更・修正する結果として、後訴の裁判所はこれに反する判断ができなくなるとする）、訴訟法説（既判力は訴訟外の実体法上の権利関係からは独立した訴訟法上のもので、後訴の裁判所がこれに拘束される結果、当事者もこれに反する主張ができなくなるとする）、権利実在説（当事者による主張という仮象にすぎない実体法上の権利関係が、確定判決によって実在のものとなり、裁判所・当事者はこれに拘束されるとする）などがあった。

しかし、いずれの説明も十分とはいえず、最近は、既判力が正当化される根拠は何か、という観点から議論がされている。その中では、既判力は確定判決の判断を不可争として判決の機能を維持するものであり、訴訟制度に不可欠な効力とする観点と、前訴の訴訟手続中で攻撃防御をする機会を与えられて、手続保障を受けた当事者の責任という観点との二つの観点から正当性の根拠を考える見解が有力であり、以下に述べる既判力の範囲についても、このような観点から考える立場に支持が集まっている。

既判力のある裁判等

(1) 確定した終局判決　訴訟上の請求について判断した本案判決は、給付訴訟では給付請求権（給付義務）の存在または不存在につき、確認訴訟では特定の権利・法律関係等の存在または不存在につき、形成訴訟では形成要件の存在または不存在につき既判力を生じる。

訴訟要件の欠缺を理由に訴えを却下する訴訟判決は、当該訴訟要件の欠缺につき既判力を生じる。

これに対して、決定・命令では、訴訟指揮の裁判には当該手続内での効力があるに止まり、既判力はないが、訴訟費用の負担に関する決定（民訴六九条・七三条）、間接強制での金銭支払決定（民執一七二条）などの終局的判断には既判力が生じる。

(2)　外国裁判所の確定判決　外国裁判所確定判決は、判決承認の要件（民訴一一八条）を充たす限り、既判力を生じる。なお、裁判ではないが、仲裁判断も、承認を妨げる事由（仲裁四五条二項）がない限り、既判力を生じる（仲裁四五条一項）。

(3)　確定判決と同一の効力を有するもの　破産・民事再生・会社更生手続における債権者表の記載（破一二四条三項、民再一〇四条三項、会更一五〇条三項）、調停に代わる決定（民調一八条三項）、調停に代わる審判（家審二五条三項）などについては、既判力を生じると解されている。これに対して、請求の放棄・認諾あるいは裁判上の和解の調書（民訴二六七条）、調停調書（民調一六条、家審二一条一項）については、既判力を生じるかどうかについて争いがある。

判決の既判力の作用

(1)　既判力と後訴　既判力が作用するのは、既判力を伴って確定された権利または法律関係等が、後の訴訟手続の中で問題となった場合である。後訴の裁判所は、既判力のある判断に従わなければならないし（積極的作用）、当事者のこれに反する申立て・主張等も排斥される（消極的作用）。[*6]

裁判所は、訴訟上の請求について既判力のある判決等がある場合には、これを職権で考慮しなければならない。既判力に抵触する判決がされた場合には、たとえ確定しても、再審によって取り消すことができるし（民訴三三八条一項一〇号）、確定する前であれば上訴で争うことができる。しかし、取り消されるまでは、抵触する確定判決のうちでは、既判力の基準時が現時点に近い新しい判決の判断が優先する。

(2)　既判力の作用　既判力の作用を、前訴と同一の当事者間で後訴が提起された場合を前提に考えてみよう。

(イ) 後訴の訴訟物が前訴の訴訟物と同一の場合　訴訟物が同一の場合には、前訴の確定判決を前訴の既判力の基準時前の事由に基づいて争うことはできない。裁判所は、前訴の基準時後の事由がなければ請求を棄却し、基準時後の事由があれば、これを含めて審理して、後訴の請求の当否を判断する。

ただし、前訴の勝訴者が同一内容の後訴を提起した場合には、後訴は訴えの利益を欠くとして却下される。もっとも、前訴判決の内容となった権利に関する消滅時効を中断するために訴えの提起以外に方法がない場合、前訴で勝訴した原告が判決の正本を紛失し、かつ、判決原本が滅失して執行ができない場合など、特別な事情がある場合は許される。

(ロ) 前訴の訴訟物が後訴の請求の先決問題である場合　前訴の訴訟物が後訴の請求の先決関係にある場合（たとえば、前訴の土地所有権確認訴訟で勝訴した原告が、前訴の被告に対して当該土地の明渡請求訴訟を提起する場合）には、裁判所は先決関係に関する前訴の確定判決の判断（前掲の訴訟では、原告に土地所有権があること）および前訴の基準時後の事由を前提にして、後訴の請求の当否を判断する。

(ハ) 後訴請求が前訴請求と矛盾する場合　前訴で敗訴判決を受けた被告が、前訴とは異なる訴訟物についての請求ではあるが、前訴判決とは矛盾する結果を求めて後訴を提起する場合（たとえば、土地所有権確認請求訴訟で、当該土地は原告の所有であるとして敗訴した被告が、当該土地は自己の所有に属すると主張して、当該土地の所有権確認請求訴訟を提起する場合）には、前訴の基準時後の新たな事由がない限り、後訴の請求を認めることは前訴の確定判決と矛盾する結果をもたらすことになるから、前訴の基準時の状況を覆す新たな事由の存在が認められない場合には、請求を棄却すべきである。

(3)　既判力の双面性　既判力は、前訴の判決で有利な判断を得た者の利益に作用することもあれば、不利に作用することもある。これを既判力の双面性という。たとえば、家屋の所有権確認請求訴訟で勝訴した原告が、同じ被告に対して、後訴で当該家屋の明渡請求をする場合には、前訴判決の既判力が有利に作用する。しかし、前訴の被告が原告に対して、当該家屋の屋根瓦の落下による傷害についての損害賠償を請求する訴訟を提起した場合には、前訴の勝訴原告は当該家屋の所有者であることを否定できない点において、前訴判決の既判力が不利に作用することになる。

既判力の基準時と遮断効

(1)　既判力の基準時（標準時）　判決は、当該訴訟の口頭弁論終結時（上告審の場合には、事実審の口頭弁論終結時）までに入手できた情報に基づく判断である。判決の既判力も当該時点における裁判所の判断に生じる効力である。この時点を既判力の基準時または標準時という。口頭弁論の終結日が判決書の必要的記載事項とされているのは、この時点を明らかにするためである（民訴二五三条一項四号）。

(2)　既判力の遮断効　当事者が判決の既判力によって妨げられるのは、既判力が生じた判断を口頭弁論終結前の事由に基づいて争うことであり、口頭弁論終結後に生じた事由に基づいて争うことは妨げられない（民執三五条二項）。たとえば、貸金返還請求訴訟で敗訴した被告は、消費貸借契約の不存在、または、口頭弁論終結時までに弁済していたことを主張して貸金債務の不存在を主張することはできないが、口頭弁論終結後の弁済を主張して債務の不存在を主張することは許される。

(3) 基準時後の形成権行使　前訴の口頭弁論終結前にすでに存在し、行使することができた取消権・解除権・相殺権・建物買取請求権などの実体法上の形成権を行使せずに敗訴判決を受けた当事者が、当該形成権を基準時後に行使して、敗訴判決を否定できるかという問題がある。

(イ) 取消権　判例は、大審院の時代には既判力による遮断を否定していたが（大判明四二・五・二八民録一五輯五二八頁）、最高裁は、書面によらない贈与の取消し（最判昭三六・一二・一二民集一五巻一一号二七七八頁）、および、詐欺による売買契約の取消し（最判昭五五・一〇・二三民集三四巻五号七四七頁）のいずれについても遮断を肯定している。判例の理論的根拠は明らかではないが、通説も同様の立場を支持し、取消権は請求権に付着する瑕疵であるから既判力によって洗い流されると解すべきこと、あるいは、より重大な意思表示の瑕疵である無効は既判力によって遮断されることとの均衡を根拠としている。もっとも、これに対しては、意思表示の瑕疵を無効事由とするか取消事由とするかは、意思表示の瑕疵の軽重ではなく、表意者の意思にかからしめるかどうかという法政策によるものであり、既判力による遮断によって実体法が認めた取消権を切り捨てることは許されないとする反対説がある。

(ロ) 解除権　解除権行使を前提とする請求は信義則に違反しないとして、既判力による遮断を否定するのと同様の結論を示す最高裁判決（昭五九・一一・一九判時一一〇五号四八頁）があるが、学説は取消権と同様に扱うものが多いようにみえる。これに対して、被告が解除権を有する場合は原告の請求を拒否する以上、前訴で解除権を行使すべきであり、既判力による遮断を肯定できるが、原告が解除権を有する場合には、前訴で解除権を行使せずに本来の履行請求をすることも認められるべきであるから、遮断を否定すべきであるとする反対説がある。

(ハ)　相殺権　判例は、大審院の連合部判決（明四三・一一・二六民録一六輯七六四頁）以来、既判力による遮断を否定する立場であり、最高裁もこれを踏襲している（最判昭四〇・四・二民集一九巻三号五三九頁）。通説も同様の立場であり、相殺権は訴求債権とは別個の反対債権を行使するものであって、請求権に付着する瑕疵とはいえないこと、反対債権をいつどのように行使するかは権利者の自由であることを根拠としている。これに対しては、相殺権の行使が遮断されても反対債権を訴訟外または別訴で行使することは妨げられない以上、強制執行によって被告から債権を回収できるという前訴で勝訴判決を受けた原告の地位を優先すべきであるとする反対説がある。

(ニ)　建物買取請求権　建物収去土地明渡請求訴訟で被告が建物買取請求権を行使せずに明渡しを命じる判決が確定した後で、明渡しの強制執行に対する請求異議訴訟（民執三五条）の中で被告が同請求権を行使できるかという形で問題となる。判例は、同請求権は建物収去土地明渡請求権とは別個の制度目的および原因に基づいて生じる権利であって、賃借人が前訴の基準時までに建物買取請求権を行使しなかったとしても、実体法上、その権利は消滅するものではなく、訴訟上も既判力によって遮断されないとしている（最判平七・一二・一五民集四九巻一〇号三〇五一頁）。学説も、借地人保護や建物保護という制度の趣旨からも、判例の立場を支持するものが多数である。ただし、建物買取請求権行使の結果、請求異議訴訟でどのような判決をすべきかについては、全部認容とする説、一部認容で建物退去の限度で執行を認める説、同じく一部認容で建物明渡しの執行は建物代金の支払いと引換えでなければならない旨を明示する説、など見解が分かれる。

(ホ)　白地手形の補充権　白地補充を怠ったために手形金請求を退けられた原告が白地補充をして後訴を提起して手形金請求をすることが前訴の既判力によって遮断されるか否かという形で問題になる。判例は、前訴と後訴の訴訟物は同一であり、後訴を提起して手形上の権利を主張することは、特段の事情がない限り既判力によって遮断されるとする（最判昭五七・三・三〇民集三六巻三号五〇一頁）。学説の多くもこれに賛成するが、例外を認めるべき特段の事情とは何かが問題になる。

(4)　定期金賠償判決の変更　民訴法一一七条は、口頭弁論終結前に生じた損害について定期金賠償を命じた確定判決について、口頭弁論終結後に、後遺症の程度、賃金水準その他損害賠償額算定の基礎となった事情に著しい変更が生じたときには、その判決の変更を求める訴えを提起することができるとしている。この規定は、定期金給付を命じた確定判決に既判力が生じることによって、口頭弁論終結後に著しい事情変更があっても、それを反映できずに不当な結果が起きることを考慮して、既判力の拘束を解除するものである。*7

変更判決では、前訴の確定判決の既判力を解除する（形成判決）とともに、事情変更が増額を要請するときには追加の給付を命じ（給付判決）、減額を要請するときには前訴判決の一部取消しを宣言する（形成判決）。

既判力の物的範囲（客観的範囲）

(1)　判決主文の判断　既判力は、判決主文に包含されるものに生じるとされている（民訴一一四条一項）。判決主文には、請求認容判決では、訴状の請求の趣旨に対応する文言が示されるが、それだけでは訴訟物が何かが明らかでない場合がある。また、請求棄却判決では「請求を棄却する」、訴え却下判決では「訴えを却下する」としか記載されない。したがって、既判力の対象を明らかにするためには、判決の「事実」（民訴二五三条一項二号・同条二項）または「理由」（民訴二五三条一項三号）を斟酌する必要がある。

また、主文に包含される裁判所の判断とは言っても、そこで予定されている判断の対象はあくまでも訴訟物である。[*8] したがって、訴訟物の範囲をどう考えるかに関する旧訴訟物理論と新訴訟物理論との対立が、ここにも反映される。

(2) 判決理由中の判断　(イ) 原　則　判決の「事実」および「理由」には、既判力は生じない。これは、当事者による自由かつ柔軟な訴訟追行と、裁判所の弾力的かつ迅速な審理を可能にするためであると解される。すなわち、既判力が主文以外にも及ぶとすれば、当事者は細部の事実認定あるいは法的判断が後の訴訟に影響を及ぼす可能性を考慮して、きわめて慎重な攻撃防御をしなければならず、訴訟の長期化を招くおそれが大きい。また、攻撃防御方法についての裁判所の判断は、当事者の申立てや実体法上の権利の発生・変更・消滅といった論理的な順序に拘束されざるをえず、弾力的な審理が期待できない（たとえば、売買代金請求訴訟で、被告が売買契約の無効と代金債権の消滅時効を主張している場合に、裁判所は認定の容易な時効の抗弁を認めて請求を棄却することができなくなる）。さらには、判決主文における判断だけではなく、「事実」および「理由」における判断を理由とする上訴も認めなければならず、訴訟による紛争処理が一層長期化するおそれもある。

(ロ) 相殺に関する例外　相殺の抗弁については、判決理由中の判断には既判力が生じないという原則に対する例外が認められている（民訴一一四条二項）。[*9] このような例外が認められるのは、前訴で被告が相殺の抗弁として用いた反対債権を再度行使することを防ぐためである。すなわち、反対債権が相殺に供されて消滅したということは、前訴の判決理由中の判断であるから、もし、この点に既判力を認めないとすれば、前訴の被告は当該反対債権を再度行使できるという不当な結果を許すことになるからである。[*10]

(3) 一部請求における既判力の範囲　判例は、一部請求であることを明示しない請求の場合には、訴訟上の請求の対象となっていない部分を含めて当該債権全体が訴訟物になり、既判力も債権全体に及ぶから残額請求も許されないとするが（最判昭三二・六・七民集一一巻六号九四八頁。ただし、後になって一部請求であったと主張することは許されないとして禁反言を根拠とするようにも読める）、明示の一部請求については、訴訟物は請求部分に限定され、既判力も当該部分にしか及ばないから残部請求ができるが（最判昭三七・八・一〇民集一六巻八号一七二〇頁）、前訴で請求の全部または一部棄却判決があったときには、残部がないとの判断が示されているから、特段の事情がない限り、残部請求は信義則に反して許されないとする（最判平一〇・六・一二民集五二巻四号一一四七頁）。

学説は、判例の立場を支持するものが多数であるが、裁判所の負担の増加や被告の応訴の煩という点から一部請求そのものが許されないとする見解、当事者の意思の尊重という観点から一部請求は許されるが、裁判所の負担の増加や被告の応訴の煩という点で残部請求は原則として許されないとする見解、一部請求であることを明示しない場合にも請求部分だけが訴訟物であるから、勝訴判決に関する限り既判力も当該部分にしか及ばないとする見解、明示の一部請求は請求の上限を示すにすぎず、訴訟物は債権全体であるから既判力も全体に及ぶとする見解、などがある。[*11]

(4)　争点効理論と信義則　(イ)　争点効の理論　判決主文にしか既判力を及ぼさないという原則は、前記のように、当事者による自由かつ柔軟な訴訟追行と、裁判所の弾力的かつ迅速な審理を可能にするという利点をもっている。しかし、他方で、確定判決による紛争解決の実効性という点では、この原則は消極的な効果をもつことがある。そこで、考案された考え方の一つが、争点効の理論である。

争点効は、前訴で当事者が主要な争点として争い、かつ、裁判所がこれを審理して下した争点についての判断に生じる通用力であると定義される。争点効が生じた場合には、裁判所は、同一争点を主要な先決関係とする後訴の審理において、前訴での争点に関する判断に反する判断をすることができず、当事者もそれに反する主張をすることができない。

たとえば、建物収去土地明渡請求訴訟で、被告から土地賃借権の抗弁が出され、原告は賃貸借契約の解除を主張したが、審理の結果、契約解除が認められず、原告が敗訴した後に、原告が被告に対する後訴で、賃料請求をした場合、民訴一一四条の原則によれば、原告の建物収去土地明渡請求権（または土地明渡しを求める法的地位）の不存在について既判力が生じるにすぎず、賃借権または賃貸借契約の存在についての判断は判決理由中の判断にすぎないから、既判力は生じない。したがって、被告が後訴で賃借権または賃貸借契約を否定することは、前訴の既判力によっては妨げられない。しかし、争点効を認めれば、このような後訴での被告の主張は排斥され、前訴における紛争解決の実効性が高まる。

(ロ)　争点効の要件　争点効が生じるための要件は、①前訴請求と後訴請求の当否の判断過程で主要な争点となった事項についての判断であること、②当事者が前訴で当該争点につき主張立証を尽くしたこと、③裁判所が当該争点について実質的な判断をしたこと、④前訴と後訴の係争利益がほぼ同等であること、である。なお、争点効は、当事者の援用を待って調査すれば足りるとされる。

(ハ) 信義則による調整　争点効の理論に対しては、その要件、とくに「主要な争点となった」という要件が曖昧であるとの批判が加えられ、最高裁も争点効を否定したが（最判昭四四・六・二四判時五六九号四八頁）、これに代わって、信義則によって妥当な結果を導こうとしている。

たとえば、最判昭五一・九・三〇民集三〇巻八号七九九頁は、自作農創設特別措置法による農地買収処分を受けた原告が、売渡しを受けた被告との間に買戻契約があるとして、これに基づく移転登記を求めた前訴で敗訴した後に、後訴で当初の買収処分の無効を主張して抹消登記を求めた事件で、前訴と後訴とは訴訟物を異にするが、後訴は本質的に前訴の蒸し返しであり、前訴で後訴の主張（買収処分の無効の主張）をすることに支障がなかったのに、それをせずに後訴を提起し、しかも後訴提起時にすでに買収処分から二〇年を経過し、買収処分に基づいて農地の売渡しを受けた者の地位を不当に長く不安定な状態におくことになることを考慮すれば、後訴は信義則に照らして許されないとした。

＊1　**羈束力**　判決が当該訴訟手続内で他の裁判所を拘束する場合がある。まず、事実審裁判所の確定または認定した事実は上告裁判所を拘束する（民訴三二一条一項）。また、上告裁判所が原判決を破棄して、差戻しまたは移送をした場合には、破棄理由となった事実上および法律上の判断は、差戻しまたは移送を受けた裁判所

を拘束する（民訴三二五条三項後段）。同様のことは決定についても認められ、移送決定は移送を受けた裁判所を拘束する（民訴二二条一項）。

＊2　執行力　判決による給付命令を、強制執行の手続によって実現することができる効力を執行力という。判決の中で執行力をもつのは、確定した給付判決と仮執行宣言付きの給付判決、それに、判決主文中の訴訟費用に関する裁判である。これに対して、確定判決に基づく登記簿や戸籍簿への記載やその抹消・訂正（不登二七条、戸一五条等）など、判決内容を強制執行手続以外の方法で実現できることを、広義の執行力と呼ぶことがある。執行力の基準時および物的範囲については、原則として既判力と同様と解されるが、人的範囲（主観的範囲）については議論がある。

＊3　形成力　確定した形成判決によって実体法上の法律関係を変動させる効力を形成力という。形成判決が確定すると、形成要件の存在が既判力によって確定されるとともに、法律関係の変動が生じる。嫡出否認の訴え（民七七五条）や認知の訴え（民七八七条・七八四条）では、問題となる法律関係の性質上、形成力は遡及的に生じるが、離婚の訴え（民七七〇条）や合併無効の訴え（商一一〇条）では、形成の効果は将来に向けて生じるにすぎないと解される。

＊4　構成要件的効力　民法その他の法律で、確定判決の存在を要件として一定の法律効果が結びつけられている場合がある。たとえば、短期消滅時効が定められている請求権であっても、確定判決によって確定されると時効期間は一律に一〇年となる（民一七四条の二）。

＊5　判決の無効　実在しない者を名宛人とする判決、わが国の裁判権に服さない治外法権者（外交官やその家族など）に対する判決、当事者適格を欠く者に対する判決などは、訴訟手続上は有効に成立しているが、既判力・執行力・形成力などの内容上の効力を生じない。これを、判決の無効という。この場合にも、判決として自己拘束力（自縛力）があり、確定すれば訴訟が終了するから、上訴によって取り消すことができる。また、既判力がないから、同一の訴訟物に関して新訴を提起することができるが、判決の外観が存在する以上、それが利用されるおそれがあるから、再審による取消しも認めるべきである。

＊6　確定判決の不当取得（詐取・騙取）　故意に相手方当事者や裁判所を欺いて確定判決を取得することを、

確定判決の不当取得（詐取・騙取）という。たとえば、被告の居所が不明であると偽って、訴状や判決について公示送達を利用して、被告が訴訟手続に関与できない間に勝訴の確定判決を得た場合や、裁判外の和解の中で訴えの取下げを約束しながら、取り下げずに被告が口頭弁論期日に出頭しない間に勝訴の確定判決を得た場合、あるいは、偽造の証拠によって勝訴の確定判決を得た場合などである。このような場合には、上訴の追完（民訴九七条）や再審（民訴三三八条一項三号の類推適用、同五号～七号など）によって確定判決の取消しを求めることができるが、これらの手続を経ずに、不法行為を理由とする損害賠償請求や不当利得返還請求などができるかが問題となる。

判例は、裁判外の和解で訴え取下げの合意をしたが、訴えを取り下げずに被告欠席のままで勝訴の確定判決を得て、原告が強制執行を求めたのに対して、もとの被告が不法行為を理由とする損害賠償請求をした事案について、再審の訴えを提起することなく、独立して損害賠償請求ができるとしたものがある（最判昭四四・七・八民集二三巻八号一四〇七頁）。しかし、学説では、上記の内容上の効力を有しない判決のような場合以外に、再審によることなしに判決の無効を認めることは、法的安定性の維持という観点からみて妥当でないとして反対する見解が多数である。

＊7　将来給付判決と事情変更　民訴一一七条の適用があるのは、すでに発生した過去の損害の賠償を定期金の形で命じた判決に限られる。これに対して、将来に向かって継続的に損害が発生する不法行為について定期金の形で賠償を命じる判決（民訴一三五条の将来給付の訴え）の場合にも、同様な事情変更が生じて、判決をそのまま維持することが不当な結果となることがあるが、この規定が適用を予定する場合ではない。法改正によって民訴法一一七条が設けられる以前の判例には、将来の賃料相当の損害金支払いを命じる確定判決の口頭弁論終結後に、公租公課の増大や土地価格の高騰などにより認容額が不相当になった場合について、前訴の請求は一部請求であったことになり、前訴判決の既判力は認容額と適正賃料額との差額に相当する損害金には及ばないから、その支払いを求める新訴を提起することができるとしたものがあるが（最判昭六一・七・一七民集四〇巻五号九四一頁）、学説は民訴法一一七条の類推適用の可否について意見が分かれている。

＊8　引換給付判決・責任留保付判決　判決主文に示される裁判所の判断ではあっても、訴訟物と関連のないも

のについては既判力は生じないと解される。たとえば、いわゆる引換給付判決（たとえば、残代金一〇〇万円の支払いと引換えに目的物の引渡しを命じる判決）における反対債権（前記の例では残代金債権）についての判断は、強制執行の開始要件（民執三一条一項）として記載されているにすぎないから、反対債権を既判力を伴って確定するものではない。

これに対して、被相続人の債務の弁済を求める訴訟で、債務者の相続人たる被告が限定承認をした場合に支払いを命じる判決主文に記載される「相続財産の限度で」との留保、給付訴訟で訴訟の対象たる給付請求権について不執行の合意が認められる場合において判決主文で明示すべきとされている「強制執行できない」との留保については、いずれも訴訟物（債務）に関する判断に密接に関連する、責任に関する判断を示すものであり、既判力に準じる効力を認めることができる（限定承認に伴う留保について、最判昭四九・四・二六民集二八巻三号五〇三頁。不執行の合意について、最判平五・一一・一一民集四七巻九号五二五五頁）。

＊9　相殺に供された反対債権の「成立又は不成立」の判断　相殺の場合に既判力が生じるのは、相殺に供された反対債権の「成立又は不成立」の判断についてであるとされる。

相殺が認められる場合には、反対債権は訴求債権と対等額の範囲で消滅する。したがって、既判力の基準時である口頭弁論終結時において、反対債権が不存在であること（不成立）が既判力を伴って確定される。この点、訴求債権と反対債権がともに存在し（成立）、対等額で消滅したこと（不成立）について既判力が生じると解すべきであり、そうでなければ、原告が反対債権が初めから存在しなかったと主張して、不当利得返還請求や損害賠償請求をすること、あるいは、被告が訴求債権は初めから不存在であったと主張して、同様の請求をすることを排除できないとする見解がある。しかし、このような原告の請求は結局、訴求債権の存在を主張するものにほかならないから、訴求債権による請求を反対債権と対等額の範囲で棄却する旨の判決主文の既判力（民訴一一四条一項）によって排斥できる。また、被告の請求は結局、反対債権の存在を主張するものにほかならないから、これは反対債権の不存在を既判力を伴って確定すること（同条二項）によって排斥できる。

反対債権が存在しないとして相殺の抗弁が排斥される場合には、反対債権の不存在（不成立）が既判力を伴って確定される。ただし、既判力は相殺をもって対抗した額について生じるから、主張された反対債権の額が訴求債権を超える場合には、反対債権の不存在が既判力を伴って確定されるのは、あくまでも訴求債権と対等額の部分に限られると解するのが通説である。これに対して、不存在を認定するためには、裁判所は反対債権の全体について審理しているはずであるから、訴求債権を超える額についても既判力が及ぶと解すべきであるとする反対説がある。

同様に相殺の抗弁が排斥される場合であっても、相殺の抗弁が時機に後れた防御方法であること（民訴二五七条）、相殺適状（民五〇五条一項）にないことなどが理由であるときには、既判力は生じない。反対債権に関する判断について既判力を生じさせることが許されるのは、当該債権について当事者の手続保障を伴う実質的な審理がされているからである。このような観点からすれば、反対債権の存否について実質的な審理がされていないときには、既判力は生じないと解される。

＊10 **相殺の再抗弁**　被告の相殺の抗弁に対して、原告が訴求債権とは異なる債権を自働債権として訴訟上の相殺を主張する場合（相殺の再抗弁）については、いたずらに審理を錯綜させるから不適法とするのが判例（最判平一〇・四・三〇民集五二巻三号九三〇頁）であり、学説も結論的には不適法とするものが多い。しかし、根拠については、判例とは異なり、訴求債権が不存在である場合、あるいは、訴求債権と反対債権と相殺される場合には、相殺の再抗弁は無意味になるという理由で不適法とする見解もある。

＊11 **一部請求に対する相殺**　一部請求に対して相殺の抗弁が提出され、それが認められる場合の処理については、訴求債権の総額を確定し、その額から反対債権の額を控除して残額を算定したときに、一部請求額が残額の範囲内であれば全部認容し（反対債権の不存在が民訴一一四条二項の既判力を伴って確定される）、残額を超えるときには残額の限度で認容すべき（相殺の対抗額の部分が不存在であることが民訴一一四条二項の既判力を伴って確定される）とするのが判例である（外側説。最判平六・一一・二二民集四八巻七号一三五五頁）。一部請求をする原告は、少なくとも請求額までは債権が存在すると考えているので、判例の処理は、このような原告の意図に合致するとされる。しかし、これに対しては、明示の一部請求では訴訟物は請求部分に限定されるとの判例の立場と整合性を欠く、あるいは、被告は原告の請求額との相殺を意図しているのであり、相殺の抗弁が出された時点で原告は請求の拡張によって対応すればよいとの批判があり、このような見地から、学

説では、反対債権の額を一部請求額と請求されていない額とに案分して控除して認容額を決めるべきであるとする見解（案分説）、あるいは、反対債権の額を一部請求額から控除して認容額を決めるべきであるとする見解（内側説）も主張されている。

3 判決の拘束力が及ぶ人々――既判力の主観的範囲

相対効の原則

ここでの問題は、確定した判決の既判力が誰に及ぶのか、を問うものである。民事訴訟手続においては、当該訴訟手続に関与し、判決の内容に影響を与えることができた訴訟当事者（原告・被告）に限り、既判力が作用すると理解するのが原則である（民訴一一五条一項一号）。この場合、判決の結果如何にかかわらず、有利・不利を問わずに、既判力は当事者に及ぶことになる。

民事訴訟手続が当事者の私益をめぐる紛争を処理するシステムであることからすれば、その紛争解決機能をいたずらに拡大することは躊躇されるべきである。当事者間で争われる審判の対象を画定することは、当事者の自由であり（処分権主義）、当事者により画定された権利・法律関係を基礎づける事実を主張したり、その事実を基礎づける証拠を提出することも当事者に委ねられている（弁論主義）。とすれば、判決の結果に当事者が拘束されることは、自己責任として当然であろう。他方で、訴訟手続に関与する機会すら与えられなかった第三者に判決結果を及ぼすことは、憲法上の裁判を受ける権利の保障という観点からも原則として許されないはずである。また、これを安易に認めることは、第三者による当該手続への介入を許すおそれがあり、無用な手続の複雑化を招き妥当でない。

特定の第三者に既判力が拡張される場合

しかしながら、次のような事例を考えてみると、相対効の原則をどのような場合にも貫徹することは困難であることが理解される。たとえば、ある物の所有権の帰属を訴訟で争ったとする。原告が勝訴し、判決が確定した後、被告であった者がその物を第三者に譲渡した。この場合、原告・被告間にのみ及ぶとされる既判力が、原告・第三者間の訴訟に何らの影響力ももたないとすれば、訴訟による紛争解決の実効性が損なわれるであろうし、当事者間の公平も損なわれる。

そこで、民事訴訟法は、紛争解決の実効性を確保すること等を目的として、当事者と密接な関係にある特定の第三者に対する既判力の拡張を認めている。以下、いくつかの具体例を検討する。[*1]

(1) 訴訟担当の場合における被担当者（本人）　たとえば、破産管財人が、破産財団に帰属する財産について訴訟で争った場合、その結果は、破産者に及ぶとされている。すなわち、第三者の訴訟担当と呼ばれる訴訟の類型では、担当者＝破産管財人が受けた判決の効力は、被担当者である破産者に及ぶのである（民訴一一五条一項二号）。

被担当者に既判力が拡張される根拠は、法律規定（法定訴訟担当）ないし被担当者の意思（任意的訴訟担当）により、訴訟担当者に対して、訴訟追行が授権されていることに求められる。

一方で、たとえば、債権者代位訴訟において、訴訟担当者である債権者と被担当者である債務者は、その利益が対立する関係にある。このような場合に、判決の既判力を有利不利を問わず被担当者＝債務者に及ぼすこと（判例・通説）に対しては、疑問が投げかけられている。訴訟担当者の勝訴判決という有利な結果のみが拡張されるという考えや、そもそも訴訟担当者が固有の当事者適格を有していることから、被担当者には判決効が一律に及ばないという考えも提唱されているが、十分な支持を得られていない。しかし、これらの批判説の問題意識から、被担当者の手続保障を重視する種々の考えが有力となっている。

(2)　口頭弁論終結後の承継人　ＡがＢに対して貸金返還請求訴訟を提起し、勝訴した。その後、ＣがＢの債務を免責的に引き受けた場合、ＡＢ間の判決の効力がＣとの関係でどうなるか、ということを考えてみる。仮に、相対効の原則を貫徹するならば、勝訴した債権者にとって酷である。そもそも紛争解決の実効性そのものが損なわれる。一方で、審理が行われている間に引受けがなされた場合には、訴訟承継制度が機能するはずである。また、Ｄが、勝訴したＡから当該貸金債権の譲渡を受けた場合についても（以上、特定承継）、あるいは、ＤがＡの相続人である場合でも（一般承継）、相対効にこだわれば、ＡＢ間の訴訟の意味を没却してしまう。そこで、民訴一一五条一項三号では、既判力の標準時である事実審の口頭弁論終結時後の「承継人」に既判力の拡張を認めている。ただし、Ａ勝訴判決の既判力がＣやＤに拡張されるということは、「承継人」であるＣやＤと相手方との間の権利義務関係を確定するということを意味しない、ということには注意を要する。また、「所持者」や「訴訟担当の被担当者」等と異なり、承継人固有の攻撃防御方法の提出が保障されると解される。

この場合にも、既判力拡張の根拠が考えられるべきである。これまでは「承継」の概念に関する解釈がその役割を果たしてきた。当初は、右に見た事例のように、訴訟物たる権利義務関係を「承継」することに拡張の正当性が委ねられ、既判力拡張は、権利関係の安定要求のもと、ごく当然のことと理解された。

しかし、次のような事例を考えてみると、このように「承継」を狭く解することが難しいとわかる。たとえば、土地の所有者Aが、その土地を賃借して建物を所有するBに対して、土地賃貸借契約終了に基づく、建物収去土地明渡請求訴訟を提起し、勝訴したとする。このとき、既判力の標準時後に、Cが、この建物の所有権をBから譲り受けたとする。この場合、CはBの建物収去土地明渡義務を実体法上「承継」したわけではない。しかし、Cに、Aに対して、Cの土地占有権原の前提として、Bの土地占有権原を援用させることは適切でなかろう。かつての通説は、Cの援用を許さないことを、係争物の承継による当事者適格の「承継」に求めた（適格承継説）。あらためてAが提訴する場合の適格者は誰かということである。これにより、「承継」の対象は訴訟物の枠を超えることになった。

承継の対象として、当事者適格を考えた場合に論じられた問題がある。たとえば、右の事例を、Aが土地所有権に基づく明渡請求をした場合と比較して、これらを区別するべきであるという考えがある。これは訴訟物理論の対立を踏まえたものである。旧説からは、訴訟物が債権的請求権である場合、すなわち、賃貸借終了に基づく明渡請求であれば、債権の相対的性格を強調し、Cは「承継人」ではないとする。新説に立てばこのような区別は生じない。新説の中にも、所有権者が行う明渡請求であれば既判力拡張を認め、賃貸人が賃借人に契約終了に基づく明渡請求をする場合には、拡張を認めない、とする考えもある。もっとも、すでに述べたように、既判力が拡張されても、Cに固有の抗弁は斟酌されるため、債権か物権かにより拡張の有無を判断することには大きな意味はないと思われる。

他方で、当事者適格は、訴訟追行権者が誰かを判断する道具概念であり、判決確定後の既判力の範囲を画定するための基準として相応しいかについては批判がある。また、当事者適格は、訴訟物との関係で観念され、承継取得されるものではない。そこで、近時の多数説は、「紛争主体たる地位」を「承継」するものと説明する。しかし、この「地位」自体の不明確さや適格承継説との相違が見出しがたいという批判がある。

最近の有力説は、この問題について、次のように考える。承継人とされれば、前訴に影響を与えることなく、その結果を甘受しなければならない。このことが許容されるためには、前訴追行があったことを擬制せざるをえないが、そのような擬制を認めうるような依存関係（従属性）があるならば、既判力拡張が正当化されるとする。そして、この依存関係による正当化を、当事者適格判断の基礎となった実体法上の法的地位の「承継」に託すのである。

既判力拡張を受けるとされる第三者が、固有の攻撃防御方法を有していたような場合はどうなるか。たとえば、AがBに対して所有権に基づきダイヤの指輪の返還請求訴訟を提起したとする。既判力の標準時後に、Cが指輪について譲渡を受け、かつ善意取得の要件を充たしていたとする（民一九二条）。この場合に、Cを承継人とするか否かにつき、いわゆる実質説と形式説の対立がある。前者によれば、まず、固有の攻撃防御方法について審理を行い、それが認められない場合にはじめて「承継人」と判断される。これに対して、後者の考えによれば、まずCを「承継人」としたうえで、固有の攻撃防御方法について、標準時後の事由として顧慮されると考える。もっとも、現在、AB間の既判力がCに及ぶとしても、AC間の権利関係まで確定されるわけではないと理解されている。すなわち、Cについても、Bが指輪の返還義務を負うこと自体争えないと解することは適切であるが、他方で、C固有の抗弁には影響が及ばないのである。それゆえ、近時は、両説の対立はそれほど大きなものではないと解されている。しかし、形式説に立つ場合、既判力拡張と執行力の拡張（民執二三条一項三号）の場面でずれが生じうることには注意が必要である。

(3) 請求の目的物の所持者　Aが、自己所有の土地上に建物を所有するBに対して、建物収去土地明渡請求訴訟を提起した。A勝訴判決の既判力は、Bを拘束し、この建物を単に管理しているCにも及ぶとされる。すなわち、当事者本人（あるいは訴訟担当の場合の権利義務の帰属主体や口頭弁論終結後の承継人）のために「請求の目的物を所持する者」にも既判力（民訴一一五条一項四号）と執行力（民執二三条三項）が及ぶ。請求は、物権的請求権および債権的請求権のいずれでもよく、目的物は、動産か不動産かを問わない。また、占有の取得時期が既判力の標準時の前であっても、ここにいう「所持者」にあたる。

右のCに既判力が拡張されても、Cは当事者本人のために占有しているのであり、自己自身に固有の利益がないため、不都合はないと考えられる。それゆえ、「所持者」の例として、管理人の他、受寄者（有償の場合は問題とされる）、同居している家族等が挙げられるのである。一方、右訴訟の標準時前に、CがBから建物を賃借していたような場合には、自己の利益のために占有しているため

「所持者」にはあたらず、既判力や執行力は及ばない。Cが質権者の場合も同様である。

こうした既判力の拡張が認められる根拠が、「所持者」固有の利益の欠缺にあるとするならば、この「所持者」に該当する者をより広く捉えることも可能となる。たとえば、目的物の引渡請求の執行を免れるためその物の仮装譲渡を被告から受けた者や、所有権移転登記請求訴訟の被告から虚偽表示により移転登記を受けた者等である。

(4)　訴訟脱退者　AはBに対して貸金一千万円の支払いを求めて給付訴訟を提起した。CはAからこの債権を譲り受けたとして、Aに対して金銭債権の確認、Bに対してその支払いを求めて独立当事者参加（民訴四七条）をした。その後、Aが債権の譲渡を認め、当該訴訟から脱退した。この場合、参加したCとBとの間の判決の既判力等は、脱退したAにも及ぶとされている（民訴四八条）。同様に、このことは参加承継（民訴四九条・五一条）、引受承継（民訴五〇条・五一条）の場合にもあてはまる。なお、この場合の法的構成については理論上の争いが存在する。

(5)　法人格否認の場合における背後者　AはB会社に対する損害賠償請求訴訟の第一審で勝訴した。前後して多額の負債を抱え経営危機に陥ったBは、自己の債務を免れようとして、別会社Cを設立し、Bの資産を移転して事業を継続した。ただし、Cの設立には、Dが新たな出資を行っている。その後、右訴訟の判決が控訴審で確定した。この確定判決に基づき、Aは、BとCが実質的に同一の会社であるとし、Cに対して執行文付与の訴え（民執三三条）を提起した。このような事例で、Cは、民訴一一五条についてこれまで見てきた既判力の拡張を受ける「被担当者」、「承継人」、「所持者」のいずれの者にも該当しないため、解釈論上、いわゆる法人格否認が問題とされた。

要は、手続法上もこの法理を認め、既判力・執行力が拡張されるかが問題となる。

判例は、このような事案で、判決の既判力および執行力をCに拡張することを否定した。その根拠は、手続の明確性、安定性を尊重することにあった。

もっとも、こうした判例の結論と理由付けを基本的に支持し、判決効の拡張を否定する考えもあるが、有力な訴訟法学の立場からは疑問が呈されてきた。学説には、法人格否認の法理における形骸化事例と濫用事例を区別せず、判決効の拡張を認める考えがある。一方、これらを区別しつつ、前者については、既判力・執行力の拡張を認める考えが有力であるが、後者については、見解が分かれる。さらに、近時、上記事例のような場合に、「法人格否認の法理」という中間命題を用いて考察すること自体に疑問が投げかけられており、問題設定自体が動揺している。しかしながら、紛争解決の実効性を尊重しつつ、他方で、判決効の拡張を受ける者の手続保障を斟酌するという考え方の枠組み自体は動かしがたいようにも思われる。なお今後の検討が期待される問題である。

一般の第三者等に既判力が拡張される場合

(1) 一般の第三者等への既判力拡張の必要性　ここまで、既判力の主観的範囲について、相対効の原則とその例外として、個別の第三者に既判力が拡張される場合を俯瞰してきた。私益をめぐる民事紛争解決のシステムとして、民事訴訟では相対効原則が適切であるけれども、その紛争解決の実効性を価値あるものにするためには、一定の場合に、その原則を破り、既判力が拡張される者を法文上もしくは解釈上認めなければならない、ということである。

引き続き、相対効の原則の例外を扱うのであるが、ここでは、特定の第三者ではなく、一般のまたは一定範囲の第三者に既判力が拡張される場合を検討する。とくに、一般の第三者に判決効が拡張される場合を対世効という。

身分関係や団体の法律関係をめぐる紛争においては、その性質上、相対効原則を貫徹した場合に、かえって法律関係の混乱や不安を招くおそれがある。法律関係の画一的な処理こそが求められている場合である。そのため、右のような既判力の拡張が認められるのであるが、この場合、既判力の拡張を被る第三者の手続保障を十分に吟味する必要がある。このような第三者は、二当事者間の訴訟に関与していないからである。

(2)　具体的な拡張事例　(イ)　一定範囲の第三者に拡張される場合　たとえば、破産手続における破産債権の確定に関する訴訟についてなされた判決の効力は、破産債権者の全員に対して及ぶものとされている（破一三一条一項）。配当関係を統一し、画一的な処理を可能にする必要があるからである。同様に、民事再生手続における再生債権、会社更生手続における更生債権および更生担保権の確定に関する訴訟の判決についても、再生債権者全員（民再一一一条一項）、更生債権者、更生担保権者および株主全員（会更一六一条一項）にその効力が及ぶとされている。

(ロ)　一般の第三者に拡張される場合　身分関係にかかわる訴訟の判決は、一般第三者に対してもその効力が及ぶ（人訴二四条一項）。いわゆる判決の対世効とも呼ばれる。夫婦、親子、養親子関係をめぐる訴訟（人訴二条参照）においては、請求の認容・棄却を問わずに、原則として、既判力は第三者一般に拡張されるのである（例外として、同二四条二項）。対世効があるか否かは、人事訴訟に該当するか否かに左右されるため、人事訴訟法が明文で予定しない身分関係、たとえば、兄弟関係の確認訴訟が人事訴訟として扱われるかは一つの問題となる。

会社などの団体の法律関係をめぐる訴訟についても、判決の対世効が認められる。たとえば、株主総会決議取消訴訟の判決効は対世効をもつ（会社八三一条一項・八三八条）。会社の法律関係には多数の利害関係者が存在し、その事業運営等を円滑に進めるためには、これらの者の間で、法律関係を画一的に処理することが重要となるからである。ただし、右の身分関係訴訟とは異なり、請求認容の場合に限り、既判力が拡張されることには注意を要する。

(3) 第三者の手続保障　右の具体的な事例からも明らかなように、既判力を一般第三者に拡張することの必要性は否定できない。しかし、当該訴訟手続に関与しなかった第三者に既判力を拡張するためには、その拡張の根拠をなお考えてみる必要がある。(イ)に見た破産債権者等については、異議を述べる機会が保障されているため、深刻な問題は生じない。他方で、(ロ)に見た事例では、拡張の根拠を真摯に検討する必要がある。

このための方策として、まず想起されるのは、当事者適格の限定である。すなわち、当該訴訟を真摯に争い、充実した訴訟追行ができる者に限定する。これにより、判決の内容的正当性が担保され、第三者への既判力拡張が許容されることになる。人事訴訟では、処分権主義や弁論主義を制限し、職権探知主義が採用され（人訴二〇条等）、行政事件訴訟では、職権証拠調べが規定され（行訴二四条）、判決の内容的正当性を高める配慮がなされている。会社法上の公告（商一〇五条四項）という手段によれば、第三者はこれにより訴訟係属を知ることができ、訴訟参加が可能となる（その他、人訴二八条等参照）。事後的な救済措置ではあるが、株主代表訴訟の詐害再審（商二六八条ノ三）

のような方法もある。会社訴訟の判決効が片面的に拡張されることも、第三者の手続保障として斟酌しうる。

もっとも、これらの方法のみで第三者の手続保障が十分尽くされているといえるか、なお検討の余地があるとされている。

＊1　反射効について　確定判決の既判力を補充するものとして、従来、解釈上、その反射効ないし反射的効力が論じられてきた。たとえば、AがBに対して貸金返還請求訴訟を提起し、敗訴し、判決が確定したとする。その後、AがBの保証人であるCに対して新たに訴訟を起こした場合に、Cは、AB間の判決を自己に有利に援用して勝訴しうる。このことは、実体法上の保証債務の付従性から導かれる。すなわち、A敗訴判決は、付従性という実体法上の依存関係から、Cに有利に援用されるということになる。あるいは、合名会社の受けた判決の効力については、その社員に対する後訴で、社員に対し不利にも働くことがあるといわれる。このような反射効概念は、既判力とは異なるものである。たとえば、判決の本来的効力ではないため、その効力が及ぶものは、補助参加しかなしえない。既判力が職権調査事項であることに対して、自ら援用しなければならない点でも異なる。他にも、当事者間の判決が馴合い訴訟のような場合に、反射効の及ぶ第三者には、判決の無効主張が認められる。

学説においては、これまでも、この反射効を肯定する考えが有力に主張されてきた。既判力の本質論において、訴訟法説に転換した場合、実体法説でカバーできた部分に欠損が生じるのである。しかし、反射効が実質は明文なき既判力拡張である等として、これを否定する見解もある。既判力の根拠を手続保障に求める場合、反射効が既判力よりも弱い効力しか有しないとしても、実体法上の依存関係のみで、それを正当化することは難しいかもしれない。端的に、既判力拡張の成否として論じることも考察されている。

判例の立場には微妙なものがあった。たとえば、債権者Aが主債務者Bとその保証人Cを通常共同訴訟として訴えた事案である（最判昭五一・一〇・二一民集三〇巻九号九〇三頁）。まずCについて敗訴判決が確定した後、Bが勝訴した。その後、CがAに対する請求異議訴訟のなかで、B勝訴判決の反射効を主張したが、最高裁は、反射効を肯定する余地のあることを含みつつも、Cの主張を排斥した。一方で、これを明確に否定したとされるものがある。自動車事故被害者のAが、運行管理者のBと道路管理者であるCを共同して訴えた事案である（最判昭五三・三・二三判時八八六号三五頁）。第一審で、Bは相殺を主張し、認められ、判決が確定した。Cは第一審でこれを援用しなかったため、控訴審でAB間の確定判決の効力から、自己の債務の減額を主張した。最高裁は、確定判決の存在では足らず、相殺に関する主張・立証が必要であるとして、反射効を否定した。

第10章 裁判によらない訴訟の完結

1 訴訟上の和解

意義 (1) 訴訟上の和解とは、訴訟係属中に、当事者双方が相対立している訴訟上の請求を中心とするお互いの主張を譲歩することによる訴訟終了の合意である。この和解が和解調書に記載されると、確定判決と同一の効力が認められる。

したがって、訴訟上の和解は、訴えの取下げや請求の放棄・認諾と同じく、当事者の私的自治が裁判に反映された訴訟の終了原因である。民事事件の約半数は、この和解により解決されている。

和解には、次のような長所がある。第一は、和解は条理にかない実情に即した妥当な解決案が実現できるが、判決では法律によって一刀両断に杓子定規な解決になってしまうこと。第二に、判決は上訴を前提にした解決方法であるが、和解であれば紛争の最終的解決方法であること。第三に、判決によれば強制執行を予定せざるをえなくなるが、和解であれば当事者自身が自発的に履行することも期待できること。第四に、和解は紛争を早期に解決でき、妥当な解決ができることから、当事者および裁判所にとっても負担軽減となる。訴訟上の和解は、裁判所の和解の勧試（民訴八九条）

で一定内容の和解案を示したり、当事者の自主的な交渉によるなど、紛争の自主的解決方法として活用されている。

(2) 和解には、訴訟上の和解のほかに、裁判外の和解（民法上の和解契約。民六九五条）と起訴前の和解（民訴二七五条）がある。前者は示談ともいわれ、実体法の権利処分の効果は生じるが、直接には裁判上の訴訟終了効を生じない。即決和解は、実務の運用下では、当事者間ですでに和解が成立しており、その和解内容について強制執行が可能な債務名義を得ることを目的として行われている。起訴前の和解という（民訴二七五条）。以上の点で、裁判外の和解と起訴前の和解は、訴訟係属後に訴訟を終了させるために行われる訴訟上の和解とは異なっている。

(3) 訴訟上の和解は、当事者双方が訴訟上の請求を中心とした各主張を互いに譲歩して合意する。これに対して、請求の放棄・認諾は、訴訟上の請求を原告・被告が一方的に訴訟手続で放棄したり、承認することで訴訟終了となる。訴訟上の和解での互譲の合意は、請求についての主張に互譲があれば、どんな程度や態様でもよい。

和解の基本は、当事者双方の対立を互いに譲歩した一致した内容にまとめることであり、多様な類型がある。同一裁判所で他に係属するほぼ同一の争点の事件の訴訟を一括して和解手続に取り込む併合和解がある。さらに訴訟物以外の権利を加えて和解したり、利害関係のある第三者を加えて和解する準併合和解がある。紛争を一挙に解決することができるので、実務で広く行われている。

要件 (1) 訴訟上の和解の対象となるのは、第一に合意の客体について、当事者の自由な処分が認められる権利または法律関係である。公序良俗違反やその他、たとえば、物権法定主義に反する権利を設定するような、法律上許されないものは訴訟上の和解として認められない。

(2)　身分関係は、一般に高度の公益性を有するので、人訴一九条二項で訴訟上の和解、請求の放棄・認諾を適用しないと定める。しかし、一定の範囲に限って当事者自治の支配が認められている協議上の離婚や離縁では、和解、請求の放棄、附帯処分等を伴わない場合に限っての請求の認諾を例外的に認めている（人訴三七条一項）。養子縁組関係訴訟についても、人訴法四四条で特則として認めている。旧人訴法一三条の離婚訴訟における和解は、これによって廃止された。

また、会社・商事関係事件でも、会社設立無効の訴えは、その無効判決に対世的効力を伴うことや、設立無効の登記は原因証書として和解調書を認めていないという実務上の取扱いから和解が否定されている。株主総会決議取消しの訴えでも、被告会社に対する請求認容判決にのみ判決効の拡張があることから和解を否定する説が有力である。しかし、株主代表訴訟においては、判例は和解を認め、商法二六八条五項・六項として立法化された。

債権者代位訴訟（民四二三条）では、代位債権者に無制限の処分権が与えられているのではないので、和解条項が債務者の権利を処分する性格を有するのであれば、債務者を和解に参加させるべきである。しかし、詐害行為取消訴訟（民四二四条）では、債権者が第三債務者や詐害行為によって利益を受けた被告受益者と和解できるかについては、三当事者が和解に参加する義務はないと解されている。

取締役の責任に対して、会社責任を求める訴訟における債務免除には、総株主の同意が得られることが和解の条件となっている。

(3) 通説によれば、訴訟上の和解を成立させるには、本案判決の前提となる訴訟要件が必要であるとは断定していない。しかしながら、当事者能力、訴訟能力、権利保護の資格は、起訴前の和解（即決和解）との均衡から必要とされている。

手続・方式　(1) 一般的な手続　裁判所は、争点整理手続、口頭弁論、和解期日で和解勧試を行うが、訴訟外でも当事者が行う和解協議が成立して、その結果陳述が当事者双方より口頭でなされることもある（具体的な手続は、規則一六三条参照）。裁判所は、当事者の意思を確認した上で和解の成立要件を審査し、適法であれば和解内容を調書に記載する（規則六七条一項）。和解が不成立または無効と判断され、その点を当事者に対して指摘して、補正されなくても、訴訟手続は続行される。

(2) 和解条項案の書面による受諾　一方当事者が、遠隔地に居住している等、裁判所に出頭できない困難な事情があるため、その者が前もって裁判所の提示した和解条項案を受諾する旨の書面を提出していれば（書面受諾和解）、他の当事者が期日に出頭し、その和解条項案を受諾すれば、和解の成立が認められる（民訴二六四条、規則一六三条参照）。

(3) 裁判所等が定める和解条項　訴訟において、両当事者が共同で裁判所の定める和解条項に服する旨を申し立てたときは、裁判所は、和解条項を定めることができ、それが当事者間に和解が調ったものとみなされ、裁定和解とも仲裁的和解ともいわれている。これらの二つの和解制度は、起訴前の和解には適用されない（民訴二七五条四項）。

効果　訴訟上の和解が成立すると調書に記載され、それは確定判決と同一の効力が認められる（民訴二六七条）。これが和解の効果である。

(1)　訴訟終了効　和解の成立により、訴訟はその目的を欠くので訴訟は終了する。その訴訟終了効の及ぶ客観的範囲は、和解調書の「請求の表示」に明確にするために記載される。

(2)　執行力　和解調書に履行期が明示的に定められ、かつ具体的で特定された給付義務が記載されていれば、任意履行がなされないときには、強制執行をする執行力が認められる（民執二二条七号）。

(3)　既判力　和解調書の記載に既判力が認められるかどうかについては、見解が対立している。まず、既判力否定説は、和解の本質は当事者間合意による自治的紛争解決方式であり、裁判所による公権的な審理・判決とは性質を異にすること、さらに、既判力を付与すれば、後で当事者は実体法上の取消しや無効事由を主張して和解の無効を既判力によって主張できず、ただ再審の訴えに準じて、和解調書を取り消すことに限定されて、いったん終了した訴訟手続の再開を求めうるにすぎず、当事者に酷な結果になると理由づけている。この学説が多数説である。

既判力肯定説は、これに対して和解調書に既判力が付与されないとすれば、当事者は後訴において、訴訟法上の制約なしにその記載内容を争えることになり、たとえ当事者の自由な合意に基づく自主的解決方法でも、その紛争解決機能は著しく損なわれると理由づける。

制限的既判力説は、訴訟上の和解の法的性質は、訴訟を終了させる目的としての訴訟行為の性質とともに、訴訟物に関する私法上の和解契約たる私法上の合意という行為の併存している両行為併

◆コラム12◆　自主的紛争解決と私的自治

当事者は、その意思によって終局判決によらないで民事訴訟を終了させることができる。訴訟上の和解、請求の放棄・認諾、訴えの取下げは、当事者の私的自治に基づく自主的な紛争解決の方法である。

民事裁判では、終局判決以外の紛争解決の方法が頻繁に利用されている。というのは、当事者の自らの意思を尊重し、自己責任による処分を評価する私法上の私的自治の原則が、民事訴訟にも反映されているからである。つまり、紛争の当事者間で合意されたことに国家が拘束されることによって、当事者間でいろいろな理由により、自主的に、終局判決によらずとも紛争が解決され、その結果、国家の民事訴訟の負担も軽減される。だが、自主的な紛争解決が民事訴訟において許されているのは、契約の自由や、実体的処分の自由が与えられている財産関係であり、公益性の強い紛争や身分関係の紛争では、私的自治に基づく当事者の解決の許容範囲にも限度がある。

訴え取下げが、訴訟外で合意された場合の効力については、大審院時代には、民事訴訟法の規定がないことを理由に、その効力が否定された。今日の判例・諸学説は、その効力を認め、民事訴訟における自主的紛争解決は裁判所の判決に代わるものとして、一定の限度を伴いながらも定着している。

存説に基づいている。したがって、訴訟上の和解に実体法上の無効事由があるときは（民六九六条の事由を除き）、訴訟上も和解は無効とし、当事者はその無効を争うことができる。その方法は、続行期日指定の申立て（弁論を再開して審理を続行し、和解が有効であれば訴訟終了宣言判決をなし、無効であれば中間判決または終局判決の理由中で無効判断を示す）、和解無効確認の訴え、請求異議の訴え、再審の訴え等である。判例は期日指定の申立てを認めるが、最近の多数説は、このすべての救済方法を認めている。制限的既判力説とは、このような無効原因がない限り、既判力を認めるという説である。最判昭三三・六・一四（民集一二巻九号一四九二頁）は、制限的既判力説をとっている。

(4)　ところで、和解の成立後に債務不履行等の理由により、和解契約が解除された場合、最判昭四三・二・一五（民集二二巻二号一八四頁）は、その和解契約上の権利関係が消滅したのみで、その訴訟終了の効果は消滅していないと解釈し、旧訴訟の復活を否定して、新訴提起は二重起訴禁止にあたらないと判示している。通説もこの判例を支持している。

2　訴えの取下げ

意　義

(1)　訴えの取下げとは、原告の裁判所に対する訴訟上の請求の審判要求の申立てを撤回する当事者の訴訟行為である。その原告の一方的な訴訟行為は、単独の意思表示である。その効果として、訴訟係属が遡及的に消滅し、訴え提起がなかったものとみなされ、訴訟が終了する（民訴二六一条・二六二条）。

しかし、たとえば、裁判手続外で訴え提起後に和解が成立していた結果、訴えを取り下げるその合意は、単なる私法上の訴え取下げ契約にすぎない。この訴え取下げの合意をどのように扱うべきか見解が分かれている。学説では、その事実が裁判で陳述されたときに訴えの取下げの申立てと同じに扱われる。訴訟係属の遡及的消滅の効果が認められるのかについて、判例（最判昭四四・一〇・一七民集二三巻一〇号一八二五頁）と通説は、原告がその合意に反して訴えを取り下げないときは、訴えの利益がないものと判断して、訴え却下判決を下すとする。有力説は、さらにその効力を確認するため、訴訟終了宣言判決を言い渡し、再訴の禁止効（民訴二六二条二項）も類推適用されるとする。

(2) 訴えの取下げは、原告の意思に基づく訴訟終了原因である。請求の放棄とその点で共通するが、請求の放棄では、その法的効果として確定判決と同一の効力が生じる。しかし、訴えの取下げでは、取り下げた部分は当初から訴訟係属していなかったものとなり、それまでの訴訟行為は遡及的に失効する。

訴えの取下げは、当事者双方が口頭陳述や出頭をしない場合にも擬制される（民訴二六三条）。

要件　(1) 原告は、判決が確定するまで訴えを取り下げることができる（民訴二六一条）。すなわち、第一審での終局判決の言渡し後、原告が上訴し、上訴が係属審理中であっても、訴えを取り下げることができる。ところが、上訴の取下げは、上訴が取下げとなるのみで、訴えの取下げとは効力が異なる。

(2) 原告は判決確定前ならば、訴えの取下げができる。しかし、被告の本案判決を受ける利益を保護するため、すでに被告が本案について準備書面を提出し、弁論準備手続または口頭弁論をした後は、被告の同意がなければ取下げの効力を生じない（民訴二六一条二項）こととしている。

(3) 訴えの取下げは、職権探知主義が適用されている人事訴訟事件のように、私的自治に服さない公益性の強い事件にも許されている。それは、訴えの取下げが請求の存否の審理内容にまで踏み込まず、高度な公益性の判断に影響を与えず、訴え提起後の訴訟行為が失効するからである。

(4)　原告は、訴えの取下げを単独で行うには、訴訟能力を有しているか、または代理人に代理権の特別授与を必要とする（民訴三二条二項・五五条二項二号）。しかし、法定代理人によって代理されなかった訴訟無能力者や、代理権を有しない法定代理人や訴訟代理人が提起した訴えでは、本人の追認がなくとも、これらの者が訴えを取り下げることができる。

(5)　訴えの取下げに条件をつけることは訴訟手続が不安定になり、さらにいったん意思表示された取下げの撤回も判例では認めていない。ただ、訴えの取下げに意思表示の瑕疵があった場合、判例・通説は、民訴三三八条一項三号または五号により、取下げの無効を許している。有力説は、それ以外にも民法九五条・九六条の適用を認めた上で、錯誤の成立や表意者の重大な過失を厳格に判断し、より広く取下げの無効を認めるべきであるとする（最判昭四六・六・二五民集二五巻四号六四〇頁）。

(6)　訴えの取下げは、数個の請求のうちの一部のみ、たとえば、請求の客観的併合での一個の請求や、多数の共同訴訟人の当事者の一人に対する請求の取下げなども許される。これも訴えの一部取下げである。しかし、必要的共同訴訟では、訴えの一部取下げは無効である。

訴え取下げの手続

訴えの取下げは、原告が原則として取下書を提出する（民訴二六一条三項）。あるいは口頭で期日に取下げの陳述も許される。取下げについての相手方の同意も、裁判所に対して書面または口頭で行われる。被告の取下げに同意する旨の主張があった時点で取下げの効力は生ずる。相手方は、訴えの取下げ書面の送達を受けた日から二週間以内に異議を述べないときは、訴えの取下げに同意したものと擬制される（民訴二六一条五項）。

取下げの効果

(1) 訴訟係属の遡及的消滅（民訴二六二条一項）　訴え取下げの効果として、訴え提起に基づいた当事者や裁判所の訴訟行為の効果は、遡及的に消滅し、失効する。訴え提起の時効中断の効力も消滅する（民一四九条）。

(2) 再訴の禁止（民訴二六二条二項）　裁判所が本案について終局判決を下した後に訴えを取り下げた者は、同一の訴えを提起することができない（最判昭五二・七・一九民集三一巻四号六九三頁）。この場合の本案判決は、請求認容・棄却判決のいずれでもよい。この再訴禁止の根拠について、学説は、取下げ濫用制裁説と再訴濫用防止説とがあるが、実務上では差はない。

条文上の「同一の訴え」を提起することができないとの文言は、当事者および訴訟物たる権利関係が同一であるだけでなく、訴えの必要ないし利益を基礎づける具体的事実関係にまで踏み込んで、前訴と再訴が同一の訴えであるかを判断し、再訴を審査すべきである（最判昭五二・七・一九民集三一巻四号六九三頁）。人事訴訟では、訴えの取下げが認められている以上、もちろん再訴禁止も適用される。訴えの取下げは消極的訴訟要件である。よって職権調査事項でもあり、再訴禁止に該当すれば不適法で訴え却下判決が下される（大決昭八・七・一一民集一二巻二〇四〇頁）。

(3) 再訴による救済を求める当事者が、訴え取下げの効力を争うには、上訴による。上級審が訴え取下げを有効と認めれば、原判決を取り消し、原審裁判に対して終了宣言の判決を言い渡す。反対に、訴え取下げが不存在または無効と上級審が判断すれば、上訴は棄却され、原審へ差し戻されて口頭弁論期日が続行されるとするのが実務上の多数説である。

3　請求の放棄・認諾

意　義

(1)　請求の放棄とは、裁判所に対し、原告がその訴訟上の請求たる権利または法律関係の存否に関する自己の主張が、理由がないことを自ら意思表示することをいい、請求の認諾とは、裁判所に対し、被告が原告の権利主張に理由があることを承認する意思表示をすることである（民訴二六六条）。請求の放棄・認諾は、調書に記載されたときに、確定判決と同一の効力を有する（民訴二六七条）。そして訴訟は終了する。これを訴訟の終了効という。

(2)　請求の放棄・認諾は、当事者の意思表示による訴訟終了原因であるが、当事者が、攻撃防御方法である相手方の法的主張を認める権利自白や、事実上の自白と異なり、訴訟上の請求自体に関する意思表示である。

(3)　請求の放棄・認諾は、当事者自治に基づくとはいえ、当事者の一方的な裁判所に対する意思表示である。したがって、請求の当否については条件をつけることはできない。

(4)　請求の放棄は訴えの取下げと同じく、原告の一方的な訴訟行為であるが、訴えの取下げの法的効果は、請求の存否についての終局的な解決がなされずに訴訟終了効が生ずる。請求の放棄では、裁判所の書記官によって必ず調書に記載されることが要件で、請求棄却の本案判決に代わる効力が生じることに、差がある。

(5)　請求の放棄・認諾は当事者自治に基づくので、複数の請求の客観的併合や多数当事者の通常共同訴訟のときにも請求の一部について認められる。しかし、必要的共同訴訟では、共同訴訟人全員によらねば請求の放棄・認諾は認められない（民訴四〇条一項）。

(6) 請求の放棄・認諾調書には確定判決と同一の効力がある（民訴二六七条）。だが、その調書に既判力を認めるかをめぐって、学説は既判力否定説・既判力肯定説・制限的既判力説に分かれている。既判力否定説では、請求棄却判決のときに生ずる既判力が認められず、訴訟終了効のみが認められる放棄調書や確認訴訟における認諾調書の既判力の存在意義が失われてしまう。だからといって、多数説である既判力肯定説では、私的自治に基づく当事者の意思表示に、公権的な判断である確定判決と同一の既判力を全面的に付与するのは行き過ぎである。したがって、請求の放棄・認諾に、私法上の詐欺、脅迫、錯誤などの取消し・無効原因があれば、それらが民訴法上の再審事由にあたらないときでも、救済を認めるべきであるという制限的既判力説が判例である。

放棄・認諾の要件 (1) 請求の放棄・認諾は、本案判決と同じく、請求に関する訴訟を終了させるものであるので、通説では、一般に訴え提起で求められているのと同様の訴訟要件が欠けていれば訴え却下判決を下し、請求の放棄・認諾を認めるべきでないとする。

(2) 改正された人事訴訟法上の婚姻・養子縁組事件については、当事者自治による法律関係の形成が制限されるので、請求の放棄・認諾を認めないのが原則とされる（人訴一九条二項）。しかし、離婚事件では、協議離婚を認めている以上、請求の放棄・認諾が例外的に認められた（人訴三七条一項）。離婚と同様の性質をもつ離縁事件でも同様の扱いが認められた（人訴四四条）。

(3) 請求認容判決について対世効を認める会社関係訴訟においては、通説では請求の放棄は認められるが、請求の認諾は認められないとする。すなわち、請求を認諾すれば、その判決効の拡張を受ける一般第三者の利害が害されるからだという理由である。

さらに、債権者代位訴訟での代位債権者の請求の放棄については、債務者の同意がなければ認められない。

(4) 請求の放棄・認諾は、訴訟上の行為なので、当事者の訴訟能力は必要である。

なお、放棄・認諾は判決が確定するまで事実審においても上告審でも認められる。

手　続

請求の放棄・認諾の申立ては、受訴裁判所の口頭弁論等の期日において、口頭でなされるのが原則である（民訴二六六条一項、例外として二項参照）。請求の放棄・認諾の申立てがなされると、裁判所はその要件を調査して満たされていれば、書記官に調書に記載させる。要件が満たされていなければ審理手続を続行する。請求の放棄・認諾の効力につき、当事者間で争われたときには、中間判決により、あるいは終局判決の理由中で、その争いについて判断する。当事者は、調書に記載されるまで、放棄・認諾について撤回することができるとされるが、自白の撤回に準じて、相手方の利益に重大な影響があるので、相手方の同意を要する。

効　果

請求の放棄・認諾が有効と判断されたときは、調書に記載されて成立すれば、訴訟は終了する。放棄調書は請求棄却に該当し、認諾調書は請求認容の確定判決と同一の効力を発生させる。

第11章 複雑な訴訟

1 複数請求の訴訟

総説

(1) 意義と態様　原告Xが被告Yに対してA家屋の明渡しを求める訴えのように、一人の原告が一人の被告に対する一つの請求について審判を求めるというのが、訴えの基本的な形態である。しかし、明渡請求に加えて、A家屋の所有権確認を求めるように、同一当事者間で複数の請求が審判対象となる場合がある。また、Yに加えて被告Zに対しても明渡しを求めるように、複数の原告や被告が同一の審理で裁判を求める場合もある。ここでは前者の複数請求の訴訟について扱い、後者は多数当事者の訴訟として後述される。

複数の請求を別々の訴訟手続、つまり、裁判所、審理期日とも別々に審理するならば、個々の事件は単純化され、迅速な審理が期待されよう。しかし、請求ごとに期日が別々に指定されて弁論と証拠調べが行われる結果、当事者間の紛争全体の解決の点から見れば、当事者の負担はむしろ増大する。また、公益的な観点からも、共通する事柄について重複して審理されることになり、訴訟上不経済であるのみならず、内容の矛盾する判決がなされる危険が増大する。そこで現行法は、複数の請求を同一訴訟手続において併合して審理する手続（複数請求訴訟）を認めているのである。

訴えの併合を求めるかどうかは当事者の意思による（処分権主義）。訴えの併合を求める当事者の行為としては、請求の併合（民訴一三六条）、訴えの変更（民訴一四三条）、反訴（民訴一四六条）があり、訴えの変更と反訴の特別類型として、中間確認の訴え（民訴一四五条）がある。請求の併合は「訴えの客観的併合」とも呼ばれ、訴えの変更と反訴も含んだ意味で使われることもあるので、請求の併合のみを指す場合には「訴えの固有の客観的併合」ということがある。

しかし、裁判所も当事者の意思の有無にかかわらず、弁論の併合を行い、逆に弁論を分離、制限することもできる（民訴一五二条）。

なお、紛争の一括的解決のために判決確定後の別訴が禁じられ、訴えの変更あるいは反訴の提起が要求されている場合（人訴二五条・一八条）や、他の請求について別訴を提起すると重複起訴の禁止（民訴一四二条）に触れる場合には、併合審理が要求される。

(2)　原始的複数と後発的複数（係争中の訴え）　請求の併合は、当初から複数の請求について審判を開始させるものである。これに対して、訴えの変更と反訴（および中間確認の訴え）は、ある請求について審理が進んだ段階で他の請求について審理を開始させるものであり、係争中の訴えという。係争中の訴えは、これを広く認めると相手側の防御が困難になるとともに、訴訟手続の長期化により、複数請求のメリットである審理の効率化が阻害される。したがって、後発的複数の場合は、原始的複数である請求併合要件に加えて、独自の要件を必要とする。

また、係争中の訴えが控訴審において提起される場合は、相手方当事者の審級の利益が侵害されるおそれがあり、特別の考慮を要する。

訴えの併合

(1) 意義・要件　訴えの併合とは、固有の意味では、原告が当初から一つの訴え（一つの訴え提起行為）をもって複数の請求（複数の訴訟物）について審判を求めることをいう（民訴一三六条）。訴えの併合が次の要件を充足して適法である場合には、本案の審理、すなわち弁論および証拠調べは、すべての請求に共通のものとして行われる。

(イ) 数個の請求が同種の訴訟手続によって審判されるものであること（民訴一三六条）

(ロ) 法律上併合が禁止されていないこと

(ハ) 各請求について受訴裁判所に管轄権があること　ただし、受訴裁判所が一つの請求につき管轄権を有する場合は、他の裁判所の専属管轄に属する請求を除き（民訴一三条）、本来管轄権のない他の請求についても併合請求の受訴裁判所に管轄権が認められることになる（民訴七条。併合請求の裁判籍）。なお、事物管轄は原則として各請求の価額を合算して決められる（民訴九条）。

(2) 併合の態様　訴えの併合は、数個の請求の相互関係からみて、次の三つの態様に分けられる。

(イ) 単純併合　複数の請求のすべてについて無条件に判決を求める併合態様である。例として、売買代金請求と貸金返還請求の併合、賃貸物件の返還請求と延滞賃料の支払請求の併合などがある。物の引渡請求とその将来の執行不能の場合の代償請求の併合は、現在の給付と将来の給付の訴えの単純併合である（民執三一条二項参照）。

(ロ) 予備的併合　第一順位（主位）の請求が認容されないときは第二順位（予備的・副位的）

の請求について審判を求めるというかたちで、数個の請求に順位をつけて審判を求める場合である。例として、売買代金の支払いを請求しつつ、もし売買契約が無効であるならば予備的に引き渡した目的物の返還を請求する併合がある。一般的には、各請求が両立しえない場合にのみ予備的併合は許されると解されている。裁判所は、主位請求を認容する限り予備的請求について判断する必要はないが、主位請求を排斥した場合は、さらに予備的請求についても審判しなければならない。

(ハ)　選択的併合　併合請求のうちいずれか一つが認容されれば他についての審判は求めないという趣旨で、数個の請求につき審判を求める場合をいう。裁判所は一つの請求を認容する限り残りの請求について判断する必要がないが、原告を敗訴させるときは、併合請求の全部について審判しなければならない（訴訟物理論による異別の扱いについてはコラム13参照）。

(3)　併合訴訟の審判　裁判所は、職権をもって併合要件の具備を調査する。併合要件を欠く場合、訴え全体を不適法却下すべきではなく、各請求ごとに別個の訴えが提起されたものとして処理すべきである。

併合が適法であれば、本案につき弁論および証拠調べはすべての請求に共通のものとして行われる。単純併合の場合は、裁判所は必要に応じ弁論の分離をすることができ（民訴一五二条一項）、別々の手続で審理されることもある。ただし、主要な争点が共通である場合（例として、同一建物の所有権確認請求と明渡請求）には弁論の分離は許されないとする有力説もある。

併合請求の全部が終局判決に熟すれば全部判決がなされるが（民訴二四三条一項）、単純併合の請求の一部が判決に熟した場合には、一部判決をすることができる（民訴二四三条二項）。予備的併合の主位請求または選択的併合の一つの請求を認容する判決は、その審級での訴訟の全部を完結するものであるから、全部判決である。全部判決に対して控訴があれば、全請求が控訴審に移審する。

訴えの変更

(1) 意義・態様　訴えの変更とは、訴訟の係属中に原告が当初の訴えにつき、その請求の同一性や範囲を変更することをいう。

訴えの変更は、訴状の記載事項である請求の趣旨・請求の原因の一方または双方を変更することによって行われる（民訴一四三条）。

訴えの変更の態様としては、従来の請求に新請求を追加する追加的変更と、従来の請求に代えて新請求を提起する交換的変更がある。前者の例として、所有権確認請求に所有権に基づく返還請求を追加する場合があり、後者の例として、物の引渡請求を、その物の滅失による損害賠償請求に代える場合がある。追加的変更の場合は広義の訴えの併合となり、単純併合、予備的併合、選択的併合に区別されることとなる。

(2) 訴えの変更の要件　(イ)　事実審の口頭弁論の終結前であること（民訴一四三条一項本文）控訴審においても訴えの変更は許される（民訴二九七条）。

(ロ)　請求の基礎に変更がないこと（民訴一四三条一項本文）　訴えの変更が後発的複数請求であることの問題点（前述）を回避し、合理的な範囲にとどめるための要件である。この「請求の基礎」が何を指すかについては諸説があるが結論にほとんど差異はなく、前述(1)で挙げた例が本要件を具備していることに異論はない。なお、本要件は被告の保護を主眼としている点で、請求の基礎の変更がある場合でも、被告が同意するかまたは異議なく新請求に応訴すれば、本要件を考慮することなく訴えの変更は許されるとするのが通説である。被告の陳述した事実に基づいて訴えの変更をする場合も同様である。

(ハ)　著しく訴訟手続を遅延させないこと（民訴一四三条一項ただし書）　新請求の審判につき従来の資料があまり利用できず、そのために手続が著しく遅延するおそれがある場合は、別訴によるのが適切である。本要件は被告の利益保護とともに公益的な訴訟経済の側面を有するから、これを欠くと認めるときは、被告の同意の有無にかかわらず変更を許すべきではない。

(ニ)　訴えの併合の一般的要件を具備していること　とくに新請求が他の裁判所の専属管轄に属しないことが必要である（民訴七条・一三条参照）。

(ホ)　交換的変更の場合、旧請求の撤回について、訴えの取下げの場合と同様、被告の同意が必要である（民訴二六一条二項、通説）。

(3)　訴えの変更の手続　(イ)　訴えの変更は書面によることを要する（民訴一四三条二項）。この書面は被告に送達されなければならず（民訴一四三条三項）、これによって新請求につき訴訟係属が生じる（なお、時効中断等の効力発生時期につき、民訴一四七条参照）。

(ロ)　裁判所は、訴えの変更の有無または変更の適法性について職権で調査する。訴えの変更でない（攻撃防御方法の変更にすぎないなど）と認めれば、そのまま審理を続行する。この点で当事者間に争いがあれば中間判決（民訴二四五条）または終局判決の理由中でその判断を示すべきである。訴えの変更の要件を欠き不適法であると認めるときは、当事者の申立てまたは職権で、変更を許さない旨の決定をし（民訴一四三条四項）、従来の請求について審判する。この決定については独立の不服申立ては許されない（民訴二八三条参照）とするのが通説・判例の見解である。訴えの変更を適法と認める場合は、その内容にしたがって新請求について審判する。

反訴

(1) 意義　訴えの併合・変更が原告に認められているのに対応して、被告にも、訴訟の係属中にその訴訟手続を利用して原告に対する請求につき提訴することが認められている。この被告による係争中の訴えを反訴という（民訴一四六条）。反訴は、被告（反訴原告）が原告（反訴被告）に対する請求について本訴請求との併合審判を求めるものである。反訴には、単純な反訴と、本訴が排斥（訴え却下または請求棄却）されることを解除条件として反訴請求について審判を求める予備的反訴とがある。売買代金請求の本訴に対して請求棄却の申立てをするとともに、本訴請求が認容されるならば、売買の目的物の引渡請求につき審判を求める例がこれにあたる。

(2) 反訴の要件（民訴一四六条）　(イ) 本訴が事実審に係属し、かつ口頭弁論の終結前であること　控訴審での反訴については、原則として本訴原告の同意または応訴を必要とする（民訴三〇〇条）。これは反訴の相手方の審級の利益を考慮したものであるから、反訴請求につき第一審で実質上審理がなされている場合には同意が不要であるとするのが判例である（最判昭三八・二・二一民集一七巻一号一九八頁など）。

(ロ) 反訴請求が本訴請求またはこれに対する防御方法と関連すること　たとえば抵当権設定登記請求の本訴に対する、被担保債権不存在確認請求の反訴が前者の例であり、代金支払請求の本訴に対して、防御方法として反対債権による相殺の抗弁を主張し、反対債権のうち対等額を上回る部分の支払請求の反訴を提起することが後者の例である。なお、この関連性の要件も相手方の利益保護の観点に基づくから、原告の同意があれば必要でない。

(ハ)　訴えの変更の要件と同一のものとして、反訴請求が他の裁判所の専属管轄に属しないことなど、訴えの併合の一般的要件を具備していること、および著しく訴訟手続を遅滞させないことが必要である（なお、特許権等に関する訴えにつき、民訴一四六条二項参照）。

(3)　反訴の手続　反訴の提起は本訴に準じ（民訴一四六条三項、規則五九条）、反訴状を提出してなされる（なお民訴費三条別表Ⅰの六参照）。反訴の要件を欠く場合、終局判決をもって反訴を却下すべきであるとするのが通説・判例であるが、独立の訴えとしての要件を満たしている限り、別個の訴えとして取り扱うべきだとする有力説がある。反訴が適法であれば本訴との併合審理がなされる。反訴請求についての弁論の分離や一部判決は、予備的反訴を除き、必要があれば許されるとするのが通説であるが、関連性のある反訴については制限的に解すべきであるとの見解も有力である。本訴取下げ後は被告は原告の同意なしに反訴を取り下げることができる（民訴二六一条二項ただし書）。

中間確認の訴え

(1)　意　義　中間確認の訴えは、訴訟の係属中に、本来の請求の当否の判断に対し先決関係にある法律関係の存否について、原告または被告が追加的に提起する確認の訴えである（民訴一四五条）。そもそも、請求の判断に対し先決関係にある法律関係の存否は判決理由中で判断され、既判力が生じないが（民訴一一四条一項）、その存否について同一の訴訟手続を利用して既判力による確定を得ることができることとしたのがこの手続である。所有権に基づく引渡請求訴訟において所有権の確認を求める場合や、利息請求訴訟において元本債権の存否の確認を求める場合などがこれにあたる。この訴えは原告が提起する場合は訴えの追加的変更であり、

◆コラム13◆　占有の訴えと本権の訴え

所有者が物の引渡しを求める場合、所有権に基づくと同時に占有権に基づいて請求することができる。訴訟物理論の旧実体法説では各訴訟物は異別であり、選択的併合に該当するとする。新訴訟物理論では法的観点の違いに過ぎず訴訟物は一個であるとし、占有の訴えが本権の訴えとは互いに相妨げることがない（民二〇二条一項）との規定は、占有権に基づく請求権と本権に基づく請求権とは別物であることを明示しているに過ぎないとして旧実体法説の反論を斥けている（三ヶ月章「占有訴訟の現代的意義」研究第三巻三頁）。

ところが民法は、占有の訴えにおいて、本権に関する理由に基づいて裁判することを禁じている（同条二項）。したがって占有回収の訴えにおいて、被告が防御方法として所有権を主張することはできない。それでは占有の訴えに対して本権に基づく反訴を提起して併合審理を求めることができるであろうか。通説・判例（最判昭四〇・三・四民集一九巻二号一九七頁）は、この反訴提起を認める。

占有の迅速な保護を強調すれば反訴は許されないことになろう。しかし、占有の訴えの被告が原告を相手に別訴を提起することまで禁じるものではないので、占有の訴えで勝訴したとしても、別訴の本権の訴訟で敗訴した場合、占有権者の実際上の利益は大きくない。自力救済の禁止原則による占有権の保護という象徴的意義にとどまることになる。

また、反訴を認める場合も本訴・反訴とも請求認容の場合を考え、反訴の所有権に基づく妨害排除請求を、原告の占有回収を条件とする将来の給付請求とみなす裁判例や学説もあるが、本訴請求認容判決による占有回収の執行は無益であるなどの反論もあり、問題が多い。

究極的には占有権制度を民法上どのように扱うべきかといった立法論的解決が待たれるゆえんである（高橋宏志『重点講義民事訴訟法・新版』四三頁以下）。

被告が提起する場合は反訴そのものであるが、先決関係にある法律関係の存否に対する既判力による確定という特殊な意義から、別に定められたものである。

(2)　要件・手続　(イ)　訴訟の審理中に当事者間で争われ、かつ本来の請求の当否の判断に対し先決関係にある法律関係の積極的または消極的確認を求めるものであること、(ロ)　訴訟が事実審に係属し、口頭弁論終結前であること、(ハ)　訴えの併合の一般的要件を具備していることが、要件である（なお、特許権等に関する訴えにつき、民訴一四五条二項参照）。

中間確認の訴えの提起も書面によることを要し、かつ、この書面は相手方に送達されなければならない（民訴一四五条三項）。その後の審判は、訴えの変更または反訴の手続の場合に準ずる。

2　多数当事者の訴訟

1　共同訴訟

多数当事者紛争の訴訟形式　法的紛争に複数の者が関わるときがある。たとえば、一つの交通事故で複数の被害者が生じた場合に、加害者の過失などが争われる場合である。この場合に、それぞれの被害者が別々に加害者に対して訴えを提起することは可能であるが、その場合には、事故原因について同じ証人が別々の訴訟手続に何度も呼び出される負担があり、裁判所としても被告となる加害者としても手間暇が二重となる。複数の被害者が一つの訴訟手続でそれぞれの損害賠償を求める訴えを提起することができれば裁判所、当事者、証人となるべき第三者にとって便宜が大ききいし、訴訟ごとに過失判断が異なるなどの判決の矛盾抵触を避けることもできる場合が多い。これに限らず、多数の者が関わる紛争を訴訟にも反映させ三名以上の者が訴訟に当初からあるいは後の参加などにより関与することによる紛争解決上の利点があるので民事訴訟法もそれを認めている。このような訴訟形態を多数当事者訴訟といい、当事者の訴訟への関わり方によって、共同訴訟、独立当事者参加訴訟、補助参加などがある。

共同訴訟の種類と一般的要件　共同訴訟とは、原告または被告の少なくともどちらかが二名以上の場合の訴訟形態をいう。共同訴訟の最も一般的なものは提訴のときから共同訴訟である場合であるが、これは、訴えの主観的併合と呼ばれる。訴えの主観的併合が許されるためには、請求が併合される以上、訴えの客観的併合が許されるための民訴法一三六条の要件が必要であり、さらに、民訴法三八条の要件が必要である。民訴法三八条の要件は広いので、まったく別の当事者間にまったく別の場所、時期に生じた交通事故に基づいて別々の被害者から別々の加害者に対する訴訟も要件を満たすことになる。満たさない場合も被告が異議を述べなければ問題とはならない。なお、それぞれの請求について管轄があることが必要であるが、同一事故に基づく場合には、関連裁判籍が認められる（民訴七条参照）。

共同訴訟には、通常共同訴訟、固有必要的共同訴訟、類似必要的共同訴訟がある。固有必要的共同訴訟は、関係者全員が訴訟当事者とならなければ当事者適格を欠くし、判決も全員について合一に確定する必要性のある訴訟であり（①訴訟共同と②合一確定の必要。民訴四〇条）、類似必要的共同訴訟は、②のみ必要的な訴訟、通常共同訴訟は①も②も必要ではない訴訟である。それぞれの共同訴訟の具体例と区別の基準については、後述の必要的共同訴訟の箇所で述べる。

通常共同訴訟

(1)　共同訴訟人独立の原則（民訴三九条）　通常共同訴訟は、各当事者が別々に訴えを起こすことができる訴訟であるものが、たまたま一つの訴訟手続で審判されることとなったものであるので、処分権主義に基づく各当事者の自由な訴訟処分があればそれを優先させなければならない。被告が共同原告の一人の請求を認諾し、他方の請求については争うとか、共同原告の一人とだけ和解をするということも可能である。敗訴した共同原告の一人が上訴をしても、その効果は上訴しなかった他方の原告には及ばない。弁論主義も妥当するので、共同原告の一人が被告の弁済の抗弁について自白をすればその効果が生じるが、それを否認する他方の原告には自白の効果は及ばない。その結果、たとえ判決が下されることになっても、その内容が各共同訴訟人ごとに区々となることもありうる。また、共同原告の一人に訴訟の中断事由が生じた場合にも他方の原告との関係では訴訟は中断しないで進行することとなる。これらが共同訴訟人独立の原則の内容である。裁判所は、それぞれの当事者の訴訟進行の希望や争い方が相当違う場合には、弁論を分離して（民訴一五二条一項）、別々の手続とすることもできるし、共同訴訟人の一人について一部判決をすることも可能である。もっとも、多くの場合には、各共同訴訟人は共同歩調をとるため、事実上同じ事実認定に基づく相互に矛盾のない統一した判決が期待できる。

(2)　共同訴訟人間の主張共通と証拠共通　共同訴訟人独立の原則を貫くと、たとえば、共同被告の一人が弁済を主張するが、他方の被告がそれを積極的に援用していない場合に、他方の被告には弁済の主張がなかったとして判決せざるをえないことになる（最判昭四三・九・一二民集二二巻九号一八九六頁)。しかし、対立する当事者間でも主張共通の原則が働くのであるから、まして、共同戦線を張る共同訴訟人間でも主張共通の原則を働かせて、有利な主張については、(積極的に反対の意思が表示されていない限りで)その当事者のためにも主張がされていると解すべきであるとの有力な主張がある(共同訴訟人間に当然の補助参加関係を認めるとの主張もある)。また、共同訴訟人独立の原則を貫くと、共同被告の一人の申立てにより弁済を立証するため証人尋問がなされた場合に、その証拠調べの結果は申立てをした被告と原告の間でしか、裁判所は事実認定に利用できないとも思われるが、裁判官の自由心証に無理な制約を課さないため当事者間のみならず共同訴訟人間の証拠共通の原則が認められる。ただし、交通事故で複数の加害者が被告となっている場合のように、一人の被告の申立てた証人の証言が責任はもっぱら他方の被告にあるというときは、その証言は他方の被告にとってはかえって不利になるので、その被告のために反対尋問権を十分に保障する必要がある。

(3) 同時審判申出訴訟　代理人による契約で、本人が代理権を争う場合に、相手方が、契約本人に対してはその代理権があったことを前提に本来の履行を、代理人に対しては、無権代理であったことを前提に無権代理人の責任を追及し、少なくともどちらかの被告に対しては勝訴したいと考えるのはもっともである。そこで、本人と代理人を共同被告として訴えた場合に、裁判所が弁論の分離をしたり、一部判決をしたりすると、本人に対しては代理権がなかったという理由で、代理人に対しては代理権があったという理由で両負けということも生じうる。そのような事態を避けるためにこの訴訟が通常共同訴訟であることを前提に、民訴法四一条が設けられており、原告は事実審の口頭弁論終結時までに申出をすれば、同時審判が保障される（申出の撤回もそれまではいつでもできる（規則一九条一項））。要件としては、両請求が法律上両立しない場合で原告の申立てに基づく必要がある。*1

必要的共同訴訟

(1)　必要的共同訴訟の審理　必要的共同訴訟では、合一確定の必要から、訴訟資料の統一と訴訟進行の統一が必要である。共同訴訟人の一人のした有利な訴訟行為は全員に効果が生じるし、自白など不利な訴訟行為は全員がしなければ効果が生じない（民訴四〇条一項）。ただし、共同訴訟人の一人に対する訴訟行為は全員につき効果が生じる（同条二項）。また、共同訴訟人の一人につき手続の中断・中止原因があれば、全員について訴訟の進行が停止する（同条三項）。請求の放棄、認諾、和解など訴訟処分行為も全員がしなければ効果は生じない。弁論の分離、一部判決は許されない。固有必要的共同訴訟においては、一人の訴えの取下げも無効である。一人のした上訴は、訴訟費用の負担などで不利な場合もあるが、全員に対して効果が生じると解されている。ただし、類似必要的共同訴訟では、一人の訴えの取下げも有効であるし、一人のした上訴は他の共同訴訟人に対しては効果を生じない（最大判平九・四・二民集五一巻四号一六七三頁）。訴訟共同が必ずしも要求されないことからの帰結である。

(2)　固有必要的共同訴訟か通常共同訴訟かの判断基準　必要的共同訴訟のうちで、類似必要的共同訴訟にあたるものは、画一的な解決が求められるが単独でも訴訟追行が許されるもので、複数の者が当事者となっている場合である。取消判決の効果が第三者にも及ぶ株主総会決議取消訴訟（会社八三一条以下）、当事者、親族など複数の者それぞれに提訴資格が認められる婚姻取消訴訟（民七四三条・七四四条参照）などがこれにあたる。固有必要的共同訴訟は、①夫婦を相手としなければならない場合の婚姻取消訴訟（人訴一二条二項）、や共有物分割請求訴訟（民二五八条）などのように他人間の法律関係を変動させることを目的とする訴訟、および、②権利法律関係についての管理処分権が複数の者に共同して帰属するため全員が訴訟当事者とならなければ当事者適格が欠けるとされる場合の訴訟、たとえば、破産管財人が数名いる場合の破産財団関係訴訟、選定当事者が複数いる場合の訴訟などである。

これに対して、一つの事故での多数の被害者が生じている場合の被害者の訴訟、連帯債務者、主債務者と保証人を相手にする訴訟などは、固有必要的共同訴訟ではなく、通常共同訴訟であるとされている。そうすると、同じ連帯債務が、ある債務者との関係では存在し、他の債務者との関係では存在しないなどと判決された結果不自然なことになりうるし、求償の関係などで面倒が生じる可能性がある。しかし、それらを固有必要的共同訴訟とすると全員が訴訟当事者とならなければ訴えが不適法却下されるので、一人でも提訴を拒む者がいると訴えが提起できない、ひいて裁判を受ける権利が害されかねない、また、一人でも被告とするべき者が欠けていることがわかるとそれまでの訴訟追行が無駄になるなどの不都合があるので、判例・多数説は長期的視点でみれば固有必要的共同訴訟の範囲を徐々に狭く解していく傾向にあることが指摘されている。

(3)　共同所有関係をめぐる紛争と必要的共同訴訟　共同所有関係をめぐる紛争においても判例・通説は固有必要的共同訴訟の範囲を狭く解する傾向がみられるが、やや複雑である。右に述べたように共有物分割訴訟は必要的共同訴訟とされる。境界確定の訴え（筆界確定の訴え）では隣接地の所有者に当事者適格が認められるが、隣接地が共有地であれば、共有者全員が当事者とならなければ訴えは適法ではない（最判昭四六・一二・九民集二五巻九号一四五七頁）。また、共有物の管理などではだれとだれとの共有関係で持分がどの割合かを確認する必要があるが、そのための共有権の確認は必要的共同訴訟とされる。しかし、通常共有では、共有者は各自共有持分権を有しそれは単独で処分できるので、持分権に基づく共有物返還請求、妨害排除請求、登記抹消手続請求などについて単独で訴訟ができるとされている。共有権者は実体法上単独で保存行為ができることから保存行為と説明することもできる（ただし、判例は、持分権に基づく持分登記移転手続請求については、登記の表示と実体関係が食い違うことが不自然であるなどの考慮から単独での行使を認めない。最判昭四六・一〇・七民集二五巻七号八八五頁参照）。また、合有の場合、たとえば、相続財産について共同相続人がいる場合に、ある財産が共同相続人の遺産分割前の遺産に属すること（遺産共有状態にあること）の確認訴訟は固有必要的共同訴訟とされ、一人のした訴えの取下げは無効とされている（最判平六・一・二五民集四八巻一号四一頁）。しかし、借地上の建物についての建物収去請求訴訟で、訴訟中に被相続人が死亡し、建物が遺産共有状態となって訴訟手続が中断受継されたが、受継していなかった相続人の一人が受継を求めたにもかかわらず口頭弁論の再開をしないままにした判決は違法であると争った事案で、判例は、共同相続人の建物収去義務は不可分債務であり各自全部義務を負うこと、および、固有必要的共同訴訟と解すると手続上の不経済と不安定を招来するおそれがあることから相続人の全部を相手としない訴訟も適法としている（最判昭四三・三・一五民集二二巻三号六〇七頁。全員に対する勝訴判決あるいはそれに代わる同意がなければ建物収去の執行はできないので相続人を害さないという）。民法上の組合財産に関する訴訟では、原告となる場合には、組合員全員が訴訟当事者とならないとされるが、業務執行組合員に任意的訴訟担当として単独で訴訟をすることを認め（最判昭四五・一一・一一民集二四巻一二号一八五四頁）、また、組合自体に法人格のない社団としての当事者能力を認めて代表者として業務執行組合員が訴訟をすることを認めている（最判昭三七・一二・一八民集一六巻一二号二四二二頁）。また、民法上の組合に対して債権をもつと主張する者は、組合員の一人を訴えて給付を求めることができるとされる（もっとも、全員に対する勝訴判決がなければ組合財産に対する執行はできない）。入会地などいわゆる総有の場合には、入会権の確認訴訟は入会権者全員が訴訟当事者とならなければできない（最判昭四一・一一・二五民集二〇巻九号一九二一頁）。入会権者は持分権をもたないとされているので、持分権の確認を求めるということでは救済できないのであるが、入会権に基づく使用収益権の確認等は個々の入会権者に許されるし（最判昭五七・七・一民集三六巻六号八九一頁）、入会権はその利用などについて強固な団体的規制がなされているのが通常であり、団体的規制をする入会団体に権利能力なき社団として入会権の確認などを求めることが可能な場合が多いであろう（最判平六・五・三一民集四八巻四号一〇六五頁。この判決については、コラム5「非法人の当事者能力」参照）。

後発的共同訴訟　当初は共同訴訟でなかった訴訟に第三者が後に加わることによって共同訴訟が生じる場合がある。*3

(1)　共同訴訟参加　合一確定が要請される訴訟について、第三者が原告または被告の共同訴訟人として後から参加してくる場合である（民訴五二条）。一人の株主の提起した株主総会決議無効確認訴訟（会社八三〇条）に他の株主が原告として参加する場合がこれにあたる。その訴訟は類似必要的共同訴訟にあたるからである。固有必要的共同訴訟で原告の一部が欠けている場合に欠けていた原告が参加する場合もこれにあたる（理論的には訴えの主観的追加的併合の一種である）。被告の一部が欠けている場合に欠けている被告がその訴訟に参加する場合もこれに該当するとしてよい。上告審でなしうるかは問題がないではないが、まったくの新訴提起というわけではなく、防御の機会の保障、および、欠けている当事者適格を満たすことによってそれまでの訴訟追行を無駄にしないといった見地から肯定的に解する余地はあろう。

(2) 訴えの主観的追加的併合　訴訟係属中に手続内で原告が被告以外の第三者を新たな被告として訴えることにより共同訴訟を後発的に生じさせるものである。これを許す明文の規定がないので判例は消極的であり（最判昭六二・七・一七民集四一巻五号一四〇二頁）、新訴提起をして裁判所の裁量にかかる弁論の併合を求めることにより目的を達成するべきとする。学説は、積極説が有力であるが、被告の手続保障の見地から一審の口頭弁論の終結時までとするなど制限をするものが多い。被告を特定するのは原告の責任であるので、原告は当初から慎重に被告を選ぶべきであるとはいえようが、例外的にではあるが、公平の見地から訴えの主観的追加的併合を認めるべき場合もあろう。訴訟係属中に第三者が原告側に加わって被告を訴える場合も主観的追加的併合であるが、さらに保証債務の履行を請求された被告が約定などによる事前求償を求めて本人を手続内で訴える第三者の引込み（これについては、二五七頁参照）の場合なども主観的追加的併合に含めることもできる。

(3) 弁論の併合　当事者が異なる訴訟について弁論の併合があれば共同訴訟となる（民訴一五二条一項）。証人の再尋問の申立権が認められている（同条二項）。弁論の併合については、一一二頁参照。

＊1　**訴えの主観的予備的併合**　同時審判申出訴訟は平成八年改正法により新たに規定されたものである。それまでは、このような場合に、訴えの主観的予備的併合が許されるか否かが問題とされていた。これは、まず、契約本人に対して本来の履行を請求し、それが認められない場合には、代理人に対して無権代理人の責任を追及するものである。法律構成としては、主位請求が認容されることを解除条件として副位請求についての審判を求めるものであり、訴えの主観的予備的併合と呼ばれている。債権譲渡の場合に、債権譲渡が無効とされる場合にそなえて、主位原告として譲受人が、副位原告として譲渡人が債務者である被告に対して債務の支払いを求める場合も考えられる。実体法上両立しない請求がどちらかは認められるという場合には自然な無理のない訴えの併合形態であり、謙虚な請求ですらあるので認めて良いように思われるが、最判昭四三・三・八民集二二巻三号五五一頁は、このような併合形態を不適法とした。請求を条件つきとすること自体は、適法性が疑われていない訴えの客観的予備的併合でも同じであるが、不適法説は、①予備的被告の地位の不安定、および、②上訴の関係では裁判の統一をはかれない可能性があることを理由としてあげる。①は、主位請求が認容されると解除条件が成就して、副位請求についての判決がなされないので、再度請求がされかねないとの懸念である。しかし、主位請求についての判決を有利に利用した原告が副位請求についての判決がないことを奇貨として改めて副位請求をすることは通常は考えられないし、かりにそれがあったとしても禁反言的行為として許されないと解釈できるので不安定はないと思われる（それで不十分というのであれば主位請求認容のときに副位請求を棄却するという形で処理すれば足りる）。②については、上訴の関係で裁判の統一がはかれない場合があるが、それは処分権主義の尊重からそれなりの理由があることであり、上訴がされない場合や全員が上訴する場合には裁判の統一がはかれるのであるから、その限りで意味がないわけではない（この点は、主位請求棄却・副位請求認容の判決があった場合に、共同訴訟人独立の原則を修正して副位被告のみが上訴したときでも、主位被告に対する関係で上訴があったと扱う見解も主張されていた）。その後の下級審裁判例は、最高裁判決を踏まえつつ、すでに他の請求との関係で被告とされている者との関係では適法であるとか副位被告の同意があれば適法であるなどとして適法とするものも相当数存在した。

平成八年改正法は同時審判申出訴訟を認めることによって問題の解決をはかった。これによって上訴の関係を別とすれば、訴えの主観的予備的併合の適法説の意図はほぼ満たされたといえよう。それゆえ、この限りでは現在の時点で訴えの主観的予備的併合を適法と解する必要はないと思われる。上訴の点であるが、上訴は訴訟費用の負担もあり、上訴人となる方が常に有利というわけでもないので、当事者の明確な上訴行為がない限り他の請求が移審することはないとするのもそれなりに理由があると思われる。ただし、同時審判申出訴訟は、原告側複数の場合には認められないし、請求が事実上両立しない場合にも適用がないとするのが立法者の見解であるなど、その適用範囲が狭いので、その範囲外の事案については従前の主観的予備的併合をなお適法とすべきとの見解もありうるが、むしろ、同時審判申出訴訟の適用範囲を解釈論として拡げる努力が必要であろう。

＊2　固有必要的共同訴訟で共同原告になるべき者が提訴を拒む場合　隣接地が共有の場合には全員が当事者とならなければ境界確定の訴えは不適法となるが、それでは共有者の一人が提訴を拒む場合には困難が生じる。下級審の裁判例の中には、被告が隣接地の共有者の一人でもある場合は被告を除く全員が当事者となっていれば当事者適格が肯定されるとするものがあったが、最判平一一・一一・九民集五三巻八号一四二一頁は、提訴に同意しない者を被告として訴えた訴訟を適法とした。このような場合について、学説は、①提訴を拒む者を被告とする、②提訴した者だけで提訴していない者の利益も十分に配慮した訴訟追行ができる場合には一部の者の欠けた訴えも適法とする、③共同提訴しない者に提訴の催告をし、それに応じない場合には提訴した者が訴訟担当者としての地位を取得するなどの解決策を提案していた。当事者の手続保障を徹底するという観点からは、提訴しない者を被告として訴訟に関与させる①が明快である。しかし、①は実体的な権利関係を訴訟追行権の基礎とするわが国の法体系と調和しないとの批判があり、右の最高裁判決も慎重に、境界確定訴訟が形式的形成訴訟であり非訟事件であることからこのような取扱いが可能であると判示している。提訴できない当事者が困ることが同じである以上、右の最高裁判決の柔軟な解決を他の訴訟類型の場合にも及ぼす解釈的努力が必要であろう。

＊3　後発的共同訴訟とそれまでの訴訟追行の第三者への効力　共同訴訟参加の場合に、第三者は自ら進んで参加するのであるから、それまでの訴訟の状態を受け入れなければならないのが原則である。しかし、それでは、

必要的共同訴訟で原告または被告が欠けている場合を考えると、それらの者は既存の訴訟状態が不利であれば訴訟に参加せず、訴えが却下されるのを待つ戦術に出るであろう。訴訟経済を考えれば、それらの者がそれまでの訴訟追行の成果のうち自己に不利なものを否定する余地を認めることにより、できるだけ既存の訴訟が無駄にならないよう配慮すべきであろう。類似必要的共同訴訟の場合は、第三者が加わらない場合でも有効に判決がなされ第三者に判決効が及ぶので、第三者はそれまでの訴訟の状態を受け入れなければならなくても参加する動機が減退することはない。第三者は通常は当初から自分も原告に加わるなり早い時点で参加するなりすることができたはずであるので手続保障の点でも問題はないであろう。ただ、既存当事者が馴合訴訟などを行っていた場合は、第三者は後述する独立当事者参加としての詐害防止参加をすることによって訴訟を牽制することができると解するべきである（共同訴訟参加してから馴合に気がついた場合はその時点で共同訴訟参加の申立てを詐害防止参加の申立てに転換することを認めるべきである）。訴えの主観的追加的併合を肯定する場合にも、従前の訴訟追行の成果をどの限度で新たな当事者との関係で通用させるかについては弁論の併合の場合と同じ問題がある。

2　選定当事者

共同の利益を有する者の間では、一部の者に対して他の者が訴訟追行を授権することが認められている（民訴三〇条一項）。大正一五年改正の際に設けられたものである。この制度を利用すれば多数人が共同訴訟を提起する代わりに一人のみが当事者となって訴訟を追行できるので手続が簡素化できる。条文上は、共同の利益を有する多数の者の結合が社団とみられる場合はこの規定の適用はなく、民訴二九条が適用されるという形で分担がされている。もっとも、法人でない団体で当事者能力が認められるものの範囲も一義的に明確でない以上、この判断を厳格にして判断の誤りを当事者の不利益に帰せしめることには慎重さが必要であろう。訴訟中に授権することも可能で、その場合には、選定した当事者は訴訟から当然に脱退する（同条二項）。選定を取り消したり、当事者を変更することは許されている（同条四項）。選定当事者が複数いる場合に一部の者が資格を喪失しても他の選定当事者は全員のために訴訟行為ができる（同条五項）。選定行為は書面で行うことが必要である（規則一五条）。選定当事者の制度は、他人の授権によって当事者に訴訟追行権が生じるので、任意的訴訟担当（任意的訴訟担当については四五頁参照）の一種であるが、共同の利益を有している者の間であるので、定型的に合理性があり、弁護士代理の原則の潜脱などの問題は生じないと判断されたものである。平成八年改正法では、共同の利害をもつ者の一部の者が訴訟追行をしている場合に、有利に訴訟が展開していると考えて、他の者が自己の請求について既存の訴訟当事者を選定当事者として選定することもできるとされた（民訴三〇条三項）。これは、コラム14「大規模訴訟」で述べるクラスアクション的な利用を少しでも可能にしようとする意図からなされたものである。任意的訴訟担当であるので判決効は選定をした全員に及ぶ（民訴一一五条一項二号）。

3　訴訟参加

訴訟参加の意義と種類

訴訟係属中に第三者が自己の利益を守るために訴訟に自ら積極的に関与していくことを訴訟参加という。すでに述べた共同訴訟参加（民訴五二条）および後に述べる訴訟承継における訴訟参加のほかに、補助参加（民訴四二条以下）と独立当事者参加（民訴四七条以下）がある。

◆コラム14◆　大規模訴訟

(1)　集団訴訟　公害訴訟、薬害訴訟などで場合により何千人もが共同原告となるいわゆる集団訴訟の場合、社会的にも注目される上に、多数の当事者を入れる法廷の準備、全員に対する答弁書、準備書面の作成・発送、個別の被害の実情の立証など手間暇が大変である。そのため、訴訟の種類としては通常共同訴訟であるが、大規模訴訟として、迅速な審理を可能にするために実務上種々の運営上の工夫がなされている。法律上も、合議体の裁判官数、受命裁判官による証人等の尋問について特則が設けられている（民訴二六八条・二六九条）。計画審理については、**コラム8**参照。なお、これらの当事者は共同の利益を有するので選定当事者の制度を利用することもできる。

(2)　クラスアクション　アメリカでは、クラスアクションが活用されている。たとえば、独禁法違反の価格協定によって企業から商品を高く買わされた消費者が、同じ被害を受けた消費者のクラス全体を代表して全体の損害賠償を企業に請求することができる。これは訴訟当事者の数は少ないが背後に何百万という潜在的当事者を抱えている点で一種の大規模訴訟といえる。選定当事者制度と似ているが、クラスに属する他の者の明示の選定行為がないのに代表資格を認める点で非常に強力な制度である。そのため、原告がクラス全体を適切に代表しているか、訴訟追行を実質的に行えるかなどについて裁判所の審査が不可欠である。アメリカでは「損害賠償のかけ算」により提訴が可能となって違法な行為を抑止するのに役立っているとの評価もあるが、成功報酬制度の下で名目的な当事者をたてる弁護士の金儲けの手段となっているとの批判もある。「毒をもって毒を制する」ものといえよう。

(3)　団体訴訟　ドイツ、フランスなど大陸法系の国では団体訴訟が認められている。たとえば、一定の資格をもった消費者団体に企業が消費者に対して使用する約款の条項の無効を争うことを認めるというものである。団体が本来個々の消費者がもつ権利を行使することができるためには当事者適格を認めなければならない。日本でも、平成一九年から、適格が認められた消費者団体に、事業者の不当な勧誘行為などに対する差止請求権が認められるようになった（消費者契約法一二条以下）。

補助参加

(1) 意　義　補助参加とは、他人間に訴訟が係属しているときに、その訴訟の本案判決の結果につき法律上の利害関係を有する第三者が当事者の一方を補助するために訴訟に関与するものである（民訴四二条）。債権者が保証人を訴えた場合に、主債務者が参加する場合がその例である。主債務者としては、そのまま放っておいて保証人が敗訴した場合には、後に保証人から求償訴訟が提起される可能性がある（民四五九条参照）。債務者がそもそも債務は不成立であると考えているのであれば、求償訴訟でそれを争うよりも、債権者と保証人の訴訟に補助として参加して保証人勝訴の判決を得れば将来の求償訴訟の提起を未然に防ぐことができる。主債務者は保証人のために補助参加するのであるが、「情けは人のためならず」で、そこで争うことは結局自分のためにもなるのである。補助参加人は自分の請求をたてるわけではないので訴訟当事者ではなく、従たる当事者とされる。

(2) 補助参加の利益　他人間の訴訟に干渉するのであるから、既存の訴訟が混乱し、紛争解決がかえって遅れることもありえる。そこで、関与できるためには第三者に、「訴訟の結果について利害関係を有する」ことが必要とされており、利害関係は単なる経済的あるいは感情的なものでは足りず法的なものが必要とされ、主文についての利害関係が必要であるなどとされていた。もっとも、一般に、①主債務者に対する訴えについて保証人が、②保証人に対する訴えについて主債務者が補助参加する利益があるとされるが、②では、主債務者は判決の主文ではなく理由中の判断に利害関係があるのであり、補助参加によって生じる参加的効力が理由中の判断に及ぶこととも関連して、理由中の判断に基づき将来同様の請求がなされるおそれがある場合などにも補助参加を認めるべき場合がありうるとする立場が有力に主張され、裁判例も主文について利害関係があるといえない場合にも補助参加の可能性を認めるものもある（東京高決平二一・一・一六判タ七五四号二二〇頁）。補助参加ではなく直接請求をたてて当事者として争えば手続保障の点では最も問題が少ないのであり、それが困難な事情があれば補助参加を認める方向に働く要素となろう。なお、相手方が異議を述べなければ補助参加の利益は問題とならない（民訴四四条）。

(3)　補助参加の手続　　補助参加の手続、許否の裁判手続中の訴訟行為の可否などについては、民訴法四三・四四・四五条、規則二〇条参照。

(4)　補助参加人の訴訟上の地位　　補助参加人には当事者能力や訴訟能力が要求され、期日の呼出しや訴訟書類の送達なども被参加人とは別個になされる。しかし、請求がたてられる本来の当事者とは異なるので、判決の名宛人にはならないし、証人適格が認められ、死亡などがあっても手続は中断しない。参加人は被参加人ができる一切の訴訟行為（再審の訴えの提起を含む）ができ、その行為の効果は被参加人がしたのと同様である（民訴四五条一項本文）。しかし、補助としての制限がある。(イ)被参加人ができない行為はできない（同項ただし書）。被参加人がすでに時機に後れた攻撃防御方法の提出は参加人もできない。この点で、補助参加人の上訴申立ては被参加人の上訴期間に限られるとするのが判例であるが（最判昭五〇・七・三判時七九〇号五九頁）、学説には反対が多い。(ロ)被参加人の訴訟行為と抵触する場合は効力を有しない（同条二項）。(ハ)被参加人に不利な行為である自白などはできない。(ニ)訴えの取下げや訴えの変更など訴訟自体の処分にかかわる行為はできない。被参加人が有する実体法上の形成権の行使については、実体法上それが認められている場合

（民四二三条・四三六条二項・四五七条二項）以外については問題があり、学説は分かれているが、被参加人が撤回すればその効果を生じさせないことができることを考えれば肯定してよいであろう。[*1]

⑸　参加的効力　債務者が補助参加したにもかかわらず主債務の存在が肯定され保証人が敗訴した場合には、補助参加人は、今度は求償訴訟で主債務の存在を否定することはできない。これが参加的効力であり（民訴四六条）、敗訴の結果を共同して形成した以上結果を引き受けることが公平であるとの観点から認められるものである（最判昭四五・一〇・二二民集二四巻一一号一五八三頁）。既判力との相違として、被参加人敗訴のときに参加人と被参加人の間でのみ問題となる、訴訟追行の具体的経過が顧慮され除外例が認められている（民訴四六条各号）、職権調査事項ではなく当事者の援用が必要である、理由中の判断に拘束力を認めるなどの点が指摘されている。学説では、この場合に、十分争う機会が保障され争う動機があったのであれば主債務者である補助参加人と債権者の間でも主債務の存在を争うことができないとの拘束力を認めるべきであるとの主張が、争点効としてあるいは新既判力説としてさらには判決効に発現する信義則として主張されている。[*2]

独立当事者参加

⑴　必要性と訴訟上の規律　A↓B、C↓A、B↓Cの順番である土地の所有権確認訴訟がなされ、それぞれ原告が勝訴した場合に、既判力の相対性の原則から三すくみの関係が生じうる。そこで、A↓Bの訴訟にCが独立した当事者として参加することを認め、参加後は、合一確定を要求する必要的共同訴訟の規律を準用して（民訴四七条四項・四〇条一～三項）、矛盾のない統一した判決を得ることができればそのような事態を事前に防止することができき紛争解決がはかれるであろう。そのような考慮で独立当事者参加訴訟が設けられている。

(2) 種類と沿革　参加には、民訴法四七条によれば、詐害防止参加（前段）と権利主張参加（後段）とがある。詐害防止参加は、フランス法の流れを汲むもので、明治民事訴訟法で認められていた詐害再審の制度を前倒ししたものである。権利主張参加は、右にあげた例のように、他人間の訴訟の目的となっている権利または法律関係につき、第三者が他人間も含めて紛争を一挙統一的に解決するため、訴訟に参加する場合である。この参加は、母法であるドイツ法にはないもので、大正一五年改正の際に、既存の訴訟当事者双方を被告として共同訴訟を提起する場合にドイツ法が認める主参加訴訟（日本法にも規定があったが平成八年改正法で削除された）を変容させて作り上げたものである。

(3) 参加ができる場合　(イ) 詐害防止参加　詐害防止参加の「訴訟の結果によって権利を害される」とはどういう場合か争いがあり、かつては判決効が第三者に及ぶ場合であるとの説もあったが（判決効説）、訴訟に関与していない第三者に判決効が及ぶ場合はごく限られた場合であり、この規定がフランス法の流れを汲むものであることから、詐害意思をもって訴訟を追行する場合がこれにあたるとする説が通説となっている（詐害意思説）。ただ、詐害意思を客観化することと（たとえば、自白があった場合など）、基礎として補助参加が可能な程度の利害関係の必要性などつめる必要がある。提訴した株主と会社の間の株主総会決議取消訴訟が馴合であるとして他の株主が参加することなどが考えられる。

(ロ) 権利主張参加　権利主張参加の「訴訟の目的の全部または一部が自分の権利である」とは、当事者の請求およびそれを理由づける権利主張と参加人自身のそれが論理的に矛盾する場合である。二重譲渡の場合に第一買主が売主に対して所有権移転登記請求をした場合に、第二買主が売主に対して同様の請求をたてて参加する場合には実体法上、両請求は矛盾しないので参加は認められない（最判平六・九・二七判時一五一三号一一一頁）。もっとも、参加人の主張において両立しないのであれば参加要件ありとすべきで、審理の結果両立しうると判明しても参加自体は適法であると解すべきと考えられ、第二買主が第一買主と売主間の売買契約が無効であると主張していれば参加を認めざるをえないであろう。参加要件が欠けていれば終局判決によって参加申立てを却下することになる。ただし、当事者が新訴提起として扱うことを望めばそうすべきであろう。

(4)　訴訟の構造と参加の相手方　この訴訟の構造については、かつては二当事者対立構造を前提として、共同訴訟説、三個訴訟併合説などがあったが、A・B・C三者が互いに相容れない主張をし三者鼎立の状態にあるとする三面訴訟説が唱えられて以来それが通説となっている。参加の申出は書面でなされ、当事者双方に送達される（民訴四七条二項・三項）。参加の書面には、参加の趣旨および理由が記載され（民訴四七条四項・四三条一項）、参加によって主張する請求が記載されるのであるが、権利主張参加の典型的な場合は三者鼎立であり、その場合には第三者は、既存当事者のそれぞれに対して請求をたてるはずである。しかし、実際には、権利主張参加がなされる多くの紛争では第三者は既存のいずれかの当事者と協力関係にあることが多く、一方当事者に対してしか請求をたてないことも多い（片面的参加）。かつての判例はこれを独立当事者参加とは認めなかった（最判昭四二・九・二七民集二一巻七号一九二五頁）が、平成八年改正法は明文で、一方当事者に対してのみ請求をたてることもできるとした。訴訟の構造の説明は、権利主張参加を念頭においたもので詐害防止参加には適合しないものであったのであり、片面的参加が認められたことにより訴訟構造の説明も修正が迫られているといえよう。

(5) 参加人ができる訴訟行為　参加人は既存の訴訟を前提として参加するのであるから、それまでの訴訟追行の結果を引き受けなければならないはずである。もっとも、詐害防止参加の場合は、その目的からして詐害的訴訟追行の結果は否定できるし、その趣旨を権利主張参加にも及ぼすことも考えられる。参加後は、必要的共同訴訟の規律が準用される（民訴四七条四項による民訴四〇条一項～三項の準用）。一人に対する行為は他の者に対しても効力を生じ、自白などは効力が生じないし、一人に中断事由が生じれば手続全体が進行しないこととなる。また、一人の請求の放棄・認諾、二当事者の間の和解など訴訟処分行為もできないとされていたが、近時は、合一確定の場合の規律を要求するのは、相手方の不利な行為で自己の権利主張が妨げられてはならないためであり、必要的共同訴訟とは異なり、合一確定の要請はそれほど強くはないので、参加人などに不利にならないのであればそれらを認めてよいとの説も主張されている。[*3]

(6) 脱　退　独立当事者参加がなされた場合には、既存の当事者の一方は、相手方の承諾を得て訴訟から脱退することができる。この場合には、脱退により訴訟は二当事者対立訴訟に還元され判決も残存当事者間の請求についてのみなされるのであるが、この場合の判決の効力はその脱退者についても生じる（民訴四八条）。貸金返還請求訴訟係属中に訴訟前に債権を譲り受けたと主張する第三者が参加してきた場合に、債務者としては、二重払いの危険さえ負わないのであれば、訴訟から脱退して、債権の帰属の争いが決着したのち勝訴者に支払いたいという場合などに利用する意味がある。この場合、被告の脱退は請求の条件付認諾となり、原告の脱退は、請求の条件付放棄であるとされる。もっとも、たとえば、被告脱退で参加人勝訴の場合に原告と参加人の間は本来の判決の効力が、また参加人と被告の間は条件付認諾の効力があるが、敗訴原告と脱退被告との間に判決効が及ばないのでは不十分であるとして、その間にも請求棄却の効果を及ぼし紛争解決の効果を合理的な範囲で広げるべきであるとの説が有力である。

＊1　**共同訴訟的補助参加**　当事者適格はないが判決効が及ぶ者が訴訟に補助参加する場合に、その者をできるだけ当事者に近く扱うものとして共同訴訟的補助参加がある。ドイツでは明文で、日本では解釈上認められてきた。例としては、株主総会決議取消訴訟に株主が被告の会社側に補助参加する場合などである。補助参加人の従属性が緩和されるので、参加人が争えば被参加人が自白をしても効力が生じない、被参加人が単独で訴えを取り下げても効力が生じないなど通常の補助参加と異なる規律となる。他の株主が原告株主側に補助参加する場合には、原告として訴え提起もできたのに補助参加をするのであるから、通常の補助参加とみるべきである。補助参加人に中断事由が生じた場合は、争いがあるが、訴訟手続は中断しないと解すべきであろう。人事訴訟には検察官を被告とする訴訟で訴訟の結果により相続権を害される第三者を補助参加人として参加させる制度があり、参加人は共同訴訟的補助参加人としての取扱いを受ける（人訴一五条三項・四項が、民訴四五条二項の適用を除外し、民訴四〇条一項～三項を準用している）。

＊2　**訴訟告知**　当事者から参加できる第三者に対して参加を促すために裁判所を通じて訴訟を告知することができる（民訴五三条）。訴訟告知の書面は訴訟告知を受けるべき者に送達し、相手方に送付する（規則二一条一項・三項）被告である保証人が主債務者に対して訴訟告知をして、主債務者が参加すれば補助参加人となる。その意味では訴訟告知は参加できる地位にある者の利益をはかるものであるが、被告知者が参加しなかった場合でも参加することができたときに参加したものとなされて民訴法四六条の参加的効力が生じるので告知者のためのものという性格が強い。そのため、参加的効力が生じるのは実体法の関係からみて補助することが当然

と思われる場合に限られるものと解釈すべきである。さらに、訴訟告知を受けた者が告知者と利害が対立し、相手方に参加して告知者と対立する立場で訴訟に関与した場合には民訴法四六条の除外事由からも参加的効力が生じる基礎を欠く場合が多いし（東京高判昭六〇・六・二五判時一一六〇号九三頁。反対趣旨のものとして、仙台高判昭五五・一・二八高民集三三巻一号一頁）、また、裁判所の判断が傍論的なものである場合にも同様である（最判平一四・一・二二判時一七七六号六七頁がその旨を説くが、具体的事案の処理との関係では批判も多い）。

＊3　敗訴者の一方のみの上訴の扱い　独立当事者参加では二人の敗訴者がいるが、そのうちの一人の敗訴者のみが上訴した場合に、全員の請求について判決の確定が遮断され、移審する。しかし、その場合の上訴しない敗訴者の地位については上訴人説、被上訴人説、上訴人兼被上訴人説、当事者とはならないとする説など種々の説が対立している。上訴人とすると不利益変更の禁止の点で無理がないが、上訴の取下げをしようとしてもその者の取下げが必要となってしまうなどの問題があるので、判例は、被上訴人説をとるが、その敗訴部分も合一確定の必要性がある限り変更できるとしている（最判昭五〇・三・一三民集二九巻三号二三三頁）。当事者とはならないとする説は一見奇妙であるが、脱退と同じで、自分の関係の請求についての最終的な解決を自ら上訴しないことによって他の当事者に委ねたものと考えるのである。

4　訴訟承継

訴訟承継制度　訴訟中に訴訟主体にかかわる実体法上の権利関係に変動が生じた場合、たとえば、当事者が死亡し相続人がいる場合や当事者が第三者に請求している権利を譲渡したような場合に、新たな権利主体に当事者を交替させ、従前の訴訟追行の結果を引き継がせるのが訴訟承継制度である。紛争解決の実効性を確保できるし、当事者間でも公平である。相続や合併のような場合が包括承継であり、係争物の譲渡のような場合が特定承継であるが、特定承継を指して訴訟承継ということもある。

包括承継

包括承継では、紛争主体の変更が当然に訴訟に反映され、相続人、合併により設立された会社などが新当事者が自動的に訴訟当事者となるが（当然承継）、包括承継の事由があれば、新当事者が実際に訴訟行為ができることを保障するため手続は中断する（民訴一二四条一項一号・二号・三項・四項）。ただし、訴訟代理人がいる場合にはその者が承継人のための代理人となって訴訟追行できるので手続は中断しない（民訴一二四条二項）。中断中の訴訟行為は判決の言渡しを除いてすることができず（民訴一三二条）、民訴法一二六条以下に手続再開のための受継の手続が規定されている。当事者の一身専属権に関するものは当然承継もありえないので、離縁訴訟の原告養親が死亡した場合に、他の原告適格者の承継は認められない（最判昭五七・一一・二六判時一〇六六号五六頁）。

特定承継

(1)　訴訟追行の成果の承継　民訴法四九条に規定されているのは時効中断効と期間遵守効だけであるが、それは例示であって、基準時後の承継人に判決効が拡張されるのと対比して、基準時前の承継人には、いわば「生成中の既判力」が拡張されるため、特定継承の場合に、それまでの訴訟追行の成果が承継人に及ぶと説明されている。

(2)　特定承継と参加・引受け　特定承継では、承継原因があったことが当然には訴訟に反映せず、新主体からの参加申立て（参加承継。民訴四九条・五一条）、あるいは、従来の当事者からの引受申立て（引受承継。民訴五〇条・五一条）をまってはじめて主体の変更が訴訟に反映されることになる。それらがないままに訴訟が進行し、判決がなされても新主体との関係では効力は生じないので無駄な判決となってしまう。[*1] なお、実体法上権利を承継した者は参加を望み、義務を承継した者に対しては相手方が引受けを望むことが多いが、訴訟承継では訴訟上の有利不利な地位を承継するのであるから、権利を承継した者が参加を望まずかえって相手方が引受けを望み、義務を承継した者が参加を望むこともあるのでそれらの場合も参加引受けが可能であることについて明文が設けられている（民訴五一条）。

(3)　特定承継の有無の判断基準　訴訟係属中に債権譲渡があり、譲受人が参加承継する場合のように、訴訟物である権利の承継があったと考えられる場合には、民訴法四九条の文言からも問題がないが、建物収去土地明渡請求訴訟の係属中に被告が当該建物に借家人を住まわせた場合などでは借家人が民訴法五〇条の義務承継人といえるかは問題である。そのため、適格承継、紛争の主体たる地位の移転、当事者適格の依存性など種々の基準が提唱されている。新当事者との紛争が当事者の相手方の行為によって伝来的に生じたと評価される場合にはそれまでの訴訟追行の結果を新当事者との関係でも及ぼすことが公平であるし、それまでの訴訟資料も利用する価値があることになる。事実審の口頭弁論終結後に判決効が拡張される承継人の範囲についての基準（この点については、第**9**章**3**の「口頭弁論終結後の承継人」についての説明を参照）と基本的には同一に解すべきである。もっとも、さらに訴訟が続けられる訴訟承継の方をやや広く解することは可能であろうし、進んで参加する場合を引き受けさせられる場合と比較して緩やかに解することも可能であろう。

(4)　参加承継　民訴法四九条は四七条の規定により参加承継する旨を規定している。承継人間に争いがある場合には当事者双方に対して請求をたてるが、承継人間に争いがない場合には、参加人は相手方に対してのみ請求をたてることも可能である（片面的参加）。参加要件がなければ申立ては却下される。参加後は、民訴法四七条四項により手続上の規律がなされるので請求相互間に矛盾のない判決がなされることになる。なお、民訴法四八条により既存の当事者は訴訟から脱退することも可能である。

(5)　引受承継　承継人に対して訴訟を引き受けさせようとするときには、当事者の申立てにより、当事者および第三者を審尋の上、引受決定をする（民訴五〇条一項・二項）。期日においてする場合を除き書面でする必要がある（規則二一条）。申立書には、申立ての趣旨理由を記載するほかに、承継人に対する請求を記載すべきである。もっとも、被告である債務者が債権譲渡の譲受人に引き受けさせるようなときには、学説上争いがあるが、承継人が改めて請求をたてるべきであり、それをしない限りは被告からの債務不存在確認請求があると扱うべきであろう。譲渡人が譲受人に対して引受申立てができるかについては問題があるが、肯定する判例がある（最判昭五二・三・一八金法八三七号三四頁）。訴訟引受後の訴訟の規律については、同時審判の申出がある共同訴訟（民訴四一条）の規律が準用されるので相手方が申立てをすれば譲渡人と譲受人双方に互いに矛盾する理由で敗訴する危険はほとんどない。訴訟引受けがなされたのちに裁判所が実体を審理して承継がなかったとの結論に至ったときには、引受決定の取消し、または、訴え却下も考えられるが、訴訟経済の見地から請求棄却などの実体判決をすべきであろう。なお、承継人が訴訟の当事者となったときに、被承継人が訴訟追行の意味がなくなったと判断すれば脱退も可能である（民訴五〇条・四八条）。[*2]

任意的当事者変更

(1) 意　義　訴訟係属中に第三者が既存の当事者に代わって当該訴訟手続に関与することを当事者の変更という。訴訟承継は法定の当事者変更であり、法定されていない場合が任意的当事者変更であるがこれが許されるか否か、許されるとしてその限度については問題がある（訴えの主観的追加的併合は、第三者が既存の当事者とともに手続に関与するので任意的当事者変更の一種ともいえる）。

(2) 任意的当事者変更の法的性質　任意的当事者変更の法的性質については、訴えの変更の一種とみる立場、特殊な行為とする立場もあるが、新たな当事者による（に対する）新訴の提起と旧当事者による（に対する）旧訴の取下げの複合行為とすることがわかりやすい。そうすると、新請求については印紙も新たに貼付しなければならず、新訴の提起の時から時効中断などの効果が生じるし、旧訴の訴訟追行の成果は引き継がれず、旧訴の取下げには原則として相手方の同意が必要である。訴訟承継の場合には公平上そのような規律に修正が加えられているのであるが、相手方の意図的な行為によって訴え提起の相手方を誤った場合などは、公平上あるいは信義則上旧訴の訴訟追行を生かすことが必要な場合もあろう（最判昭四八・一〇・二六民集二七巻九号一二四〇頁は、相手方の訴訟追行を混乱させるために商号を変更し、同時に旧商号の名前で新会社を設立し、その事情を控訴審になってから主張した事案で被告の主張を排斥している）。当事者の確定の議論（これについては、六四頁参照）とも関連するが、理論的には当事者変更であっても、旧訴の訴訟追行を全面的に生かすことが妥当な場合には、当事者の同一性を変えない当事者の表示の訂正として処理することも可能であろう。

＊1　訴訟承継制度の限界と対策　訴訟承継制度は実体法上の権利変動があった場合などに従来の訴訟追行の成

果を維持しつつ新権利者に訴訟を追行させる点で優れた制度であるが、当然承継とは異なり当事者のイニシアティブではじめて当事者が交替するため、権利変動が相手方にわからない場合には承継の必要を知らないままに訴訟を続け無駄な判決を結果するとか、権利変動と当事者の交替との間に時間差がありその間の手続が無駄になるなどの問題がある。その意味では、実体法上の権利変動があった場合にも従来の当事者の当事者適格が維持され判決効が承継人に及ぶ当事者恒定制度の方が優れている。現行法の下では、給付訴訟の原告側については、占有移転禁止の仮処分、処分禁止の仮処分などの当事者恒定効を利用することが考えられるし（民保二四条・五三条・五五条・五八条・六二条・六四条など参照）、承継人が被承継人に訴訟を委ねていたという事情があれば黙示の任意的訴訟担当などを認定して判決効を承継人に及ぼす可能性もありえよう。

＊2　**第三者の引込み**　引受承継は訴訟中に既存の当事者が第三者を訴訟に引き込むものであるが、類似の制度として、民事執行法には取立訴訟における参加命令がある（民執一五七条一項）。また、人事訴訟には検察官を被告とする訴訟で訴訟の結果により相続権を害される第三者を補助参加人として参加させる制度がある（人訴一五条）。明文にはないが、解釈論として提唱されている被告からの引込みとして、塡補型（保証人が主債務者を引き込み敗訴に備えて求償請求をたてる）、権利者指名型（自称債権者である第三者を原告として訴訟に引き込むもの）、転嫁型（交通事故の加害者とされた者が第三者を真の加害者として被告として訴訟に引き込む）などがある。なお、訴えの主観的追加的併合についての記述（二三九頁）参照。

第12章 上訴

1 上訴総説

上訴とは

上訴とは、裁判が確定する前に、上級裁判所に対して、その裁判の取消し・変更を求める通常の不服申立てである。上訴には、判決に対する上訴としての控訴および上告（上告受理の申立ても、確定遮断効を有し、受理の決定がなされた場合には上告があったものとみなされるので上告に準ずる上訴であるといえる）と、決定・命令に対する上訴としての抗告および再抗告がある。上訴が提起されると、裁判の確定が遮断され（確定遮断効）、事件は上級裁判所に場を移してさらに審理裁判される（移審効）。[*1]

第一審の判決に対して控訴を申し立てることができ、第二審の判決に対して上告を申し立てることができることから、[*2]事件は、原則として三審級で審理裁判されることになる。そこで、このような制度を三審制といい、事件について三審級で審理裁判される当事者の利益のことを審級の利益と呼ぶ。なお、第一審と第二審は法律の解釈適用等の法的問題および事実の存否を審理の対象とする事実審として、第三審は法律の解釈適用等の法的問題のみを審理の対象とする法律審として構成されている。

上訴の利益　上訴の適法要件として、上訴の利益の存することがあげられる。原審における当事者の申立てと判決主文とを比較し、後者が前者よりも小さい場合に、上訴の利益が認められるとする形式的不服説が判例・通説である。もっとも、通説は、予備的相殺の抗弁による請求棄却判決に対して被告は上訴の利益を有するという例外、および、黙示の一部請求を全部認容する判決に対して原告は上訴の利益を有するという例外を認める[*3]。

上訴制度の目的　上訴は、裁判で不利益を受ける当事者が上級裁判所に対して裁判の変更による不利益からの救済を求める申立てであり、不利益な裁判からの当事者の救済を制度目的としている。また、上級審の数が次第に減少し最後は唯一の最高裁判所に至るところから、法令の解釈の統一という作用も営む。当事者の救済と法令解釈の統一のどちらが上訴制度の目的であるかが論じられ、前者であるとする見解と後者であるとする見解とに分かれている。

この問題は、控訴と上告とで場合を分けて考えるべきであろう。最高裁判所への上告の理由が憲法違反と絶対的上告理由に限定されている現行法のもとでは、上告の目的は法令解釈の統一に重きがおかれているということができ、他方、控訴の理由に特段の制限のない控訴については、当事者の救済が第一次的な目的となっていると解される。

*1　**特別の不服申立て**　控訴、上告、抗告、および再抗告という通常の不服申立てのほかに、一定の重大な事由の存する場合に認められる特別の不服申立てがある。特別の不服申立てとしては、再審および特別上訴が重要である。特別上訴には、高等裁判所が上告審としてした終局判決に対する特別上告（民訴三二七条）、少額

訴訟の終局判決に対する異議後の判決に対する特別上告（民訴三八〇条二項）、および、地方裁判所および簡易裁判所の決定および命令で不服を申し立てることができないもの、ならびに高等裁判所の決定および命令に対する特別抗告（民訴三三六条）がある。特別上訴は、確定遮断効を有さない点で通常の上訴と異なる（民訴一一六条）。

＊2　違式の裁判　裁判所がなすべき裁判の種類を誤ってなした裁判を違式の裁判といい、上訴との関係でも問題が生じる。すなわち本来なされるべき裁判に対応した上訴をすべきか、実際になされた違式の裁判に対応する上訴をするべきかが問題となる。民訴法は、判決で裁判する事項について決定または命令がなされた場合には、抗告をするべきことを規定する（民訴三二八条二項）。したがって、決定または命令で裁判すべき事項について判決がなされた場合には、控訴または上告によって不服を申し立てることになる（最判平七・二・二三判時一五二四号一三四頁参照）。

＊3　形式的不服説と新実体的不服説　形式的不服説は、原審における当事者の申立てと判決主文とを比較し、後者が前者よりも小さい場合に、上訴の利益を認める見解であり、判例・通説のとる立場である。処分権主義に伴う自己責任に根拠を求め、自ら求めた裁判を獲得した者が、相手方当事者や裁判所の負担となる上訴を用いてその裁判の取消しを求めることを認めるべきではないと論じられる。これに対して、新実体的不服説は、原判決が確定すれば、その既判力その他の判決の効力により何らかの致命的な（すなわち、後訴をまっていたのでは救済されえないような）不利益を被る場合に、上訴の利益が生じるとする見解である。両説からの帰結はおおむね一致するが、形式的不服説が例外として処理する諸事例を新実体的不服説は原則どおりに処理することができる。そのため、理論としては新実体的不服説が優れていると評価することができよう。

2　控　訴

(1)　控訴提起の手続　控訴とは、地方裁判所または簡易裁判所の第一審の終局判決に対する第二の事実審裁判所への上訴をいう（民訴二八一条一項本文・二九七条）。控訴により、事件は控訴裁判所（第一審が地方裁判所の場合は高等裁判所、簡易裁判所の場合は地方裁判所）に係属することになる。

控訴の提起

控訴の提起は、控訴状を第一審裁判所に提出してする（民訴二八六条一項）。控訴期間は、判決書または判決書に代わる調書（民訴二五四条二項）の送達をうけた日から二週間の不変期間である（民訴二八五条）。

控訴状の必要的記載事項は、当事者および法定代理人、第一審判決の表示およびその判決に対して控訴をする旨の二項目である（民訴二八六条二項）。しかし、これだけでは、原判決のどの点にどのような不服があるのかを知ることができないので、控訴状に原判決の取消しまたは変更を求める事由を具体的に書くことが民訴規則により求められており（規則一七九条による規則五三条の準用）、これらが控訴状に記載されていない場合には、控訴人は、控訴の提起後五〇日以内にこれらを記載した書面（控訴理由書）を控訴裁判所に提出しなければならないとされる（規則一八二条）。もっとも、不服の理由の具体的記載や控訴理由書の提出は、民訴規則で要求されるにとどまるから、それらがなされなかったからといって控訴が不適法として却下されるわけではない。

控訴状を提出された第一審裁判所は、控訴の適法性の審査を行い、控訴が不適法でその不備を補正することができないことが明らかであるときは、決定で控訴を却下しなければならない（民訴二八七条一項。たとえば、控訴期間を徒過して控訴が提起された場合など）。それ以外の場合には、第一審裁判所の裁判所書記官は、遅滞なく、控訴裁判所の裁判所書記官に対し、訴訟記録を送付しなければならない（規則一七四条）。訴訟記録の送付を受けた控訴裁判所の裁判長は、控訴状の審査を行う。控訴状審査は訴状の審査に準じて行われ、控訴状に必要的記載事項の記載がない場合または控訴提起の手数料の納付がない場合には、控訴裁判所の裁判長は控訴状の補正を命じ、控訴人が補正に応じないときは命令で控訴状を却下する（民訴二八八条）。また、控訴が不適法でその不備を補正することができないときは、控訴裁判所は、口頭弁論を経ないで、判決で控訴を却下することができる（民訴二九〇条）。控訴が適法になされると、控訴状が被控訴人に送達される（民訴二八九条一項）。

(2) 控訴提起の効果　控訴が提起されると、事件につき確定が遮断され（確定遮断効）、事件が控訴裁判所に移審する（移審効）。なお、確定遮断効と移審効は、控訴申立ての範囲に限定されることなく、事件の全体について生じる（控訴不可分の原則[*1]）。

控訴審の審理と判決

(1) 審理と判決の対象　控訴審の審理判決の対象は、控訴の適法・不適法および控訴人の不服申立ての当否の二者である。したがって、職権調査事項を除けば、控訴審における口頭弁論は、当事者が第一審判決の変更を求める限度（不服申立ての限度）においてのみ行われるし（民訴二九六条一項）、第一審判決の取消しおよび変更は、不服申立ての限度においてのみすることができる（民訴三〇四条）。

(2)　審理の構造　控訴裁判所が用いることのできる訴訟資料および証拠資料は、第一審で提出されたもの（民訴二九八条一項）および控訴審において提出されたものの双方である。第一審で提出された訴訟資料および証拠資料が控訴審での訴訟資料および証拠資料として用いられるためには、直接主義の要請から、第一審における口頭弁論の結果の陳述が必要とされる（民訴二九六条二項）。これを弁論の更新という。他方、控訴審において新たに訴訟資料や証拠資料の提出が許されることを弁論の更新権という。控訴審で新たに提出される訴訟資料や証拠資料は、第一審の口頭弁論終結後のものに限られないが、時機に後れた攻撃防御方法の提出として却下される可能性はある。時機に後れたかどうかの判断は、第一審および控訴審を通じて行われる。その他、控訴審では、裁判長は、当事者の意見を聴いて、攻撃防御方法の提出等の期間を定めることができる（民訴三〇一条一項）。

このように控訴裁判所は、第一審で提出された訴訟資料および証拠資料に、第二審で新たに得られた訴訟資料と証拠資料を付け加えて、控訴申立ての範囲内で新たに事件について審理しなおし、その結果を第一審判決と比較することによって控訴人の控訴申立ての当否を判断する。こうした審理の構造を続審制という。*2

(3)　控訴審の判決　控訴が不適法でその不備を補正することができない場合は、控訴裁判所は、口頭弁論を経ないで、判決で控訴を却下する（民訴二九〇条）。

控訴が適法である場合には、第一審判決を相当とするとき、または、理由は不当であっても結論は正当とするときは、控訴裁判所は、控訴を棄却する（民訴三〇二条）。

第一審判決を不当とするとき、および、第一審の判決の手続が法律に違反しているときは、控訴裁判所は、第一審判決を取り消さなければならない（民訴三〇五条・三〇六条）。第一審判決が取り消されると、原告の本案の申立てに対する応答がなくなるので、控訴裁判所が終局判決で応答する必要が生じる。これを取消自判という。ただし、控訴審が自判することが当事者の審級の利益を奪うことになる場合（たとえば、第一審判決が訴え却下判決で本案について十分な審理がなされていない場合。民訴三〇七条）、および、事件について更に弁論をする必要があるときには、控訴裁判所は、事件を第一審裁判所へ差し戻すことになる（民訴三〇八条一項）。この場合、差し戻しを受けた第一審裁判所は、控訴裁判所が取消しの理由とした法律上および事実上の判断に拘束される（差戻判決の拘束力。裁判所法四条）。なお、第一審判決を管轄違いを理由に取り消す場合には、控訴裁判所は、判決で事件を管轄裁判所に移送しなければならない（民訴三〇九条）。

附帯控訴

被控訴人が、すでに開始された控訴審手続の口頭弁論終結までに、控訴人の申し立てた審判対象を拡張して、自己に有利な判決を求める不服申立てを附帯控訴という（民訴二九三条一項）。控訴人は、控訴審手続の途中で審判対象を拡張することが認められるが、これとの均衡上、被控訴人にも控訴審手続の途中で審判の対象を自己に有利に拡張することを認めたものである。

附帯控訴の手続には控訴に関する規定が適用される（民訴二九三条三項）。もっとも、控訴権消滅後においても附帯控訴は可能である（民訴二九三条一項）ことから、附帯控訴は控訴（上訴）ではないとされ、すでに開始された控訴審手続内での特殊な攻撃防御方法であると理解されている。その結果、附帯控訴には不服が必要ではないとして、第一審で全部勝訴した当事者も附帯控訴により請求を拡張することができる（最判昭三二・一二・一三民集一一巻一三号二一四三頁）。

附帯控訴は、控訴人の控訴申立てによって開始された手続に附帯してなされるものであるから、控訴の取下げがあったとき、および、控訴が不適法として却下されたときは、その効力を失う（民訴二九三条二項本文）。ただし、附帯控訴であっても控訴としての要件を備えるものは、独立した控訴とみなされるため、控訴の取下げや却下がなされた場合であっても、効力を失うことはない（民訴二九三条二項ただし書）。

＊1　**上訴（控訴）不可分の原則**　上訴の確定遮断効および移審効が、不服申立ての範囲にかかわらず事件の全体について生じることを上訴不可分の原則という。上訴不可分の原則が行われる結果、たとえば、単純併合された複数の請求のうちの一つについて控訴が提起されると、併合されたすべての請求について確定が遮断され、控訴審への移審が生じる。もっとも、これらの請求は不服申立ての範囲に入っていないので、控訴審の審判の対象にはならない。審判対象とするためには、控訴人による控訴申立ての拡張または被控訴人による附帯控訴がなされる必要がある。

＊2　**続審制**　第一審で提出された訴訟資料・証拠資料および第二審で得られた訴訟資料・証拠資料を用いて、第一審判決に対する不服申立ての当否を判断するという控訴審の方式を続審制といい、わが国の民事訴訟法が採用している。控訴審の方式として、続審制以外には、第一審の訴訟資料・証拠資料は用いずに、控訴審で提出された訴訟資料・証拠資料だけを基礎として審理をやりなおす方式の覆審制、また、第一審で得られた訴訟資料・証拠資料だけを用いて、第一審の行った判断の当否を審理する方式の事後審制などがある。

3 上告

上告の提起および上告受理の申立て

(1) 総説　控訴が不服が存すればその具体的理由を問わずに認められたのに対して、上告では上告の理由に制限が加えられている。すなわち、上告審が最高裁判所である場合には、憲法の解釈の誤りその他の憲法の違反または絶対的上告理由がある場合にだけ上告する権利が認められ、それ以外の法令違反については、上告の提起とは別個の手続である上告受理申立手続によるべきこととされ、その場合には、最高裁判所が決定で上告審として事件を受理することにより上告があったものとみなされる。一方、上告審が高等裁判所である場合には、ひろく法令違反を上告の理由とすることが認められるため、上告受理手続は行われない。

(2) 上告提起の手続　上告とは、控訴審の終局判決に対する法律審への上訴をいう。適法な上告により、事件は上告裁判所（控訴審が高等裁判所の場合は最高裁判所、地方裁判所の場合は高等裁判所）に係属することになる。なお、飛越上告の合意がある場合（民訴二八一条一項ただし書）、および、高等裁判所が第一審の管轄権を有する場合は、第一審の終局判決に対して直ちに上告をすることができる（民訴三一一条）。

上告の提起は、上告状を原裁判所に提出してする（民訴三一四条一項）。上訴期間は、二週間の不変期間である（民訴三一三条・二八五条）。

上告状の必要的記載事項は、当事者および法定代理人、第二審判決の表示およびその判決に対して上告をする旨の二項目である（民訴三一三条・二八六条二項）。上告状に上告の理由の記載がないときは、上告人は、上告提起通知書の送達を受けた日から五〇日以内に、上告理由書を原裁判所に提出しなければならない（民訴三一五条、規則一九四条）。控訴理由書の提出が規則事項であり、その不提出に不利益が課されないのとは異なり、上告理由書の提出は法律事項であり、その不提出は上告却下という効果を生じさせる（民訴三一六条一項二号）。

原裁判所の裁判長は、上告状の審査を行い、不備があれば補正を命じ、それに応じなければ上告状却下命令をだす（民訴三一四条二項）。原裁判所の裁判長による上告状審査が行われると、次に、原裁判所が上告の適法性の審査を行い、上告が不適法でその不備を補正することができないとき、および、適法な上告理由書が提出されない場合には、決定で上告を却下する（民訴三一六条一項）。上告状却下命令または上告却下決定があった場合を除き、原裁判所は事件を上告裁判所に送付しなければならない（規則一九七条一項）。これによって事件は上告審に移審する。その際、原裁判所の裁判所書記官は、当事者に上告提起通知書を送達しなければならない（規則一八九条一項）。

(3)　上告受理の申立て　上告受理申立ての手続には上告の提起に関する規定が準用される（民訴三一八条五項）。当事者は、上告受理申立書を原裁判所に提出して上告受理の申立てを行い（民訴三一八条五項・三一四条一項）、各種の審査を受ける（民訴三一八条五項・三一四条二項・三一六条一項）。上告受理申立ての理由書についても、上告の提起の場合と同様の扱いが行われる（民訴三一八条五項・三一五条）。上告受理の申立てにより判決の確定は遮断される（民訴一一六条）。

原裁判所の裁判長は、上告受理申立書の審査を行い、不備があれば補正を命じ、それに応じなければ上告受理申立書却下命令を出す（民訴三一八条五項・三一四条二項）。また、原裁判所は、上告受理の申立ての適法性の審査を行い、それが不適法で補正できない場合、および、上告の受理申立理由書が不提出の場合などには、決定で上告受理の申立てを却下する（民訴三一八条五項・三一三条・三一六条一項）。上告受理申立書却下命令または上告受理申立却下決定があった場合を除き、原裁判所は事件を上告裁判所に送付しなければならない（規則一九九条二項・一九七条一項）。事件の送付を受けた最高裁判所は、上告受理申立ての理由があるかどうかを審査し、その結果、上告審として事件を受理するときには、上告受理の決定をする（民訴三一八条一項）。他方、上告審として事件を受理しない場合には、上告不受理の決定をしなければならない。

上告審の審理と判決

(1) 審理と判決の対象　上告審の審理判決の対象は、上告の適法・不適法および上告人の不服申立ての当否の二者である。したがって、職権調査事項を除き、上告裁判所は、上告の理由に基づき、不服の申立てがあった限度においてのみ審理し、判決する（民訴三二〇条・三一二条）。

(2) 上告審の審理と判決　(イ) 口頭弁論を行わない場合　上告裁判所は、上告状および上告理由書などの書面から、上告が不適法でその不備を補正することができないこと、または、上告理由書が提出されていなかったり上告の理由の記載が適式でないことが判明した場合には、決定で上告を却下することができる（民訴三一七条一項）。

また、上告裁判所は、上告状、上告理由書、答弁書その他の書類による書面審理により、上告を理由がないと認めるときは、口頭弁論を経ないで、判決で上告を棄却することができる（民訴三一九条)。

さらに、上告裁判所が最高裁判所である場合には、上告状および上告理由書などの書面から、上告人によって主張された上告の理由が憲法違反および絶対的上告理由に該当しないことが明らかであるときには、決定で上告を棄却することができる(民訴三一七条二項)。この扱いは、最高裁判所の負担を軽減する趣旨によるものである。

(ロ)　口頭弁論を行う場合　決定で上告を却下したり、判決や決定で上告を棄却したりしない場合には、上告裁判所は、口頭弁論により審理を行う。とりわけ、上告を認容する場合には、口頭主義の原則に戻り、口頭弁論を開いて審理しなければならない(民訴八七条一項)。

上告審は法律審であり、原判決において適法に確定した事実に拘束される(民訴三二一条一項)。したがって、上告裁判所は、原判決によって確定された事実に基づいて、上告の理由(原判決破棄の理由)の存否を調査することになる。その際、口頭弁論は、当事者が原判決の変更を求める限度においてのみ行われる(民訴三一三条・二九六条一項)。

口頭弁論による審理の結果、上告に理由がないと判断した場合には、判決で上告を棄却する。上告に理由があると判断した場合、および、原判決に判決に影響を及ぼすことが明らかな法令の違反がある場合には、上告裁判所は、原判決を破棄し(破棄するとは取り消すことをいう)、事件を原裁判所に差し戻すか(破棄差戻し。民訴三二五条一項・同条二項)、自ら本案に関して判決しなければならない(破棄自判。民訴三二六条)。事件についてさらに事実審理が必要な場合に破棄差戻しがなされ、事件がすでに裁判をするのに熟する場合に破棄自判が行われる。

◆コラム15◆　不利益変更禁止原則

上訴審が原判決を変更するにあたり、被上訴人側から上訴または附帯上訴がなされていない場合には、その変更は上訴人に不利益に行われてはならないとする原則を不利益変更禁止原則という。

たとえば、第一審で訴え却下判決を得た原告が控訴し、被告が控訴も附帯控訴もしない場合、控訴裁判所は、訴えは適法だが請求は棄却されるべきだと判断しても、第一審判決を取り消して請求を棄却することは不利益変更禁止原則により許されず、控訴棄却にとどめなければならない。

この原則の根拠としては、処分権主義の上訴審におけるあらわれ、あるいは、当事者の申立てに裁判所は拘束されるという原則（申立拘束原則）が述べられることが一般的であり、判例も同趣旨のくちぶりを示している。これに対して、不利益変更禁止原則の根拠を、上訴した者が上訴したことによってかえって不利な判決を得るようではおかしいという素朴な法感情に求める見解が主張されている。後者の見解は、不利益変更禁止原則と申立拘束原則を峻別し、申立拘束原則では説明できないようなケースに機能するのが不利益変更禁止原則であると主張する。さて、読者はどのように考えるだろうか。

上告理由

(1)　総　説　上告審が原判決を破棄すべき事由を上告理由という（法文では「上告の理由」であるが、講学上「上告理由」と呼ばれる）。また、上告理由の主張は上告の適法要件でもある。したがって、上告理由の主張を欠く上告は不適法として却下され、上告理由が認められない場合には上告は棄却され、上告理由があると認められる場合には上告が認容されて原判決が破棄されることになる。

上告理由には、憲法違反、絶対的上告理由、および、判決に影響を及ぼすことが明らかな法令の違反の三種類がある（民訴三一二条）。これらのうち、三種類の上告理由のすべてが高等裁判所への上告を適法とするのに対して、最高裁判所への上告を適法とするのは、憲法違反と絶対的上告理由の二者に限られる。他方、原判決を破棄すべき事由としての上告理由としては、最高裁判所が上告審である場合も高等裁判所が上告審である場合も、三種類の上告理由のすべてが妥当する（民訴三二五条一項・同条二項）（判決に影響を及ぼすことが明らかな法令の違反は、最高裁判所への上告を適法とすることはないが、最高裁判所が原判決を破棄する事由にはなる）。

(2)　憲法違反　原判決に憲法の解釈の誤りその他の憲法の違反がある場合には、上告理由となる（民訴三一二条一項・三二五条一項）。憲法違反が判決に影響を及ぼすことが明らかであることが必要とされるかについては（民訴三一二条三項参照）、条文の文言に即して不要と解する見解と濫上訴防止の観点から必要と解する見解とに分かれている。

(3)　絶対的上告理由　手続法規（訴訟法規）違反は、判決に影響を及ぼすことが明らかであるかどうか不明である場合が多い。そこで、一定の重大な手続法規違反について、判決への影響の有無を問題とすることなしに、常に上告理由となるとした。これが絶対的上告理由である（民訴三一二条二項）。絶対的上告理由としては、判決裁判所の構成の違法（民訴三一二条二項一号）、判決に関与できない裁判官の判決関与（同条同項二号）、専属管轄規定違反（同条同項三号）、法定代理権等の欠缺（同条同項四号。なお、この規定は、当事者が攻撃防御方法の提出を妨げられ、手続保障に欠ける場合に類推適用される）、口頭弁論公開規定違反（同条同項五号）、判決の理由不備・理由の食違い（同条同項六号）が規定されている。

(4) 判決に影響を及ぼすことが明らかな法令違反　法令違反とは憲法以外の法規の違反をいう。法令違反が上告理由になるのは、判決に影響を及ぼすことが明らかな場合に限られる。法令には、狭義の法律だけではなく、わが国で法規範としての通用力をもつもの、すなわち、条約、外国法、政令、裁判所規則、地方公共団体の条例、規則、および、慣習法などが含まれる。これらに加えて、経験則（経験から得られた事物の性状や因果関係に関する法則）の違背も上告理由になると解されている。経験則自体は法令には含まれないが、事実認定に際して一般的に用いられるものなので、その解釈を統一する必要は法令の場合と同様だからである。

法令違反の態様としては、法令解釈の誤りと法令適用の誤りの区別、および、判断の過誤と手続の過誤の区別が重要である。

法令解釈の誤りとは、法令の効力や内容に関する誤解をいい、法令適用の誤りとは、一定の事実が法規の定める要件に該当するか否かの判断の誤りをいう。

判断の過誤とは、原判決の請求の当否に関する法的判断が不当である場合をいう。実体法規の適用の誤りは判断の過誤の一場合である。手続の過誤とは、原審での訴訟手続に訴訟法規違反がある場合をいう。手続の過誤は、職権調査事項にあたるものを除き、上告裁判所は、当事者から主張された上告理由だけを調査すればよい（民訴三二〇条・三二二条）。これに対して、判断の過誤に関しては、上告裁判所は、当事者の主張に限定されることなくあまねく調査しなければならない。法律の解釈適用は裁判所の職責であるから、上告裁判所は、判断の過誤については当事者の主張に拘束されないのであり、上告理由不拘束の原則と呼ばれる。

上告受理申立理由　最高裁判所が上告受理の申立てを受理する事由を上告受理申立理由という。受理決定がなされたときには、上告の提起が擬制される（民訴三一八条一項・同条四項）。

上告受理申立理由は、原判決に最高裁判所の判例（最高裁判所の判例がない場合には、大審院または上告裁判所もしくは控訴裁判所である高等裁判所の判例）と相反する判断がある場合、および、原判決に法令の解釈に関する重要な事項が含まれると判断される場合に認められる（民訴三一八条一項）。

4　抗　告

抗告の意義　抗告は、決定・命令に対する上級審裁判所への不服申立てである。

訴訟手続の終局判決に至る過程で、決定・命令がされることがある。それらの是正は、多くの場合、終局判決に対する控訴・上告を通じてなされる（民訴二八三条本文）。しかし、付随的事項についての決定・命令（たとえば、移送の裁判〔民訴一六条ないし二〇条の二〕、忌避申立却下決定〔民訴二五条一項〕など）がいちいち控訴・上告の対象になるとすると、上訴審の審理を煩雑にしてしまう。また、終局判決がそもそも予定されていない決定・命令（たとえば、訴状却下命令〔民訴一四一条一項〕、第三者に対する過料決定〔民訴二二五条一項〕、更正決定〔民訴二五七条一項〕、民執法上の決定など）もある。そこで、民訴法は、判決に対する上訴審理を合理化・迅速化するため、また、終局判決が予定されていない決定・命令について上級審裁判所の判断を受ける機会を与えるために、簡易迅速な上級審裁判所への不服申立ての制度を用意した。これが抗告である。抗告は、上訴である点で、同一審級裁判所に対する不服申立てである異議と区別される。

抗告の種類　(1)　即時抗告と通常抗告　抗告は、抗告期間の有無により、即時抗告と通常抗告とに区別される。即時抗告は、迅速に法律関係を確定させる必要がある決定・命令について、個別の規定により認められる。決定・命令の告知を受けた日から一週間の不変期間内にしなければならず（民訴三三二条）、また、即時抗告によって原決定・命令の執行が停止される（民訴三三四条一項）。通常抗告は、原決定・命令の取消しを求める利益がある間はいつでも提起できるが、原決定・命令の執行停止効はなく、抗告裁判所（抗告を審理する裁判所。後述参照）、原決定・命令をした裁判所または原決定・命令をした裁判官（裁判長、受命裁判官、受託裁判官）の裁量により執行の一時停止がされることがあるにすぎない（民訴三三四条二項）。

(2)　最初の抗告と再抗告　審級により、最初の抗告と再抗告とに区別される（民訴三三〇条）。再抗告は、最初の抗告に基づく抗告審の決定に対する抗告であり、憲法違反または法令違反を理由として提起される。ただし、最高裁判所への再抗告は認められていないので（裁七条二号）、再抗告の対象は、地方裁判所が最初の抗告についてした決定に限られる。

(3)　特別抗告　最高裁判所の法令審査権（憲八一条）を確保し、憲法解釈の統一を図るという観点から、地方裁判所および簡易裁判所の決定・命令で不服申立てができないものと高等裁判所の決定・命令について、憲法違反を理由とする特別抗告の制度が設けられている（民訴三三六条一項）。決定・命令の確定を阻止するものではなく、本来の上訴とはいえない（特別上告〔民訴三二七条〕と同様)。

(4)　許可抗告　平成八年の民事訴訟法改正の際に、許可抗告の制度(民訴三三七条)が新設された。最高裁判所の負担軽減(裁七条)を図りながら憲法以外の法令の解釈統一の必要に応じるため、高等裁判所の決定・命令に対し、その高等裁判所が許可した場合に限って(このこと自体の合憲性につき、最平一〇・七・一三裁判集民一八九号一一一頁)、最高裁判所の判断を受けることができるようにしたのである。実際、許可抗告制度により文書提出命令や執行抗告など重要な事項について、最高裁判所の判断が示されている。

(5)　他の民事手続法上に定める抗告　民訴法以外の民事手続法においても、各種の抗告が定められている(民執一〇条〔執行抗告〕、民保四一条〔保全抗告〕、破九条、家審一四条など)。

抗告の対象　抗告することのできる決定・命令には、以下のようなものがある。

(1)　口頭弁論を経ないで訴訟手続に関する申立てを却下する決定または命令(民訴三二八条一項)　必要的口頭弁論によらない却下決定・却下命令でなければならない。たとえば、管轄裁判所指定の申立て(民訴一〇条一項・二項)、特別代理人の指定の申立て(民訴三五条一項)、訴訟引受けの申立て(民訴五〇条一項)、担保取消しの申立て(民訴七九条一項)、受継の申立て(民訴一二八条一項)、証拠保全の申立て(民訴二三四条)などの申立てを却下する決定・命令である。当事者に申立権のある場合でなければならない。また、不服申立てが禁止されている場合(個別に不服申立てが禁止されている場合〔民訴一〇条三項・二五条四項など〕、最高裁判所および高等裁判所の決定・命令、受命裁判官または受託裁判官の決定・命令〔民訴三二九条〕)は除かれる。

(2) 違式の決定・命令（民訴三二八条二項） たとえば、中間判決をすべきであるのに決定がされた場合など、決定または命令により裁判できない事項について決定・命令がされたときにも、通常抗告ができる。

(3) 法律上個別に抗告を許している決定・命令 移送に関する決定（民訴二一条）、補助参加の許否決定（民訴四四条三項）、担保提供に関する決定（民訴七五条七項）、訴訟上の救助に関する決定（民訴八六条）、閲覧制限の申立てを却下する決定および閲覧制限決定取消しの申立てに関する決定（民訴九二条四項）、訴状却下命令（民訴一三七条三項）、証言拒絶に関する決定（民訴一九九条二項）、当事者を過料に処する決定（民訴二〇九条二項）、文書提出命令に関する決定（民訴二二三条七項）、故意または重過失により文書の成立の真正を争った者を過料に処する決定（民訴二三〇条二項）、再審に関する決定（民訴三四七条）、督促異議却下決定（民訴三九四条二項）、民事保全命令の申立てを却下する決定・命令（民保一九条）など、法律上個別の規定で認められている。上記規定による抗告は、いずれも即時抗告である。

(4) 許可抗告の場合（民訴三三七条一項） 許可抗告の対象は、高等裁判所の決定・命令であるが、それ自体がすでに再抗告に対する決定・命令であるとき、抗告許可を求める申立てを許可または却下する決定・命令であるとき、地方裁判所の決定・命令であるとすると抗告することのできないものであるとき（民訴三三七条一項本文かっこ書、同ただし書）は除かれる。

抗告の提起

最初の抗告には控訴の規定が、再抗告には上告の規定が、特別抗告には特別上告の規定がそれぞれその性質に反しない限り準用される（民訴三三一条・三三六条三項、規則二〇五条・二〇八条)。抗告、再抗告および特別抗告の提起は、原決定・命令により不利益を被った訴訟当事者または第三者が、原裁判所に、抗告状を提出してしなければならない(民訴二八六条・三一四条の準用)。抗告状に原決定・命令を取消しまたは変更すべき理由を具体的に記載していないときは、抗告の提起後一四日以内に、抗告理由書を原裁判所に提出しなければならない(規則二〇七条・二一〇条一項)。

即時抗告は、原決定・命令の告知を受けた日から一週間(民訴三三二条)、特別抗告は、五日(民訴三三六条二項)の不変期間内に提起しなければならない。

抗告許可の申立ては、原決定・命令の告知を受けた日から五日の不変期間内に、原裁判所に抗告許可申立書を提出してする(民訴三三七条六項)。申立書に理由を記載しなかったときは、抗告許可申立通知書の送達を受けた日から一四日以内に理由書を提出しなければならない(民訴三一五条、規則二〇九条・二一〇条)。

抗告の審理・裁判　抗告状の提出を受けた原裁判所は、それが適法かどうかを審査する。抗告が不適法で補正できないことが明らかな場合には、決定で抗告を却下する(民訴二八七条の準用)。適法であれば、原決定・命令をした裁判所または裁判長は、自ら抗告の当否を審査し(再度の考案)、理由があると認めるときは、原決定・命令を取り消したり、変更することができる(民訴三三三条、更正があるとその限度で抗告手続は終了する)。理由がないと認めるときは、意見を付して事件を抗告裁判所に送付する(規則二〇六条)。この段階で抗告は上級裁判所の審理に係ることになる。

抗告裁判所（簡易裁判所の決定・命令については地方裁判所、地方裁判所のそれについては高等裁判所である。東京や大阪の高等裁判所では、抗告事件を集中して取り扱う部が設けられている）では、任意的口頭弁論により審理が行われ、口頭弁論を開かない場合には、抗告人その他の利害関係人を審尋することができる（民訴三三五条）。その判断は、決定の形式で示される。

抗告許可の申立てについては、原審裁判所である高等裁判所が適法審査の上、自らのした決定・命令に法令の解釈に関する重要な事項を含むと認めるときは、抗告を許可しなければならない（民訴三三七条二項）。抗告許可決定がされると、最高裁判所への抗告があったものとみなされ（同条四項）、その後の手続は特別抗告に準じて行われる（同条六項・三三六条三項）。

第13章 再審

総説

(1) 法的安定性や紛争解決の要求にこたえるには、確定した終局判決を尊重しなければならない。とはいえ、訴訟手続に重大な瑕疵があるとか、判決の基礎とされた資料に犯罪に該当するような違法行為があるような場合にも、それを看過してなされた判決をそのまま放置するならば、当事者に酷であるばかりでなく、裁判の適正の理念に反し裁判に対する信頼を損なうことになる。そこで、そのような場合には、当事者は、判決が確定した後でも非常の救済方法である再審によって確定判決の取消しと事件の再審判を求めることができる。再審は、確定判決の取消しを求める点で訴訟上の形成の訴えの一種であり、また、終結した訴訟手続の再開を目的とする点で付随訴訟である。

再審手続は、再審事由の存否の判断により確定判決の取消しを求める段階（再審開始決定手続）と、確定判決により終了した事件の再審理・判決を求める段階（本案再審理手続）との二段階構造となっている（民訴三四六条・三四八条。旧法の下では、段階的な区別がなされず、再審の許否と本案の審理は一体としてなされていた。これに対しては、審理が複雑である、上級審で再審事由なしとされる場合には、本案についての攻撃防御方法の提出が無駄になり、不必要な負担を原告に課すことになる等の問題が指摘されていた）。

法的安定性の見地から、再審の訴えの提起によって直ちに本案の再審理がなされるという構造にはなっていない。

再審は、①確定判決に対するものであるため確定遮断効がない点、②上級審への移審効がない点、③原則として管轄裁判所が当該判決（原判決）をした原裁判所の専属とされている点（民訴三四〇条。ただし民訴三三八条三項）において、通常の不服申立方法である上訴と異なる。また、判決前の手続の瑕疵等をその理由とする点で、判決後の上訴提起の障害を理由とする上訴の追完（民訴九七条）と異なる。

(2) 再審の濫訴を防止し、確定勝訴判決を得た相手方当事者の地位を保障するため、再審は上訴に対して補充的地位に置かれている（再審の補充性）。判決確定前に再審事由を上訴によって主張したが棄却された場合や、再審事由が存在することを知り、その瑕疵を主張することができたにもかかわらず、上訴で主張しなかった場合は、判決確定後に再審申立てをすることができない（民訴三三八条一項ただし書）。判例は、判決確定後に有罪確定刑事判決が成立した場合に、再審事由の存在を知りながら上訴で主張しなくても補充性要件に反しないとする（最判昭四七・五・三〇民集二六巻四号八二六頁）。

再審事由

(1) 概　説　再審は確定した終局判決に対する特別の不服申立方法であるから、むやみに広く認められるべきものではない。本案の再審理への道は、法に列挙された十個の再審事由（民訴三三八条）が存在すると認められてはじめて開かれる（民訴三四六条）。そのまま放置しておくことが許されないような重要な瑕疵が再審事由として規定されており、一般的には、重要な手続上の瑕疵に属するもの（民訴三三八条一項一号〜三号）と、裁判の基礎に関する瑕疵に属するもの（同条同項四号〜一〇号）とに分類される。沿革的にみると、大正一五年改正前の旧々民訴法においては、再審は判決無効の訴えと原状回復の訴えとに分かれており（前者の訴えの事由は、一〜三号事由に相当し、後者の訴えの事由は、四〜八号事由および一〇号事由と新証書の発見であった）、前者の訴えでは再審事由たる瑕疵と当該確定判決の結論との因果関係を問わない、原状回復事由は上告理由にならない等の差異があった（これらは大正民訴改正で一本化され、その際、判断遺脱〔九号〕が加えられる一方で新証書の発見が落とされた）。

(2)　再審事由の個別的検討　(イ)　民訴三三八条一項一号から三号までは重要な手続上の瑕疵に関するものである。通説によると、これらの事由は絶対的上告理由（民訴三一二条二項一号・二号・四号）と共通であることから因果関係不要と解される（もっとも近時は四号事由でも因果関係不要とする見解が多数）。

一号事由は法律に従って判決裁判所を構成しなかったとき（裁判官の欠格、任命の無効、合議体の員数不足等）、二号事由は法律に従って裁判に関与することができない裁判官が裁判に関与したとき（除斥原因のある裁判官の関与等）、三号事由は代理権の欠缺（代理人として訴訟を行った者に代理権がなかった場合、代理人が必要であるのに代理人がつかなかった場合等）である。再審事由は制限列挙と解されているが、判例は、訴状送達の無効により訴訟に関与する機会が与えられなかった場合（最判平四・九・一〇民集四六巻六号五五三頁）のように、当事者の裁判を受ける権利が実質的に保障されなかった場合にも、三号事由を類推適用する。[*1] なお、代理権欠缺は、判決確定後に追認があれば再審事由でなくなる（民訴三二二条二項ただし書類推）。

(ロ)　民訴法三三八条一項四号から八号までは判決の基礎資料に関する瑕疵に関する場合であり、裁判官の職務犯罪（四号。職権濫用、収賄等）、相手方または第三者の刑事上罰すべき行為による自白または攻撃防御方法提出の妨害（五号）、証拠の偽造、偽証等（六号・七号）、判決の基礎となった裁判・行政処分の変更（八号）があげられている。九号および一〇号は判断そのものに欠点がある場合であり、判断遺脱（九号）、既判力の抵触（一〇号）があげられている。

(ハ)　民訴法三三八条一項四号から七号までの可罰行為の再審事由については、その犯罪行為に対して有罪もしくは過料の裁判があったこと（民訴三三八条二項）、または、証拠不十分以外の理由で確定裁判に達することができなかったこと（本人の死亡による公訴棄却、大赦、時効、情状による起訴猶予処分等）が要件として加わる。*2 通説・判例（最判昭四五・一〇・九民集二四巻一一号一四九二頁）は二項の有罪判決等の存在を再審の適法要件として、再審の提訴時にその必要性をみたさなければならないとする。これに対しては、一項の可罰行為と二項の有罪判決等が合体して再審事由になるという合体説や、二項を可罰行為の可罰性を確定する特別の事由と解する再審事由具備要件説（理由具備要件説）がある。もっとも、有罪の刑事判決があっても、再審裁判所はそれに拘束されず、犯罪行為なしと認定して再審を棄却することもできる。

(ニ)　民訴法三三八条一項九号の判断遺脱とは、当事者が適法に訴訟上提出した攻撃防御方法で、判決の結論に影響するものに対し、裁判所が判決理由中で判断を示さなかった場合である（本案申立てに対して判断を示さなかった場合は、裁判の脱漏〔民訴二五八条〕となる）。民訴一五七条で却下されたものや要証事実との関係で採用されなかった証拠についてはこの事由とすることはできない。一〇号の既判力抵触については、再審の補充性から、前訴でその確定判決の存在を知っていた場合には申し立てることはできない（大判昭一四・一二・二民集一八巻一四七九頁は、前訴判決がある以上特別の事情がない限り知っていたと推定するべきだとする）。前訴で両当事者がともに知りながら確定判決を援用しなかった場合は、後訴判決のほうが通有性をもつ（この点は既判力の職権調査性と必ずしも一貫しない）。

再審の訴えの一般的要件

(1)　専属管轄　再審の訴えは、再審事由ありと主張されている原判決を下した裁判所が専属管轄をもつ（民訴三四〇条一項）。第一審と控訴審のいずれにも再審を提起することができる場合は、判断の矛盾を回避すべく上級審があわせて管轄をもつ（同条二項）。控訴審が控訴棄却の本案判決をしている場合には、控訴審において全面的に審理がなされているため控訴審への再審のみが許される（民訴三三八条三項）。管轄違いの訴えには移送が認められる（民訴一六条一項）。

(2)　再審の当事者　再審原告は、原確定判決の効力を受け、かつ、その取消しを求める利益（不服の利益）を有する者である。したがって、原則として、原判決（前訴）の敗訴当事者が再審原告となる。敗訴当事者の一般または特定承継人や第三者の訴訟担当の場合の被担当者も再審の訴えを提起することができる。補助参加人も被参加人のために再審原告となることができる（民訴四五条）。また、判決の取消しについて固有の利益を有する第三者にも再審の原告適格が認められる（この場合には独立当事者参加の形式によるべきであろう（民訴四七条））。

再審被告は、原則として原判決の勝訴当事者であるが、勝訴当事者の承継人も再審被告となりうる。人事訴訟において相手方とすべき者が死亡した場合は、検察官に再審の被告適格が認められる（人訴一二条三項）。

(3) 再審の訴えの対象　再審は確定した終局判決に限って認められる（民訴三三八条一項）。終局判決の前提となった中間的な裁判（民訴二四五条参照）に対しては、それ自体を再審で取り消すことができるとしても、さらにそれを前提とした終局判決の取消しのために再審の訴えを提起しなければならないとすると二度手間となるから、独立の不服申立てが認められているか否かを問わず、独立して再審の訴えを提起することはできない（民訴三三九条）。

(4) 訴えの利益　二段階構造をとる現行再審手続においては、まず再審開始決定手続で再審事由の存否が審理される。しかし、本案請求そのものが内容上明らかに失当である（有理性を欠く）場合にも、つねにそのプロセスを経なければならないとすると不経済である。そこで、そのような場合には、訴えの利益を欠くものとして再審開始決定手続段階で処理できないかといった議論がある。

(5) 出訴期間　再審は、原則として、判決確定後再審事由を知ってから三〇日以内の不変期間内、または判決確定より五年の除斥期間内に提起しなければならない（民訴三四二条一項・二項）。ただし、再審事由が判決確定より後に生じたときには除斥期間の起算日の延長が認められ（同条二項括弧内）、代理権欠缺の場合（民訴三三八条一項三号前段）と既判力衝突の場合（同条同項一〇号）には、不変期間も除斥期間も適用がない（民訴三四二条三項）。

再審の手続と判決

(1) 再審訴訟の訴訟物　再審訴訟の訴訟物については、これを原事件（旧訴訟）の訴訟物のみと考える一元説と、再審事由自体が原確定判決取消しという訴訟上の形成訴訟の訴訟物を構成するとして、原事件の訴訟物に加え再審事由も訴訟物となると考える二元説がある。後者の説はさらに個々の再審事由ごとに訴訟物を異なるかとみるかどうかで見解の対立がある。

(2) 手続の概略　再審訴状には、一般の訴状の要件のほか、不服の理由として具体的な再審事由の主張を掲げなければならない（民訴三四三条）。もっとも再審事由の主張は後に変更できる（民訴三四四条）。訴状の提出によって、その事由についての出訴期間遵守の効力が生じる（民訴一四七条）。再審の審判には、その性質に反しない限り、それぞれの審級の訴訟手続に関する規定が準用される（民訴三四一条）。再審には、再審事由の存否の判断（再審開始決定手続）と再審開始決定後の本案の再審判（本案再審理手続）という二つの段階がある。

まず、再審開始決定手続において、再審の適法要件および再審事由の存否が審理される。これらは非公開の決定手続でなされ、この局面においては職権探知主義が妥当する。再審の訴えの適法要件を欠くときは訴え却下決定がなされ（民訴三四五条一項）、再審事由が認められなければ再審申立ては決定で棄却される（民訴三四五条二項）。これらの決定に対しては即時抗告をすることができる（民訴三四七条）。再審請求棄却決定が確定すると、同一の再審事由を理由としてさらに再審の訴えを提起することはできない（民訴三四五条三項）。

再審事由の存在が認められると、相手方を審尋して、再審開始決定がなされる（民訴三四六条一項・二項）。再審開始決定が確定すると、不服申立ての限度で、原事件の本案について審理・判断がなされる（民訴三四八条一項）。本案についての弁論は、前訴の再開続行であり、当事者からの再審または附帯再審による原判決に対する不服申立ての限度で審判される。従前の訴訟手続は、再審事由の瑕疵を帯びていない限り有効であり、再審裁判所が事実審であれば、当事者は新たな攻撃防御方法を提出することができる。

本案の審理の結果、原判決を正当とするときは再審請求を棄却する（民訴三四八条二項。事実審の再審での再審請求棄却の場合には、本案について再審理をしているため、既判力の基準時は再審での口頭弁論終結時に移ると解される）。原判決と結論が異なる場合には、原判決の取消しを宣言し、その結論に合わせた新しい判断をする（同条三項）。

準再審

即時抗告によって不服を申し立てることができる決定や命令で、終局的に確定したもの（訴状や上訴状の却下命令〔民訴一三七条・二八八条〕、過料の裁判〔民訴二〇九条〕など）に対しても、再審事由に該当する事由があるときには、再審の訴えに準じて再審の申立てをすることができる（民訴三四九条）。即時抗告のできない最高裁の決定または命令に対しても再審の申立てができる（最大決昭三〇・七・二〇民集九巻九号一一三九頁）。

再審制度と判決無効

再審の訴えによって確定判決は取り消され、これが確定してはじめて原確定判決の既判力も排除されるから、再審を経ないで前訴既判力と抵触する主張をすることは、本来認められないはずである。しかし、学説の中には、再審の訴えを経なくとも、訴訟行為の追完（民訴九七条）という方法や、直接に判決無効の主張を認めることによって実質的に再審理を認めるものがある。また、判例（最判昭四四・七・八民集二三巻八号一四〇七頁等参照）は、詐取判決に基づいて強制執行が行われた場合（いわゆる判決の不当取得〔騙取〕）に、再審を経ることなく、直接不法行為による損害賠償を認めており、また、仮執行宣言付支払命令（現・仮執行宣言付支払督促）が騙取された場合には、当事者本人に対して判決の効力は及ばないとする（最判昭四三・二・二七民集二二巻二号三一六頁）。

再審の訴えを経ないで（瑕疵ある確定判決を存続させたまま）、原確定判決の既判力と矛盾する主張立証をつねに認めるとすれば、既判力打破を再審のみに認め法的安定を保障した意味は減殺される。しかし、判決無効原因と再審事由の基礎には共通性があり、つねに再審を経ることを要求することは当事者の救済にとって迂遠なことがある。さらに検討を加えるべきであろう。

＊1　最判昭五七・五・二七判時一〇五二号六六頁は、不実の公示送達申立てにより確定判決を取得した場合でも、訴状の送達が有効である以上、その申立人が故意の場合であっても三号事由による再審を認めない。ほかに三号事由の適用を否定したものとして、最判平五・九・九民集四七巻七号四九三九頁。なお、平成八年改正によって公示送達の許否の権限が裁判長から裁判所書記官に移ったため、現行法では公示送達の要件を欠く公示送達は無効であり、再審の問題ではないと解される。

＊2　最判昭五二・五・二七民集三一巻三号四〇四頁は、後者の場合には、①有罪確定刑事判決を得られなくなった理由の存在に加えて、②有罪の確定判決を得る可能性を要件とする。

第14章　簡易裁判所の訴訟手続

総説

簡易裁判所は、もともと少額軽微な紛争を簡易な手続で迅速に解決することを任務とする（民訴二七〇条）。そのため、簡裁民事事件を地方裁判所と同じ手続で行うのは適当でないとして、いくつかの訴訟手続の特則が設けられている（民訴二七一条～二八〇条、規則一六八条～一七二条）。しかし、三審制の下での第一審として手続の基本的な構造が地方裁判所とまったく同じであるため、「とくに小規模な紛争について、少しでも一般市民が訴額に見合った経済的負担で、迅速かつ効率的な解決を裁判所に求めることができるようにすることを目的として」より簡略化したのが少額訴訟手続（民訴三六八条～三八一条、規則二二二条～二三一条）である。

1　簡易裁判所の訴訟手続

簡裁の訴訟手続に関する特則

(1)　口頭および任意出頭による訴えの提起（民訴二七一条・二七三条、参考〔地裁の場合、以下同じ〕：民訴一三三条一項）　(イ)　口頭による訴え提起では、原告が裁判所執務時間中に受付係書記官の面前で、当事者（法定代理人が付いている場合は、さらに法定代理人）、請求の趣旨および紛争の要点を陳述すれば（民訴一三三条二項・二七二条）、書記官がその陳述に基づいて調書を作成し（規則一条二項。収入印紙をそれに貼付することになる、民訴費八条）、その謄本を被告に送達する（民訴一三八条、規則四〇条二項。この制度は、次の(2)と同様、一般の国民が弁護士等の代理なしに簡便に訴えを提起することを可能にするものであるが、受理体制の整備等から、書記官が口頭陳述に対応しうるような実情になく、実務では、事件類型別に作成される定型訴状用紙を受付窓口に備え付け、これを利用して申し立ててもらう準口頭受理が推進されている）。

(ロ)　任意出頭による訴え提起は、訴状の提出（民訴一三三条）、裁判長の審査（民訴一三七条）、被告への送達（民訴一三八条）、口頭弁論期日の指定・呼出し（民訴一三九条）という通常の訴え提起の手続を簡略化し、当事者双方が一緒に簡易裁判所に出頭し、原告は直ちに開かれる口頭弁論において陳述によって訴えを提起するとともに、当事者双方が口頭弁論を行うことができることにしたものである（ただ、この方法もその実効性には疑問があり、実際上も、この方式による訴えの提起はほとんど行われていないが、少額訴訟での活用が期待されている）。

(2)　紛争の要点をもってする請求原因の代替（民訴二七二条、参考：民訴一三三条二項二号、規則五三条）　訴え提起の段階では、厳密な請求（訴訟物）の特定までは要求されない趣旨である。それゆえ、紛争の要点（請求の基礎となっている紛争を構成する生の事実）としての記載が十分になされていれば、請求が特定されていない場合であっても、補正を命じた上での訴状却下命令（民訴一三七条）の対象とはならない（ただし、請求の放棄・認諾や既判力の範囲などは訴訟物について生じること等から、いつまでも請求の特定なしに審理が進められてよいものではなく、原告が請求を特定しないまま口頭弁論の終結に至れば、訴えは却下〔民訴一四〇条〕されることになる）。

(3) 準備書面の省略等（民訴二七六条、参考：民訴一六一条・一六二条、規則七九条〜八三条） 準備書面作成の時間・労力・費用を省くことができる。ただし、この準備書面の省略は、不意打ち防止の観点から、相手方が準備しなければ陳述できない事項については認められない（ただ、この場合も、口頭弁論前に相手方にその事項を直接通知するという便法が認められている）。

(4) 続行期日における陳述の擬制（民訴二七七条、参考：民訴一五八条） 当事者の一方が口頭弁論期日に出頭しない場合等における書面審理の併用を一般的に許容したものである。

(5) 証人等の陳述の調書記載の省略等（規則一七〇条、参考・規則六七条〜六九条） 簡裁民事事件は、通常、証拠調べも少なく（平成一五年既済一〇〇件当たりの平均数は、証人尋問一・九人、当事者尋問二・三人）、控訴率も低い（二％）ことから、その必要性と書記官の負担等との衡量から、裁判官の許可を条件に手続の簡略化を図ったものである（この場合、裁判官の命令または当事者の申出があるときは、裁判所書記官は、録音テープ等に証人等の陳述または検証の結果を記録し、当事者の申出があるときは、その複製を許さなければならない）。

(6) 尋問に代わる書面（供述書・鑑定書）の提出（民訴二七八条、規則一七一条・一二四条、参考：民訴二〇五条・二一〇条・二一五条・二一六条ただし書） 比較的軽微な事件を簡易迅速に解決するという簡易裁判所の訴訟手続の性質に適ううえ、主張の面で、前記(4)のような便法が認められていることに呼応して、証拠の面でも必ずしも出頭を要しないこととして、当事者等の負担を軽減したものである（直接主義・口頭主義の例外であり、また反対尋問権の保障の観点からは問題であるが、事案や尋問事項の内容、その人証の重要性、信用性、反対尋問の必要性、出頭確保の困難性、書面提出の期待度などを総合的に考慮して、書面尋問の「相当性」を判断することになるものと思われる)。

(7)　反訴の提起に基づく移送（民訴二七四条、規則一六八条、参考：民訴一四六条）　簡易裁判所で、地方裁判所の管轄に属する反訴が提起された場合でも、本訴の係属する簡易裁判所が反訴についても管轄を有することになるところ（民訴一四六条）、反訴の相手方である原告が反訴事件について地方裁判所において審理を受ける権利を尊重するとともに、訴訟経済上本訴と反訴とを同一の訴訟手続内で審理すべき要請を充たそうとするものである（なお、簡裁の特則事項ではないが、同じく移送に関する特別の取扱いとして、民訴一八条・一九条二項参照）。

(8)　判決書の記載事項の簡略化（民訴二八〇条、参考：民訴二五三条）　判決書の必要的記載事項（民訴二五三条一項）のうち、事実および理由の記載の簡略化を認めたものである。

(9)　和解に代わる決定（民訴二七五条の二）　簡易裁判所における金銭の支払請求訴訟においては、被告が事実は争わず、分割払いを内容とする和解を希望し、原告としても強制執行手続の負担等を考えて、これに応じることが少なくない。そこで、裁判所は、当事者間に事実関係に争いがない場合であっても、相当であると認めるときは、原告の意見を聴いて、被告に対し、期限の猶予や分割払い等の定めを付した上で原告に金銭の支払いを命ずる決定をすることができることとし、和解的解決を円滑に図ることができるようにしたものである。この決定に対して、当事者は告知から二週間以内に異議の申立てができ、適法な異議の申立てがあれば、この決定はその効力を失うが、異議の申立てがない場合には、裁判上の和解と同一の効力（民訴二六七条）が生じる。

⑽　司法委員の関与、発問（民訴二七九条、規則一七二条）　裁判に市民の健全な良識と感覚を反映させることを目的とするもので、司法への市民参加の一形態である。

⑾　弁護士代理の原則の緩和（司法書士三条一項六号イ、民訴五四条一項ただし書）　右に述べた特則事項以外のものとして、簡易裁判所では、一定の要件を備えた司法書士が訴訟代理をすること、および弁護士でない者も裁判所の許可を得て訴訟代理人になること、が認められている。前者については、身近な法律実務家としての司法書士を活用することにより市民の司法へのアクセスを簡便にすること、後者については、手続の簡略性・事件の軽微性等、が考慮されたものである。

訴え提起前の和解

即決和解ともいわれるが、訴訟上の和解（民訴八九条）と異なり、訴訟係属を前提としない和解であり、訴額に関係なく、簡易裁判所の職分管轄に属する（民訴二七五条、規則一六九条）。この手続によれば、紛争当事者は、訴訟によることなく相手方を裁判所に呼び出してもらい、裁判所の仲介によって和解にいたることができる。また、当事者双方は、任意に出頭して和解期日の開始を求めることもできる（民訴二七三条の類推）。和解が成立すれば調書が作成され、この調書は確定判決と同一の効力を有する（民訴二六七条）。手続費用が安価であること（貼用印紙は二〇〇〇円、民訴費用法三条一項別表第一の九項）、公正証書では金銭その他の代替物の給付についてしか執行力がないのに対し、訴え提起前の和解はその対象に制限がないことなどから、実務上は、互譲による紛争解決というよりも、当事者の一方が契約上の義務につきあらかじめ簡易に執行力を獲得するための手段として利用される傾向にある（約七〇〇〇件）。

2　少額訴訟手続

少額訴訟の要件

(1)　請求適格　対象事件は、訴訟の目的の価額が六〇万円以下の金銭の支払いの請求を目的とする訴えに限られる（民訴三六八条一項本文）。したがって、物の引渡請求事件や金銭債務の不存在確認請求事件などは含まれない（これは、仮に訴額が六〇万円以下の事件であっても、これらのものは、複雑困難で、この手続による審理に適さない事件が多いことから、あらかじめ除外されたものである）。なお、元本のほか附帯請求として利息や遅延損害金などを請求する場合でも、それらの価額は訴額には算入されないが、併合請求の場合は、訴額の合計額が規準となる（民訴九条）。

(2)　利用回数の制限　同一の原告が同一の簡易裁判所において同一の年（暦年）に一〇回を超えて少額訴訟による審理および裁判を求めることができない（民訴三六八条一項ただし書、規則二二三条。この手続の利用がいわゆるサラ金、信販会社等の特定の者に独占され、結果として一般市民の利用が阻害されるのを防止する趣旨である）。右の利用回数の制限要件を満たしているかどうかを確認できるように、訴え提起にあたっては、原告自らにその年における過去の利用回数の届出義務を課するとともに（民訴三六八条三項。原告が利用回数の届出をしない場合および利用回数の制限を超えている場合の取扱いについては、後述「通常手続との関係」(4)参照）、その届出の適正を担保するため、虚偽の届出に対する制裁（一〇万円以下の過料）を設けている（民訴三八一条）。

通常手続との関係　⑴　原告の選択権　少額訴訟の対象となる事件については、簡易裁判所の事物管轄に属するが、少額訴訟手続と簡裁における通常手続の併存システムが採用され、どちらの手続によるかは第一次的に原告の選択に委ねられている（民訴三六八条一項本文。これは、権利の実現を求める原告が簡裁における通常手続による審理および裁判を希望している場合にまで、少額訴訟による審理および裁判を強制するのは適当でない、との考えによる）。したがって、原告が少額訴訟手続を希望するときは、訴えの提起の際に、少額訴訟による審理および裁判を求める旨の申述をしなければならない（同条二項。なお、この申述により訴訟準備に入った被告および裁判所の利益を考慮して、原告によるその後の変更は認められていない）。この申述をしなければ、事件は通常手続によって処理されることになる。

⑵　被告による移行申述権　原告が少額訴訟を選択した場合でも、被告は、訴訟を通常手続に移行させる旨の申述をすることができ（民訴三七三条一項本文、規則二二八条一項）、訴訟は、この申述があった時に、通常手続に移行し（民訴同条二項、規則同条二項）、その後は通常の三審制の手続によって審理および裁判が行われることになる（被告にも二次的な選択権が与えられているのは、原告に手続の選択権を認める以上、当事者の公平を図り、被告の利益を十分に保障する必要がある、との考えによるものである）。ただし、手続安定の要請から、移行申述には、時期的な制約があり、被告が最初にすべき口頭弁論の期日において弁論をし、またはその期日が終了した後は（被告が期日に欠席した場合や弁論しないで退廷した場合も当然これに含まれる）、移行申述はできない（民訴三七三条一項ただし書）。

⑶　手続の教示　原告による手続選択権および被告による移行申述権を実質的に保障するため

には、簡裁における通常手続と少額訴訟手続の相違点（とくに、後者の手続の特徴や効果）を当事者がその行使の際にまたはそれが可能な時点で十分に理解している必要がある。そこで、その重要性に鑑みて、とくに手続教示の制度が設けられている（規則二二二条。これによると、裁判所書記官は、当事者に対し、少額訴訟における最初にすべき口頭弁論の期日の呼出しの際に、少額訴訟による審理および裁判の手続の内容を説明した書面を交付しなければならず、さらに、この期日の冒頭において、裁判官は、証拠制限・移行申述権・判決に対する異議申立てについて口頭で説明しなければならない）。

(4)　裁判所による移行決定　原告が少額訴訟を選択しても、一定の場合には、裁判所が、被告の態度に関係なく、訴訟を通常の手続により審理・裁判する旨の決定（移行決定）をしなければならない（民訴三七三条三項、規則二二八条三項。これは、原告もしくは被告の利益を考慮しまたは回数制限や証拠制限等の制度的要請から認められたものである）。すなわち、①少額訴訟の要件を欠く場合（訴訟物の不適格、利用回数の制限違反。不適法な訴えは却下するのが通常であるが〔民訴三五五条一項参照〕、訴訟に関する知識・経験に乏しい一般市民に改めて訴えの提起からやり直させるのは酷である、との理由による）（民訴三七三条三項一号）、②利用回数の届出がなく、裁判所が相当の期間を定めて届出を命じたのに届出がない場合（同二号）、③被告に対して最初にすべき口頭弁論の期日の呼出しをするのに、公示送達によらなければできない場合（同三号。この場合、被告が自分に対する呼出しの事実を現実に了知することは期待し難く、移行申述権行使の機会を保障されているとはいえないからである）のほか、④少額訴訟により審理・裁判をするのを相当でないと裁判所が認める場合（たとえば、呼出証人の尋問や現場による検証が不可欠な場合や、取り調べる必要がある証人が多数に及び、一回や二回の期日ではとうてい審理を完了することが困難であると見込まれる場合など）（同四号）にも、職権で移行決定をしなければならない。通常手続への移行決定に対しては、不服を申し立てることができない（民訴三七三条四項。これを認めたのでは、不服申立手続自体で時間と費用がかかり少額訴訟の意味がなくなるからである）。

通常手続に移行した場合、少額訴訟のためにすでに期日が指定されていれば、その期日は通常手続のための期日とみなすことになっている（民訴三七三条五項。これは、新たな期日を指定し直すことによる期日の空転を防ぐ趣旨である）。

少額訴訟の審理

(1) 一期日審理の原則　少額訴訟においては、特別の事情がある場合を除き、最初にすべき口頭弁論の期日において、審理を完了しなければならない（民訴三七〇条一項）。そのために、その期日前またはその期日においてすべての攻撃防御方法を提出するのが、原則である（同条二項）。しかし、書記官による事前の教示をいかに丁寧に行っても当事者が十分理解し、準備をするとは限らない。そのような場合も含めて、法は、続行がありうることを想定している（同条二項ただし書。たとえば、重要な証人が都合で出頭できなかった場合、審理の中で当事者が準備した証拠のほかに重要な証拠が存在することが明らかになった場合、相手方の立証を受けて補充立証の必要が生じた場合など）。

(2) 反訴の禁止　少額訴訟においては、反訴を提起することができない（民訴三六九条）。これは、反訴の提起があると、原告はこれに対する答弁の準備をすることが必要になり、裁判所も原告の答弁を待ったうえで審理を進める必要が生じることから、原則として一回の口頭弁論期日で審理を完了するという少額訴訟の手続の構造と相容れないからである（したがって、被告において反訴の提起が必要な場合は、通常訴訟への移行を求めるか〔民訴三七三条一項〕、別に少額訴訟を提起して併合審理を求める〔民訴一五二条一項〕ことになろう。しかし、それ以外の客観的併合〔民訴一三六条〕、主観的併合〔民訴三八条〕、訴えの変更〔民訴一四三条〕、訴訟参加〔民訴四二条以下〕および一部請求については、特別の制約はない）。*1

(3)　証拠調べの制限　証拠調べは、即時に取り調べることができる証拠に限りすることができる（民訴三七一条）。一期日審理の原則からくる制約であり、即時性の要件を満たす証拠方法としては、たとえば、出席当事者、在廷証人（もっとも、後述の電話会議システムが利用できる証人につき、民訴三七二条三項参照）、裁判所に留置されまたは持参した文書や検証物などがその代表例である。

(4)　証人等の尋問の特則　(イ)　尋問事項書の不要　証人尋問の申出をするときは、尋問事項書を提出することを要しない（規則二二五条。当事者の負担を軽減するためのものである。なお、民訴二七六条一項参照）。

(ロ)　証人の宣誓不要　証人の尋問は、宣誓させないですることができる（民訴三七二条一項。証人尋問が形式ばらないようにするためである。なお、当事者尋問については、もともと宣誓は任意的とされている、民訴二〇七条一項後段）。

(ハ)　尋問の順序に関する裁量　証人または当事者本人の尋問は、裁判官が相当と認める順序でする（民訴三七二条二項。当事者本人が、自ら的確な尋問を行うことは容易でないことから、裁判官が、当事者に代わって、まず最初に尋問することを想定している）。

(ニ)　電話会議システムによる証人尋問　裁判所および（在廷の）当事者双方と（法廷外の）証

人とが音声の送受信により同時に通話をすることができる方法による証人尋問は、「当事者の申出があるとき」で（規則二二六条一項。本来は裁判所の裁量に委ねられている証拠調べの実施方法に係る事項ではあるが、当事者の訴訟活動に与える影響などに配慮したものである）、かつ裁判所が「相当と認めるとき」に限られる（民訴三七二条三項。その具体的な実施方法については、規則二二六条二項〜六項参照）。*2

(ホ)　証人等の陳述の調書記載の省略等　調書には、証人等の陳述を記載することを要しない（規則二二七条一項）。少額訴訟では、一期日審理および即日判決言渡しの各原則がとられているので、当事者も裁判所も証人等の尋問調書を閲読してその陳述内容を確認する必要がないからである（ただし、異議審における審理に備えて、証人または鑑定人の尋問前に裁判官の命令または当事者の申出があるときは、裁判所書記官は、録音テープ等に証人または鑑定人の陳述を記録し、当事者の申出があるときは、その複製を許さなければならない、同条二項）。

(ヘ)　当事者本人の出頭命令　裁判所は、訴訟代理人が選任されている場合であっても、当事者本人またはその法定代理人の出頭を命ずることができる（規則二二四条）。釈明処分（民訴一五一条一項一号）は「訴訟関係を明瞭にする」必要がある場合に限られており、また規則三二条一項の当事者本人等の出頭命令も「和解のため」という限定が付されていることから、弁論関係のみならず立証関係も含めて、裁判所が、必要に応じて、随時、訴訟の主体であるとともに有力な証拠方法でもある当事者本人から、広く事情や意向を聴取できるようにするために、とくに設けられたものである。

少額訴訟の判決

(1) 即日判決言渡しの原則　判決の言渡しは、相当でないと認める場合を除き、口頭弁論の終結後直ちに行う（民訴三七四条一項）。せっかく一回の期日で審理を遂げても、判決原本作成のためさらに期間を空けて判決言渡期日を指定しなければならないとすると、少額訴訟手続を設ける趣旨が損なわれるからである。「直ちに」というのは、数十分から一時間程度が目安とされている（なお、例外として「相当でないと認める場合」とは、審理の終結後ある程度の時間（通常は一週間程度）をおいてから言渡しをした方が、当事者が判決を冷静に受けとめることができるとか、被告に任意の履行を促しやすいというような事情がある場合などが挙げられている）。

(2) 調書判決制度の採用　判決の即日言渡しを容易にするために、（民訴二五四条一項の要件に該当しない場合であっても）判決の言渡しは、判決書の原本に基づかないですることができる（民訴三七四条二項前段、規則二二九条二項）。この場合は、いわゆる調書判決の制度を利用することになり（同項後段により準用される民訴二五四条二項）、その調書の謄本（実務では、請求認容判決の場合に限らず、正本（規則一五九条二項）によっている）を当事者に送達することになる（民訴三七四条二項後段により準用される民訴二五五条）。

(3) 判決による支払いの猶予　(イ) 裁判所は、「被告の資力その他の事情を考慮して特に必要があると認めるとき」は、判決の言渡しの日から三年を超えない範囲内において、認容する請求にかかる金銭の支払いについて、その（一括支払）時期の定めもしくは分割払い（および、支払いを怠った場合における期限の利益の喪失）の定めをし、またはこれとあわせて、その（一括支払）時期の定めもしくは（期限の利益を失うことなく）その分割払いの定めによる支払いをしたときは、訴え提起

◆コラム16◆　少額裁判の実際

簡易裁判所には、全国で年間（平成一五年）に民事訴訟が約三五万五千件（そのうち、通常訴訟が約三三万七千件、少額訴訟が約一万八千件）提起された。ちなみに、地方裁判所を含む第一審裁判所に提起された民事訴訟の年間受理件数は、約五一万三千件であるから、全民事訴訟の実に七〇％近くが簡易裁判所に係属していることになる。このうち、少額訴訟（平成一五年既済事件）を種類別にみれば、売買代金（一〇・二％）、貸金（七・五％）、立替金・求償金等（信販関係事件に限る）（〇・九％）、交通事故による損害賠償（二六・六％）、その他の損害賠償（五％）などとなっている。業者関与訴訟といわれる立替金・求償金、貸金等の利用が少ないのは、回数制限や分割払い・支払猶予の判決が出る可能性もあるなど、原告（業者）にとってデメリットも少なくないことが影響しているものと推測され、他方で市民の日常生活に密着した類型の少額訴訟が年々増えていることとも相まって、立法者の期待通りの成果を上げているものと思われる。終局区分別にみれば（通常訴訟に移行したもの（約一六％）を除いた約一万五千件の内訳は）、判決（三六％）、訴訟上の和解（四二％。通常訴訟では、二六％）、訴えの取下げ（二一％）などとなっている。通常訴訟に比べて、和解率が高くなっているが、これは、司法委員の関与率（五九％。通常訴訟では、二四％）が高いことと何らかの関係があるものと思われる。なお、判決で終了したもののうち、対席判決は三四％で、六六％が欠席判決で終了している。判決の結果は、九六％が請求認容（一部認容を含む）で終了している。平均審理期間は一・六か月（ちなみに、通常訴訟では、二か月）、訴え提起から四八日以内に第一回口頭弁論期日が指定され、その期日で判決、和解等で事件が解決している様子が窺われる。解決に対する満足度を示す客観的なデータである、判決に対する不服申立て（異議）率は、六％程度と低いものになっている。

後の遅延損害金の支払義務を免除する旨の定めをすることができる[*3]（民訴三七五条一項・二項。少額事件は強制執行の負担になじまず、任意の履行が行われるように配慮する必要がある一方、支払猶予等がされる限度が明らかになっていないと、この手続を選択した原告に不測の不利益を生じさせるおそれがあることにも配慮したものである）。

(ロ)　右の支払猶予等の定めに関する裁判に対しては、不服を申し立てることができない（民訴三七五条三項）。判決による支払いの猶予は、実体法上の請求権の内容に裁判所の裁量で変更を加えるものであり、原告の同意を要せずに、しかも請求の一部棄却をしないで、このような内容の判決をすることについては、処分権主義に反するのではないかとの疑問が生じるが、これは、裁判所が、手続選択の中に含まれる原告（債権者）の意思に基づいて（黙示の同意）、少額の権利に実効的救済（任意弁済）を確保するという観点から、（立法により裁判所に与えられた裁量権限の範囲内において）職権でする裁判ということができる。もっとも、同条一項・二項の規定の違反（たとえば、判決の言渡しの日から三年を超えて期限を猶予している場合など）に対して、後述の異議を申し立てることは可能である。

(4)　必要的な仮執行宣言　請求を認容する判決については、裁判所は、職権で、担保を立てて、または立てないで仮執行をすることができることを宣言しなければならない（民訴三七六条一項、民執二二条二号）。

(5)　単純執行文の付与不要　少額訴訟における確定判決または仮執行の宣言を付した少額訴訟の判決により、これに表示された当事者に対し、またはその者のためにする強制執行は、その正本に基づいて実施する（民執二五条ただし書。簡易迅速な強制執行を図るため、単純執行文の付与を要しない趣旨である）。

不服申立て

(1) 控訴の禁止　少額訴訟の終局判決（「少額訴訟判決」、規則二二九条一項）に対しては、控訴をすることができない（民訴三七七条。少額訴訟の終局判決に対して、通常手続と同様に控訴という不服申立てができるものとすると、一回の口頭弁論期日で審理を終了して判決に至ったとしても、控訴審での審判に相当な時間が必要となり、紛争の最終的な解決までには、結局、相当の時間と費用を要することになり、少額訴訟という特別の手続を設ける趣旨が損なわれてしまうこと、対象が六〇万円以下の金銭支払請求に限られること、少額訴訟の利用については当事者の自由意思による選択権が与えられていること、さらには、控訴にすると場合により控訴審のため遠くの地裁まで行かなければならないという不便が生じうること、などを考慮したものである）。

(2) 異　議　少額訴訟の終局判決に対しては、判決書またはそれに代わる調書の送達を受けた日から二週間以内に（ただし、判決の言渡し後であれば、送達を受ける前でも可）、その判決をした裁判所（異議の趣旨を活かそうとすれば、別の裁判官が望ましいと思われるが、現実には同一の簡裁判事が担当することが多い）に異議を申し立てることができる[*4]（民訴三七八条一項、規則二三〇条）。異議申立ての手数料は、五〇〇〇円である（民訴費別表第一の一七項イ）。なお、異議申立権の放棄および異議の取下げ等については、手形・小切手訴訟の判決に対する異議についての規定（民訴三五八条～三六〇条）が準用されている（民訴三七八条二項）。

(3) 異議後の審理および裁判　(イ) 適法な異議があったときは、訴訟は、口頭弁論の終結前の程度に復する（民訴三七九条一項前段。ただし、仮執行宣言の執行力を停止するには、別個に執行停止の仮の処分を要する、民訴四〇三条一項五号）。この場合においては、通常手続によりその審理および裁判を行う（民訴三七九条一項後段。ただし、少額訴訟の異議審としての特徴を生かすため、反訴は禁止され、また証人および当事者本人尋問の順序および判決による支払猶予については、少額訴訟の特則による、同条二項）。なお、一項前段の効果として、少額訴訟手続によって行われた証拠調べの結果等は、そのまま異議審の訴訟資料となる（ただし、裁判官が変わった場合は、弁論の更新が必要となろう）。

(ロ)　異議後の通常手続における審判対象は、原告の請求の当否であり、異議の理由につき判断されるものではない。また、異議後の判決とすでに存在する判決との関係についても、手形・小切手訴訟のそれと同じであることから、手形・小切手判決に対する異議後の判決に関する「認可」または「取消し」の扱いを準用している（民訴三七九条二項・三六二条。なお、訴訟費用の裁判についても、三六三条が準用されている）。

(4)　異議後の判決に対する不服申立て　少額訴訟の異議審がなす終局判決（「少額異議判決」、規則二三一条一項）に対しても、控訴をすることができない（民訴三八〇条一項）。ただし、憲法違反が問題となる場合には、最高裁判所への不服申立ての機会を保障する必要があることから（憲八一条）、異議審の終局判決に対しては、特別上告だけが認められている（民訴三八〇条二項・三二七条）。

＊1　この点につき、立法過程においては、消極意見もみられたが、併合請求がつねに複雑であるとは限らず、また本人訴訟の場合に訴えの変更を認めないとかえって紛争の的確な解決ができなくなるおそれがあるなどの理由から、とくに明文を設けず、一応これらを許容したうえで、少額訴訟にふさわしくないものについては、個

別に、裁判所が通常手続への移行決定（民訴三七三条三項四号）によって対処するのが妥当とされたものである。また、一部請求については、通常の訴訟手続についてもその可否について明文の規定がなく、少額訴訟についてのみ規定を設けることが適当かどうかという問題があり、仮に懸念されているような濫用的な利用がされた場合には、やはり裁判所による通常手続への移行決定によって対処することも可能である、ことなどが考慮されたものである。なお、相殺の抗弁の提出は禁止されていない。おそらくは、相殺の抗弁のもつ防御的・担保的機能を保障するためと思われる。

＊2　この方法による証人尋問には、証人の同一性を確認することが困難であること、証人の様子や証言態度を観察することができないこと、書類に基づいて陳述したり、他の者から威圧されて十分な陳述ができない等の事態を防止することが困難であること、証人に対して書証等を示し難いこと等といった問題があり、尋問の適正・証言の公正確保の観点から「相当性」の要件が設けられたものである。

＊3　免除の対象を訴え提起後の遅延損害金に限定したのは、元本や利息、訴え提起前の発生済みの遅延損害金をも免除の対象とすると、判決によって免除される金額が大きくなりすぎ、原告にとって簡易迅速に判決を得られることを考慮しても少額訴訟を選択するメリットに乏しくなってしまうからである。

なお、平成一六年の民執一六七条の二以下の新設により、少額訴訟の利便性をさらに高める目的で、少額訴訟の判決等の債務名義に基づいて、簡易裁判所において債務者の有する金銭債権に対する執行手続を行うこと、さらに、執行債権が扶養義務等に係る金銭債権の場合には、間接強制の方法によること、が認められるようになった。

＊4　不服申立てを一切認めないことにすると、裁判所が手続の慎重を期するあまり、少額訴訟の特則を生かした柔軟な訴訟運営や裁判をし、請求額に見合った負担で簡易迅速に紛争を解決するという少額訴訟の理念を実現することの妨げとなるおそれがあり、また、当事者としては、敗訴の場合を憂慮して、少額訴訟手続を選ぶことをためらうことにもなりかねないこと等を考慮して、同一審級において証拠制限・一期日審理の制約のない通常手続による再審理を受ける機会を保障したものである。

第15章 督促手続

意義

金銭その他の代替物または有価証券の給付を目的とする請求については、債務者を審尋しないで支払督促を発し、これに対して、債務者が後述するような異議を出さなければ、その支払督促は確定判決と同一の効力を認めることによって、簡易に債務名義を調達する制度である。旧法のもとで認められていた裁判所による支払命令が、簡易裁判所の裁判所書記官の発する処分となり、「支払命令」から「支払督促」へとその名称が変更された（民訴三八二条）。

支払督促の要件

①金銭その他の代替物または有価証券の一定数量の給付を目的とする請求であること（このような請求に限定したのは、もし誤って執行した場合にもこれらの場合には現状回復が容易だからである）、②日本において公示送達によらないで支払督促の送達が可能であること（このことを要件としたのは、債務者の異議の申立ての機会を保障するためである）の二つの要件が支払督促を発付するためには必要である（民訴三八二条）。

支払督促の申立てと支払督促の発付

この申立ては、請求の価格を問わず、簡易裁判所の裁判所書記官の専属管轄であり、債務者の普通裁判籍所在地の簡易裁判所の書記官の職務管轄である（民訴三八三条一項）ので、その書記官に申し立てることになる。支払督促の申立てにはその性質に反しない限り、訴えに関する規定が準用される（民訴三八四条）。それゆえ、申立ての内容は、訴状に準じ、当事者、法定代理人、請求の趣旨（請求の金額もしくは数量を一定し、これについて支払督促を求めることを明示する必要がある）、請求の原因（請求を特定するための事実を表示する）、さらに管轄原因たる事実を表示する必要がある（民訴一三三条二項・三八七条）。

申立ての審理は、債務者を審尋しないで行われる。簡易裁判所書記官は、申立てが管轄違いであったり、民訴法三八二条の要件を欠いていたり、申立ての趣旨から請求に理由がないことが明らかであったりした場合には、その申立てを却下しなければならない（民訴三八五条一項）。このようなものでなければ、書記官は、債務者を審尋しないで支払督促を発する（民訴三八六条一項）。支払督促には、民訴法三八二条の給付命令、請求の趣旨および原因、当事者および法定代理人と二週間以内に督促異議の申立てをしないときは債権者の申立てにより仮執行の宣言をする警告を記載し（民訴三八七条）、発付した書記官が記名押印をしなければならない（規則二三三条）。支払督促は、債務者のみに送達され、債務者に送達された時に、支払督促の効力が生じる（民訴三八八条一項・二項）。債権者の申し出た場所に債務者の住所・就業場所等がないために支払督促の送達ができないときは、裁判所書記官はそのことを債権者に通知し、これを受けた日から二か月以内に債権者が他の送達場所の申出をしない場合には、支払督促申立ての取下げがあったものとみなされる（民訴三八八条三項）。

仮執行宣言付支払督促

債務者が支払督促に仮執行宣言が付される前に、適法な督促異議を申し立てたときは、支払督促は失効する（民訴三九〇条）が、債務者に対する支払督促の送達後二週間が経過すれば、債権者は支払督促に仮執行宣言を付するよう申し立てることができる（民訴三九一条一項）。書記官は、督促の原本に記載するかたちで、支払督促に仮執行宣言をしなければならない（民訴三九一条一項、規則二三六条一項）。仮執行宣言付支払督促の正本は、両当事者に送達されると、直ちに執行力が生じる（民許三九一条五項・三八八条二項、民執二二条四号）。債権者が同意すれば、当該債権者については、送達に代えて、送付で足りる（民訴三九一条二項ただし書）。債務者から、その送達受領後二週間の不変期間内に督促異議の申立てがないか、督促異議の申立てを却下する決定が確定すれば、支払督促は確定判決と同一の効力を有することになり（民訴三九六条）、督促手続は終了する。この場合、裁判所書記官の処分であり、旧法の支払命令のように裁判所の裁判でないので、それが確定しても既判力は認められず、執行力しか認められない。

支払督促に対する債務者の督促異議　支払督促は、前述したように裁判所書記官が債務者を審尋しないで、督促を発するものである。債務者が債務の存在を認めて争わないのなら、上述した手続で迅速に債務名義を債権者に得させることは十分理由のあることであるが、債務者が債務の存在を争う場合には債務者に債権の存否について争う機会を保障する必要がある。このために認められたものが督促に対する債務者の異議の制度である。この異議は、仮執行宣言前の督促異議と仮執行宣言後の督促異議（民訴三九〇条・三九三条）が認められている。

この申立ては、債務者が書面または口頭で支払督促を発した裁判所書記官の所属する簡易裁判所へ督促異議の申立てによってなされる。支払督促に不服であることを陳述すれば足り、上訴のような不服申立ての限度（民訴三〇四条・二九六条・三一三条）や、上告のように理由（民訴三一五条）を明らかにする必要はない。申立てを受けた簡易裁判所は、その適法性の審査（申立人の訴訟能力、代理権の具備、申立期間の遵守）を行い、不適法であれば、決定で督促手続を却下をする。

仮執行宣言前の債務者の督促異議は、支払督促が債務者に送達されてから二週間以内に限り許され、この異議申立てにより支払督促は異議の範囲で当然に失効する（民訴三九〇条）。仮執行宣言後の債務者の異議督促は、支払督促に対して異議を申し立てず仮執行宣言付支払督促が出てしまった場合の異議であり、その場合には仮執行宣言を付した支払督促の送達を受けた日から二週間の不変期間に限り、異議申立てが認められる（民訴三九三条）。また、この場合には前者の場合と異なり、督促は失効せず、異議申立ては支払督促の確定を防止するにとどまる。そのため、執行を阻止するためには執行停止の仮の処分を得なければならない（民訴四〇三条一項三号）。いずれの場合も、申立てが適法であれば、請求の目的価額に従い、支払督促を発した裁判所書記官の所属する簡易裁判所、または、その所在地を管轄する地方裁判所に訴えの提起があったものとみなされる（民訴三九五条）。なお、督促異議の取下げは何時までできるか。仮執行宣言前の異議の場合には、その却下決定確定前までは取り下げることができる（その後は支払督促自体が失効するので、督促異議の取下げの余地はない）。これに対し、仮執行宣言後の異議の場合には、上訴の取下げに準じ、通常訴訟への移行後、第一審終局判決まで、取り下げることができる。

督促異議後の手続　督促異議があれば、督促手続から通常訴訟に移行することになるから、督促手続の申立ては訴えとみなされることになる。それゆえ、貼用印紙額の不足を追貼する必要がある（民訴費三条二項・八条）。債権者が追貼しないときは、裁判所は一定期間を定めてその追貼を命じる（民訴一三七条一項）。それでも、なお追貼しないときは、裁判所は訴えを不適法として却下する（民訴一四〇条）。仮執行宣言前の督促異議の手続は、異議申立てによって督促手続は異議の範囲で失効するから、督促手続における同一の請求についてその当否を審判することになる。これに対して、宣言後の督促異議の手続は、それによって督促手続は失効しないから、異議申立てによって、支払督促の取消申立てと督促手続における同一の給付請求権が審判の対象となるものと考えられる。督促異議の申立人の主張が認められる場合には、支払督促の取消しと請求棄却の判決をすることになるし、申立人の主張が認められない場合には、支払督促を認可する判決をすることになる。

電子情報処理による督促手続の特則　より迅速な督促手続の利用を可能にするために、大型コンピュータを利用して行う督促手続がある。この特別督促手続は、東京簡易裁判所と大阪簡易裁判所の所管とされている。しかも、これらの裁判所で扱う事件は、民事訴訟規則二三八条一項に定められている東京地方裁判所および大阪地方裁判所管内の各簡易裁判所にまで広げられている。かくして、督促手続の申立ては、それぞれ東京簡易裁判所または大阪簡易裁判所の裁判所書記官に対して申し立てることができる（民訴三九七条一項、規則二三八条一項）。この申立ては、電子情報処理組織（システム）によって読み取ることができる方式として最高裁判所が別に定めるものによらなければならない（民訴三九七条二項、規則二三八条二項）。

この支払督促に対して督促異議の申立てがあった場合には、異議ある請求の目的価額に従い、三八三条に規定する簡易裁判所で支払督促を発した裁判所書記官の所属する裁判所、またはその所在地を管轄する地方裁判所に訴えの提起があったものとみなされる（民訴三九八条）。

第16章 民事調停・家事調停

1 民事調停

意義

民事調停制度は、民事に関する紛争につき当事者の互譲により、条理にかない、紛争の実情に即した解決を図ることを目的とした（民調一条）紛争解決の制度である。調停が成立するためには、当事者間に合意が成立しなければならない（民調一六条）から、当事者の合意を基礎とした紛争の自主的な解決の制度とも言われている。

訴訟が法による解決を図ることを目的としているため法律要件というフィルターを通した事実が紛争解決を図るために顧慮されるべき事実であるのに対し、調停の場合はそうした制約はなく、紛争事実そのものを直接対象とし条理にかない、実情に即した紛争解決を図る事になる。この条理とは何かというと、人において存するものであるという意味では主観的なものであるが、人間＝人間性は普遍的なものであり、人は普遍的人間性に基づいて何が正当であり何が正当でないかを本能的に感じとるものである。このような意味で条理は客観的なものであり、判断の導きとなるものである（小山昇『民事調停法〔新版〕』一〇六頁）。調停委員会は、このような条理に基づき実情に即した解決を調停案として当事者に提示し、当事者がこの調停案を受け入れることについて合意が得られれば、調停が成立する。その場合、互譲は、紛争解決過程において形成される。また、互譲の結果、当事者自ら調停条項を策定するにいたることもある。この場合も、それによって合意の成立が認められれば、調停が成立することになる。

民事調停の対象　民事調停法は、この点について「民事に関して紛争を生じたときは、当事者は、裁判所に調停の申立をすることができる。」（民調二条）と規定する。したがって、刑事事件や行政事件は、調停手続の対象とはならない。労働紛争については、調停により解決することはできるが（労組二〇条）、これは専属的に労働関係調整法の定める調停による（労調法第三章参照）ものである。家事紛争については、後述するように家庭裁判所が事件を専属的に管轄し、家事事件として家事調停手続で取り扱われる（家審一七条）。したがって、これらの事件は、いずれも民事調停の対象とはならない。

手続の組織上の特色　民事調停手続の組織上の主な特色をあげれば次のようになる。

(1)　民事調停手続は、簡易裁判所、または地方裁判所が管轄する（民調三条・二四条・二六条・三二条・三三条の二・三三条の三）。そのほか、受訴裁判所が自ら調停することも認められる（民調二〇条一項）。

(2)　調停は、調停委員会で行われることを原則とし、相当と認められるときは裁判官だけがこれを行うことができる（民調五条ただし書）。この両者を「調停機関」という。なお、新たに民事調停官（民調二三条の二以下）が設けられた。

(3)　調停委員会は、調停主任一名と民事調停委員二名以上で組織する（民調六条）。調停主任は、裁判官でなければならない（同七条一項）。裁判官は、調停委員会における調停手続を指揮し（民調規一七条）、評議を主宰する。調停委員会の意見決定は、決議によってなされ、その決議は過半数による（民調規一八条前段）。意見可否同数のときは調停主任の決するところによる（同一八条後段）。

(4)　申立人（民調一九条）とその相手方（同三条・一二条一項）は、これを総称して当事者という（同二条・五条二項・一二条一項・一六条〜一八条）。

(5)　参加人　調停の結果について利害関係を有する者は、調停委員会の許可を受けて、調停手続に参加することができる（民調一一条一項）。また、調停委員会は、相当であると認めるときは、調停の結果について利害関係を有する者を調停手続に参加させることができる（同条二項）。前者を「任意参加」といい、後者を「強制参加」という。

民事調停の手続原則　民事調停は、手続を簡易、迅速に進め、かつ紛争をその実情に即するように解決することを目標としているために、紛争の実情をありのまま把握する必要がある。そのため、民事調停手続では職権探知主義（民調規一二条一項）を採用している。また、民事調停は、当事者の主体的な紛争解決の意欲がなければ、その成立が望めないために、民事調停においては調停期日において当事者自ら出頭することを義務づけている（同八条一項）。これを本人出頭主義という。また、当事者や利害関係人が胸襟を開いて自由に意見を述べあい、互譲による解決を図るためには公開によらない方がよいため、調停手続は非公開である（同一〇条）。

手続過程の概略

(1) 調停申立ての方式　調停の申立ては、当事者が裁判所に書面または口頭で「その趣旨及び紛争の要点」を明らかにしなければならない(民調規二条・三条)。

(2) 調停の申立てについて裁判所は申立てが適式であるか否か(調停申立ての趣旨および紛争の要点が明らかになっていれば、適式な申立てとなる)を点検し、適式と認めたときは、裁判所はその申立てが適法・有効であるか否かを調査する。

(3) その申立てが適法有効であれば、調停委員会は、調停期日を定めて事件関係人(当事者および関係人)を呼び出さなければならない(民調規七条一項)。

(4) 調停委員会の呼出しを受けた当事者は、自ら裁判所に出頭しなければならない(民調規八条一項)。裁判官のみの調停の場合も同様である(同二〇条)。前述のように、これを本人出頭主義という。

(5) 調停は、裁判所が指定した調停期日に原則として裁判所で実施される。そこで、主張・事実の陳述、事実の調査、証拠調べ、あっせん、調停条項の作成または指示とこれに対する意見の交換などがいずれも非公開で行われる(民調規一〇条)。このようになされたこれらのことのみが、原則として、調停に現出したものとして顧慮される。この場合、調書の作成が義務づけられている(同一一条)。事件の実情によっては、調停機関は、裁判外の適当な場所で調停(現地調停)をすることができる(同九条・二〇条)。

(6) 事実の調査および証拠調べは、前述のように調停機関が職権で行う(民調規一二条一項・二〇条)。証拠調べは、民事訴訟の例による(同一二条五項)。遠隔地の事件の関係人から紛争解決に必要な意見を十分に聴取する必要がある場合、調停機関は、地方裁判所または簡易裁判所に紛争に関して事件の関係人に対して意見の聴取を嘱託することができる（民調規一二条の二・二〇条）。

(7)　事実調査と証拠調べの結果、調停委員会は、何が紛争の原因であるかを認識するようになる。調停機関としては、紛争の原因を念頭におきながら当事者が合意により紛争を解決できるよう当事者にあっせんすることになる。あっせんには話し合いのあっせんと、合意のあっせんとがある。話し合いのあっせんとは、両当事者が共通のテーブルにつき、話し合いにつくことを促することである。合意のあっせんとは、権利・義務の設定であり、これが成功すれば調停条項となるものである。合意のあっせんは、それを通じて、当事者自ら調停条項を策定することもあれば、調停機関が調停条項を立案して当事者がこのあっせん案を合意の内容とすることもある。

調停の終了　調停の終了事由として、重要なものは調停の不成立、調停に代わる決定、調停条項の裁定、調停の成立がある。

(1)　調停の不成立　調停委員会は、当事者間に合意が成立する見込みがない場合または合意が相当でないと認める場合（後述(3)の(イ)参照）において、裁判所が後述する民調法一七条の決定をしないときは、調停が成立しないものとして、事件を終了させることができる（民調一四条）。裁判官のみで行われる調停の場合もこれに準じる（民調一五条）。

(2)　調停に代わる決定・調停条項の裁定　当事者間で自主的に合意を成立させることができない場合でも、第三者が調停条項を示せば当事者間で合意が成立することがある。そこで、民事調停法は、第三者がまず調停条項を定め、後に異議がなければそれによって決定する方法と、第三者の定める調停条項に服することを当事者があらかじめ合意する方法の二つを定めている。前者を調停に代わる決定といい、後者を調停条項の裁定という。

(イ) 調停に代わる決定　裁判所は、調停委員会の調停が成立する見込みがない場合において相当であると認めるときは、当該調停委員会を組織する民事調停委員の意見を聴き、当事者双方のため衡平に考慮し、一切の事情をみて、職権で、当事者双方の申立ての趣旨に反しない限度で事件の解決のために必要な決定をすることができる（民調一七条）。この決定は、異議の申立てがあったときは効力を失い、異議の申立てがないときは裁判上の和解と同一の効力を有する（民調一八条二項・三項、民訴二六七条）。

(ロ) 調停条項の裁定　地代借賃増減調停事件や商事調停については、調停委員会は、当事者間に合意が成立する見込みがない場合または成立した合意が相当でないと認める場合において、当事者間に調停委員会の定める調停条項に服する旨の書面による合意があるときは、申立てにより、事件の解決のために適当な調停条項を定めることができる（民調二四条の三・三一条）。これを調停条項による裁定といい、鉱業法に定める鉱害の賠償の紛争に関する調停事件についても行われる（民調三二条・三三条）。裁定された調停条項は、調書に記載されると、調停が成立したものとみなされ、その記載は、裁判上の和解と同一の効力を有する（民調二四条の三第二項・三一条・三三条参照）。

(3) 調停の成立　(イ) 調停が成立した場合、調停機関は、成立した合意が相当であるかどうか判断しなければならない（民調一四条・一七条）。民事調停は、民事に関する紛争につき当事者間の互譲により、条理にかない実情に即した解決を図ることを目的としている（民調一条）。そのため、訴訟上の和解とは異なって成立した合意が法律や条理に照らし具体的・客観的に妥当であるかどうか

（相当性の判断）を調停機関がするものである。

(ロ) 調停機関において当事者間に合意が成立し、調停機関がその合意を相当なものと判断した場合には、これを調書に記載する。調書に記載があれば、調停が成立したものとして、その記載は裁判上の和解と同一の効力を有する（民調一六条）。この様にして、調停が成立すると、調停手続は終了する。

調停の効力

前述のように調停調書の記載には裁判上の和解と同一の効力が認められる（民調一六条）。裁判上の和解は、確定判決と同一の効力が認められる（民訴二六七条）から、調停調書にも確定判決と同一の効力が認められることになる。そこで、以下に形式的確定力、既判力、形成力、執行力などが認められるかどうかを論じることにする。

(1) 形式的確定力　調停において当事者間の合意が成立し、これを調書に記載したときに、調停は成立し（民調一六条）、調停手続は終了する。その後、調停機関は、期日の指定や、事実の調査や合意のし直しをすることができないという意味でいったん成立した調停手続を取り消すことができなくなる。この取り消すことのできなくなった状態を、調停における形式的確定力の効果と呼ぶことができるが、調停では上訴のような制度はないからそのようにとらえる実益は乏しいと説かれる。

(2) 既判力　調停調書の効力として、裁判上の和解の場合と同じように既判力が認められるかどうかについては争われている。[*1]

(3) 執行力　調停において当事者間に合意が成立し、これを調書に記載すれば、その調書の記載は、裁判上の和解と同一の効力が認められる（民調一六条）。その結果、裁判上の和解と同様調書の記載には確定判決と同一の効力が認められる（民訴二六七条）。かくして、調停調書も、債務名義として執行力が認められる（民執二二条七号）。

(4) 形成力　形成力については、その観念が形成前の法律関係の存否の確定と、形成の結果としてある法律関係の確定との二つの要素を前提として、前者が後者に代わる観念であるとし、調停の場合、後者の要素は含むが、前者の要素は含まないとして形成力を観念する余地はないとする見解（小山昇説）と、調停は法律関係の非訟的形成であり、当事者の合意を非訟的形成に関するものと解すると、調停に形成力を認めざるをえないし、既判力はこれを認める余地がなくなるとする見解（石川明説）が対立している。

＊1　肯定説は、(イ)調停の場合も当事者間で合意によって形成された法律関係についてこれを不可争としないと、調停による紛争解決の目的を果たせないことが明らかである点では裁判上の和解の場合と同じであること、(ロ)調停手続において調停期日が中心であり、本人出頭が原則であるというように当事者の手続上の権利が十分保障されることができるように手続が規制されているし、また、このような法的規制が違反されないような法的考慮として裁判官が調停機関の一員として手続に関与していること、(ハ)訴訟手続ほど厳格な手続ではないという点は、調停の成立が当事者の合意を不可欠なものとすることによって十分補完されているとみることができること等を理由として調停調書に既判力を認めるべしと説く（小山説。小山昇『民事調停法〔新版〕』）。

これに対し否定説は、(イ)調停の場合、民事訴訟手続のような厳格な手続や当事者権の保障が欠けるため、既判力を認める条件がないこと、(ロ)肯定説は厳格な手続や当事者権の保障が欠ける点は、調停の成立が当事者の合意を不可欠とすることによって補完されるというが、その合意には瑕疵を伴うことがあり、それを瑕疵を伴わないすなわち既判力があるものとして取り扱うについて充分な審理がなされているわけでないため、問題のあること等を理由に裁判上の和解の場合と同様調停調書に既判力を認めるべきでないと説く（石川説。石川明『民事調停と訴訟上の和解』）。石川説のように合意には瑕疵を伴うことがあろうから、この説に説得力がある。

判例は、最判昭四三・四・一一民集二二巻四号八六六頁が既判力を肯定している（本件は、息子が母親の交通事故による財産上の損害賠償と母親の死亡による慰謝料請求を求めたものであるが、前者は調停において解決済みであるとして請求を認めなかったが、後者は調停後の事情であるから、調停の効力が及ばないとして事件を原審に差し戻したものである。前者は解決済みというのであるから、既判力を肯定したとみることが許されよう）が、下級審には既判力を否定したものもあり（鳥取地米子支判昭三一・一・三〇下民集七巻一号一七一頁）、名古屋高金沢支判昭三一・一二・五下民集七巻一二号三五六二頁）、判例の主流は制限的既判力説に立っているもの（大阪高判昭五四・一・二三判タ三八三号一二三頁）とみられる。

2　家事調停

(1)　家庭に関する争いは、財産上の争いと異なって非合理的な性格をもつので、紛争を解決する場合でも財産訴訟のように要件と効果を厳格に定めた法律要件規定に従って画一的に解決すべきでなく、家庭の人間関係そのものを対象として争いの生じた原因を究明し、人間関係の調整をめざす具体的妥当な解決を必要とする。そのため、家庭に関する争いを専門的な裁判所として機構的に整備された家庭裁判所に専属的に管轄させることにし、これを家事調停事件として、そこで調停を行うこととした。

(2)　家事調停の対象となるのは、(イ)人事に関する訴訟事件（婚姻事件、養子縁組事件、親子関係事件など）、(ロ)家審法九条乙類審判事項、(ハ)その他一般に家庭に関する事件（たとえば内縁関係にある男女

◆コラム17◆　民事調停官・家事調停官

平成一五年七月二五日に法律一二八号によって、民事調停官および家事調停官が創設された（民調二三条の二ないし同条の四、家審二六条の二ないし同条の四参照）。従来の制度のもとでは調停主任たる裁判官の確保が十分得られないために、裁判官の供給源の多様化・多元化を図るべく、弁護士からの裁判官任官を大幅に拡大すべきであるということが認識され、そのために、当面民事調停事件および家事調停事件の分野に弁護士を非常勤の形で調停主任または家事調停主任として裁判官と同等の立場でそれぞれの手続に関与させる制度が新たに創設された。この制度は、弁護士から常勤裁判官への任官（いわゆる弁護士任官）を促進させるための環境を整備するとともに、あわせてそれぞれの調停手続をより一層充実・活性化させることを目的とするものである。

民事調停官および家事調停官は、このように裁判官と同等の権限をもって、それぞれの手続を主宰することが認められる。このような権限を有するために、民事調停官および家事調停官は、それぞれ独立してその職務を行使できるし、必要な場合には、裁判所書記官、裁判所調査官および医師たる技官に対し、その職務に関し必要な命令をすることも認められる（民調二三条の三第四項、家審二六条の三第五項参照）。識見のある弁護士が任官することによって、それぞれの調停手続の一層の充実が期待される。

の争い）などである。

(3)　家事調停手続は次のような特色をもつ。

(イ)　調停前置主義　　前述(2)の家事調停の対象となる事件のうち、訴訟することのできる事件については、訴訟を提起する前にまず調停を申し立てなければならぬとするものである（家審一八条一項）。(1)で述べたように家庭に関する争いは、調停に親しむものであり、しかも当事者による合意に基づく解決が得られれば、それによるのが望ましいため一刀両断的な訴訟によって争いの解決をはかる前に、まず調停によって紛争の解決をはかろうとするものである。

(ロ)　家庭に関する争いの解決をはかる専門的な裁判所として家庭裁判所の調査官および医師たる技官の関与が法制化されていること（家審規七条の二・七条の四・七条の六・七条の七、裁六一条・六一条の二）である。このような制度があるため、裁判所は、事件関係人の性格、経歴、生活状況、財産関係、家庭その他の関係について、医学、心理学、社会学、経済学その他の専門的知識を活用して十分な調査を行い、それを調停に反映させることができる。

(ハ)　家事調停について履行確保制度が設けられていることである（家審二五条の二・二八条一項、家審規第四章）。家事調停によって確定された権利関係について確定判決と同一の効力を有し、第九条一項乙類事件については確定した審判と同一の効力を有する（家審二一条一項）。そのため、民事執行法による強制執行が可能であるが、強制執行をしても費用がかかるうえ、かつての夫婦、あるいは親子間で強制執行という直接強制の方法によるのも好ましいものでない。そこで家庭に関する事件にふさわしい履行勧告、履行命令、寄託等の制度を設けている（家審規第四章参照）。

第17章　渉外事件の訴訟法問題

1　総　　論

グローバル化という言葉自体、すでに陳腐に思われるほど、われわれの生活に国際化は深く浸透している。海外旅行も珍しいものではなくなり、インターネットなどの手段を通じて外国から直接品物を購入することも簡単にできるようになった。このような社会の変化に伴い、法的紛争においても渉外的な要素を含む事件は増えてきており、今日では民事訴訟手続を学ぶ上でも欠くことのできない領域といえるだろう。

本章の対象となる渉外事件特有の訴訟法上の問題は、その種類に応じて三つに分けることができる。第一に裁判管轄権の問題、第二に訴訟手続における問題、そして第三に外国判決の承認・執行の問題である。以下紙幅の関係もあり、このうち裁判管轄権の問題および外国判決の承認・執行の問題について概観することとしよう。

2 裁判管轄権

総　論　裁判管轄権の問題は、ある事件についてある国の裁判所が裁判をすることができるかという問題と言い換えることができる。「ある国の裁判所が裁判をすることができるか」には、そもそもその裁判所に裁判をする権限を有しているかという問題（裁判権の問題）と、その権限に基づいて裁判をすることが許されるかという問題（国際裁判管轄権の問題）とが含まれている。

裁判権の問題　裁判権の問題は、民事紛争においては主権免除あるいは裁判権免除の問題として争われることが一般的である。すなわち、ある国が他国で裁判に服するということは、その国の司法権に服することを意味し、国家の主権が平等であるという国際法上の原則を貫くと、このような事態は起こりえないことになる。その一方で、国家も国際社会において私人と同じように経済活動を営む主体となることがあり、それに対する訴訟が他国でまったくできないというのは問題である。従来、学説においては、国家が自発的に他国の裁判権に服するなど若干の例外的な場合を除いて原則として外国の裁判権から免除されるとする絶対免除主義と、国家の行為を主権的行為と私法的行為とに分け私法的行為については免除を認めないとする制限免除主義の二つの立場が唱えられてきた。このうち、制限免除主義が今日の日本における通説となっている。裁判例は数が少なく、長い間、絶対免除主義を認めた大決昭三・一二・二八（民集七巻一一二八頁）が唯一の先例とされていた。しかし、最判平一四・四・一二（横田基地訴訟判決、民集五六巻四号七二九頁）において傍論で制限免除主義への言及がなされたことから、判例の立場が今後変更する可能性は高いといえよう。

国際裁判管轄の問題

(1) 総論　わが民事訴訟法には四条以下に裁判管轄についての規定が設けられているが、これらはすべて日本の中でどこの裁判所が裁判管轄権を有するかを決定するための規則、いわゆる国内土地管轄の規定である。一方、わが国の裁判所が、ある事件について裁判をすることが認められるかを決定する国際裁判管轄に関するルールは、民事訴訟法には規定されておらず、これに関する条約も存在しない。こうした中で、学説判例の多くは、「条理」により解決を導こうとしている。何が「条理」であるのかについて見解は多岐に分かれているが、その前提として裁判の適正や迅速、当事者の公平を考慮しなければならないとする点については、現在ではほぼ一致をみているといってよいだろう。[*1]

判例では、長らく最判昭五六・一〇・一六（マレーシア航空事件判決、民集三五巻七号一二二四頁）がリーディングケースの役割を果たしてきた。そこでは、わが国には国際裁判管轄に関する国内規定も条約もないこと、当事者間の公平、裁判の適正・迅速を期するという理念により条理に従って決定しなければならないこと、の二点を前提として、民訴法が規定する裁判籍のいずれかが日本にあれば日本に国際裁判管轄ありとする判断を下した。しかし民訴法の規定には、そのまま国際裁判管轄の基礎とすると過剰管轄の問題が生じるものも含まれており（たとえば、五条四号財産所在地管轄）、マレーシア航空事件判決のスキームをそのまま当てはめると、必ずしも当事者の公平や裁判の適正・迅速が図れなくなるおそれがあった。そこでこの点を是正すべく、下級審で「ただし、わが国で裁判を行うことが当事者間の公平、裁判の適正・迅速を期するという理念に反する特段の事情がある場合はわが国の国際裁判管轄は否定される」との限定をつけるいわゆる特段の事情論が採用されるようになった。その後最高裁も、最判平九・一一・一一（民集五一巻一〇号四〇五五頁）でこの特段の事情論を追認し、判例の立場は固まったといえる。

(2)　財産関係事件における国際裁判管轄　民訴法四条は、土地管轄において、被告の住所地が普通裁判籍であると規定する。これは、諸外国の状況をみても国際裁判管轄について広く認められているところであり、この原則はそのまま国際裁判管轄についても妥当する。[*2]ほかに特別管轄原因として、不法行為地管轄、義務履行地管轄（契約関係事件に限られる）、財産所在地管轄（訴額との均衡など一定の要件を付する）、併合請求の管轄（主観的併合、客観的併合とも一定の要件が課せられる）、合意管轄などが国際裁判管轄の基礎として認められている。

(3)　家事事件における国際裁判管轄　家事事件においてとくに問題とされるのが、離婚事件における国際裁判管轄である。この点については、最高裁が昭和三九年三月二五日に大法廷判決（民集一八巻三号四八六頁）を下し、そこで被告住所地管轄が離婚事件においても原則的な管轄となることを示した後で、例外的に原告が遺棄された場合、被告が行方不明である場合、その他これに準ずる場合には原告の住所が日本にあることを理由に日本の国際裁判管轄を認めると判示した。その後、平成八年六月二四日に第二小法廷で原告の権利保護をより重視し、原告の住所地たる日本の裁判管轄を広げるかにみえる判決が下されたが（民集五〇巻七号一四五一頁）、平成八年判決の射程範囲は制限的なものであり、現在でも原則としては昭和三九年判決ルールが妥当するものと思われる。

＊1　現在唱えられている学説については分類の方法自体にも諸説あり、議論の状況はまさに混沌としている。代表的な学説を挙げると、民訴法の規定を参酌・類推という形で活用しようとする修正類推説、条理の内容は民訴法であり、結果の妥当性は特段の事情の活用により確保しようとする特段の事情論（修正逆推知説）、事案ごとに諸要素を比較衡量しようとする利益衡量説などである。これらの学説について、詳しくは多田望「国際裁判管轄」『国際私法判例百選』一六二頁以下およびそこに挙げられている文献を参照していただきたい。

＊2　ただし外国法人の普通裁判籍については注意しなければならない。民訴法四条五項にいう外国の社団の普通裁判籍を日本の主たる事務所や営業所に認める規定をそのまま国際裁判管轄の基準としてよいのか、一定の制限をかけるのかについては議論があるところである。詳しくは野村美明「法人その他の社団・財団の管轄権」『新・裁判実務大系3国際民事訴訟法（財産法関係）』五九頁以下および同「事務所・営業所の管轄権」同書六九頁以下参照。

3　外国判決の承認・執行

この点については、民訴法一一八条に明文規定がある。そこで求められている要件は、①外国裁判所の確定判決であること、②判決国裁判所が当該事件につき国際裁判管轄権（間接管轄）を有していたこと、③敗訴の被告が訴訟の開始につき適正に送達を受けたか応訴したこと、④判決の内容と手続が日本の公序に反しないこと、⑤日本と判決国との間に相互の保証があることの五点である。おのおの議論の多い点であるが、とくに問題となる若干の点を簡単に概観しておこう。[＊1]

間接管轄

間接管轄を、いかなる基準で判断すべきだろうか。まず、判決国の管轄権ルールに従って判断すべきか、わが国の基準に従うべきかが問題となるが、わが国の基準に従って判断すべきとするのが通説・判例の考え方である。ついでその基準とは、間接管轄と直接管轄（日本の裁判所が自ら裁判をする場合の管轄）とで異なるのかが問題となる。議論のあるところであるが、同一であるとするのが現在の通説である。

送　達　被告が訴訟の開始に当たって、適正な呼び出しの送達を受けたかについては、とくに、わが国が批准した民事または商事に関する裁判上および裁判外の文書の外国における送達および告知に関する条約（通称ハーグ送達条約）との関係で問題とされる。学説上直接の文書の郵送を認める同条約一〇条a号を留保せずに条約を批准したことの意味をめぐり議論が多いが、判例は一貫して直接に郵便でされた送達を不十分な送達とみる。

公　序　民訴法改正以前は単にわが国の公序良俗に反しないことのみを要件としていたため、ここに手続的公序も含まれるのか議論があったが、改正法では含まれることが明文で規定された。公序の審査はあくまでも実質的再審の禁止にふれることのないように注意しなければならない。

＊1　この点についてより詳しくは、道垣内正人「外国判決の承認執行」『国際私法判例百選』一八八〜一八九頁、長田真里「直接郵便送達」同一九〇〜一九一頁、釜谷真史「公序(1)」同一九二〜一九三頁、横山潤「公序(2)」同一九四〜一九五頁、松岡博「相互の保証」同一九六〜一九七頁を参照。

補章　明治期の民事司法

日本における民事訴訟制度の近代化

明治期の民事司法の展開を見るとき、一八九〇（明治二三）年の民事訴訟法の制定（法律第二九号、翌年四月一日施行）は、口頭主義、処分権主義、弁論主義、当事者進行主義を特徴とし、日本にはじめて西欧近代型の民事訴訟制度をもたらしたという点で画期をなした。近代社会においては、裁判が、あらかじめ国民一般が知りうる状態に置かれた法規に従い、予測されたとおりの内容で行われることが必要とされる（裁判内容の予測可能性）。そこでは、裁判の不合理的要素（偶然性や恣意性）を排除するために、紛争の当事者が対立的に手続に関与して主張・立証を尽くして事実が確定され、公平な裁判官がその事実を、あらかじめ定立された法を基準として評価して、判決を下すことになる。明治政府が、全国統一的な裁判機構を整備しつつ、西欧的水準の法典を編纂することによって裁判基準を明確にし、そこで行われる訴訟手続を厳格に規制しようとしたのは、まさにそのためであり、不平等条約改正という課題のために、短期間に精力的に取り組まれることとなった。しかしながら、こうした西欧近代社会が生み出した訴訟制度の導入が図られた当時、近世以来の民事手続の伝統があった。九〇年民事訴訟法制定までは、伝統的な民事手続と交錯・対抗しながら、西欧近代型制度の導入が図られることになる。

近世から明治初期の民事手続

近世において、民事手続は「出入筋」と呼ばれ、刑事手続にあたる「吟味筋」とは区別されていた。しかしそもそも訴えを起こすこと自体が「お上」の手をわずらわせるものと観念され、裁判を担当する役人からは当事者相対の話し合いの解決（「内済」）が強く勧められた。法廷で確定された事実が、あらかじめ定立された法規に照らして評価され、判決が下されるという考えはなく、そのために調停者あるいは役人による恣意的な解決を当事者に強要することになりやすい。しかも「お上」の手をわずらわせた当事者に対しては、法廷での些細な振る舞い（紛争につきものの多少の悪口や軽微な虚偽申立てなど）に対して「不埒《ふらち》」として「叱り」や罰金刑が言い渡されるような権威的な対応がなされたのである。

翻って民事訴訟審理の有様を瞥見《べっけん》すれば、訴訟を為す者は公儀に厄介を掛くるの理由に基き、先づ以て所謂不調法者の一種と見做《みな》され、身体拘束をこそ受けね（受けないまでも）、恐悚鞠躬《きょうしょうきっきゅう》（恐れ身をかがめて）恰《あたか》も屠場に赴く羊の如し。

明治前半期の法廷に集まる人々の様子を描写したこの文章は[*1]、まさに近世以来の恣意的で、権威主義的な手続のありようが、明治期においても容易に払拭されるものではなかったことを示している（「訴えを『お上』が聴く」という意味で「聴訟」という文字が民事手続に当てられていたこともその反映であろう）。「聴訟」は人民の権利を伸張するために曲直を決めるものであるから「断獄」（刑事手続）と混同して、当事者に「笞杖」を加えないように（七二年司法省第六号達）、民事事件で呼び出した当事者を勾留しないように（七六年同省第二号達）、といった法令から当時の法廷の実態がうかがえられよう。

明治前期の民事手続関係法令

江藤新平初代司法卿は、廃藩置県による国家統一を前提に、七二年司法職務定制を定め、近代的な司法制度の構築を手がけた。司法と行政の分離、裁判権の統一を軸に、全国統一的な裁判機構、法曹制度（判事、検事、代言人、代書人、証書人）、「断獄」「聴訟」手続が整備された。この改革を機に、全国統一の裁判機構の整備が、七五年の大審院設置を経て、急速に進められたが、全国統一的な民事手続の整備は遅々として進まなかった。民事訴訟法の制定までは、前述司法職務定制以後、断片的に出されたいくつかの法令が存在するにすぎず（七三年訴答文例、身代限規則、七三年出訴期限規則、七五年控訴上告手続等）、これらの法令の不備を補うために司法省と各裁判所の間に取り交わされた伺・指令、そして各裁判所ごとの個別的な手続慣行が蓄積されていったのが実情であった。

明治前期の民事手続と目安糺

司法職務定制によれば、民事手続は次のように行われた。手続は目安糺、初席、落着の三段階に分かれていた。目安糺は、原告から提出された訴状を係の判事らが検査し、訴えの受理不受理を決定する。訴状が受理されると、それを被告に交付し答書を提出させ、担当の判事らが原被告双方を召還して審問が開始される。訴えの提起後判決が出されるまで、いつでも和解が推奨され、和解が成立すると当事者間で熟議解訟となる。双方の審問が終わると、判事が判決を言い渡し、それに対して双方から請け証文がとられた。

七三年訴答文例は、貸金返還請求、売買代金請求など各種の訴えについて詳細な「訴状」と「答書」の書式を、それらのひな形とともに定めたものである。目安糺においては、この文例に従って提出された訴状が審理されることになる。ここでは、訴状の必要的記載事項に不備があるかどうかといった形式的審理だけでなく、事件の実体的審理も行われた。たとえば、原告の主張自体が不条理であるかどうか、訴状に添付すべきものとされた書証の証拠能力や証拠力の有無（たとえば、証書等への実印押捺の有無、売掛帳の被告の証印の有無など）が調べられた。七七年にこの目安糺は形式上廃されたが（司法省丁第二九号達）、上述の実体的審理の部分が廃されただけで、訴状を審査し、必要に応じて補正を命じ、その命令に従わないとき、あるいは補正不可能なときには訴状を却下するということが廃されたわけではない（九〇年民事訴訟法一九二条、一九二六年改正民事訴訟法二二八条、現行法一三七条につながるとされる）。

さて、この目安糺は、とりわけ近世以来の伝統的手続に根を持つものであり、それを彩っていた権威主義的、書面主義的色彩を、明治前期の民事手続に強く刻印づけることになった。

訴答の趣旨を究明するの方法は、目安調を始として、総て裁判官の策略を主とし、訴訟人の自認を重んじ、その他調口を突き合はしむるが為め、裁判官の用いる施剤に到る迄、頓と治罪の手続（刑事手続を指す）と異なる所なしと云ふて可なり。尤も裁判官は咎人を扱ふ場合に於けるが如く、一概に訴訟人を敵対視するには非ざれども、目安調の制度に因り本吟味を為す前に、勝敗の帰す可き所に付予め胸算を定むるが故に、不利の推測を蒙りたる一方は、犯罪の嫌疑を受けたる者と同じく、一般事勢を変じて局面を一新する事中々以て容易ならず。身に降り掛る訊問の鋒《ほこ》、いよいよ出ていよいよ鋭きが為め、頻りに駄目を打って漸く立場を失い、終に裁判官をして予測の的中したる事を誇り、審理上の名誉を博せしめたるの例、蓋し稀れならざるなり。*2

ここには、目安糺を通じて心証を形成した裁判官が、その心証をもとに当事者に「訊問の鋒」を向け、その「鋒」を向けられた当事者が、右往左往しながらいつの間にか本来展開したかった主張を見失い、裁判官の心証どおりの方向に手続が進行していく様子が描写されている。裁判官の多くは「訴訟人の云ふ所を聞くよりも、訴訟人に尋ぬる方を主たる職務と心得るかの風ありて」、「訴訟人双方の争ふ所を見定め、双方の提出する証拠を比較して何分申分尤もなるかを判ずる役人」であることを越えて、「原告の方をも心配し、被告の方にも添慮し、恰も原被告の代言人兼裁判官」であるかのように権威主義的かつ後見的に法廷で振る舞い、「訴訟人の申し分外に渉る裁判を為す」ことも見られたという。[*3]

一八九〇年民事訴訟法の制定

こうした訴答文例下の書面主義に偏した手続の在り方を排するため、九〇年民事訴訟法は一〇六条で「事実上ノ関係ノ説明並ニ法律上ノ討論ハ書面ニ掲クルコトヲ得ズ」と定め、準備書面の記載事項を制限することで、口頭弁論を徹底させ、集中的審理を行うことをめざした。同法は、近世以来の旧慣（「聴訟」手続）を払拭し、西欧近代型の合理的な「訴訟」手続をもたらすことになったのである。しかしながら、同法の意図は施行直後から破綻することになった。口頭主義の伝統のない土壌においては、一〇六条の規定は、慣れない当事者の準備不足による不十分な準備書面のまま口頭弁論を開始させてしまうことになり、かえって訴訟遅延を招いたのである。そのため裁判所は、実務上準備書面の記載事項制限を大幅に緩和させ、その結果、旧来から慣れ親しんだ書面主義が復活することになった。この措置は、訴答文例時代の書面に見られた「冗長、譏謗又は過言、架空虚言」という悪弊を復活させ、準備書面を冗長にし、さらに訴訟遅延に拍車をかけることに帰結した。かくして、同法施行後わずか四年にして改正作業が開始され（九五年民事訴訟法調査委員会設置）、長い改正論議を経たのち、裁判所の職権による迅速な裁判の進行を徹底しようとする一九二六年民事訴訟法大改正へと帰着することになった。ただし、同改正は、かつての権威主義的な伝統への単なる回帰ではない。第一次世界大戦以降の資本主義の展開による社会秩序の変容は、民事紛争の増加と訴訟遅延をもたらした。すでにこうした状況に直面していた欧米では、民事紛争を、社会秩序を不安定にし、円滑な経済の発展を阻害するものとしてとらえ、国家が積極的に手続への指揮・介入を行って紛争解決を図ろうとする制度設計（職権進行主義。たとえば職権証拠調べ、準備手続制度の充実等）が見られ、二六年法はその延長線上に位置づけられるのである（二六年法の立案過程に影響を与えたとされる一八九五年オーストリア法がその代表。以上、鈴木・後掲書二七七頁以下、林・後掲論文二一一頁以下参照）。

＊1・2　菊池武夫「審理法」（一八九〇年）新井要太郎編『菊池先生伝』大空社復刻版所収、一九三八年。（　）内の文言は本章執筆者による注記である。なお、菊池は、ボストン大学留学後、司法省に入省、テヒョーによる民事訴訟法起草過程にも参加した。一八九一年弁護士となった後も、法典調査会・法律取調委員会委員として民法・刑法編纂などに関わった。東京弁護士会長も歴任。一九一二年死去。

＊3　菊池武夫「民事審判ノ過去未来」（一八八九年、新井・前掲書所収）。

《参照文献》

本章の記述にあたって主に以下の文献を参照した。本文中に引用箇所を注記すべきところ、本書の性格上省略させていただいた。石井良助『明治文化史2　法制』（原書房、一九五四年）、水林彪『封建制の再編と日本的社会の確立』（一九八七年、山川出版社）、染野義信『近代的転換における裁判制度』（勁草書房、一九八八年）、瀧川叡一『日本裁判制度史論考』（信山社、一九九一年）、林真貴子「訴訟法制」山中永之佑編『新・日本近代法論』（法律文化社、二〇〇二年）、高橋良彰「取引社会と紛争社会」水林彪他編『法社会史』（山川出版社、二〇〇一年）、鈴木正裕『近代民事訴訟法史・日本』（有斐閣、二〇〇四年）。

明治前期民事司法を特徴づける重要な制度である「勧解」については、紙数の関係でふれることができなかった。林・前掲「訴訟法制」を参照されたい。

事項索引

あ 行

か 行

さ　行

た　行

な　行

は　行

ま　行

や　行

ら　行

わ 行

現代法双書

2005年 6 月30日　初版第 1 刷発行
2009年 6 月30日　初版第 5 刷発行

新現代民事訴訟法入門

編　者　池《いけ》　田《だ》　辰《たつ》　夫《お》

発行者　秋　山　泰

発行所　株式会社　法　律　文　化　社
〒603-8053　京都市北区上賀茂岩ヶ垣内町71
電 話　075（791）7131　FAX　075（721）8400
URL : http : //www. hou-bun. co. jp/

印刷：共同印刷工業㈱／製本：㈱藤沢製本
装幀　前田俊平
ISBN4-589-02826-3